Entlastungslücken nach einer Verschmelzung von Kapitalgesellschaften?

Europäische Hochschulschriften

Publications Universitaires Européennes
European University Studies

Reihe II
Rechtswissenschaft

Série II Series II
Droit
Law

Bd./Vol. 4548

PETER LANG
Frankfurt am Main · Berlin · Bern · Bruxelles · New York · Oxford · Wien

Julian Redeke

Entlastungslücken nach einer Verschmelzung von Kapitalgesellschaften?

PETER LANG
Europäischer Verlag der Wissenschaften

Bibliografische Information der Deutschen Nationalbibliothek
Die Deutsche Nationalbibliothek verzeichnet diese Publikation in der Deutschen Nationalbibliografie; detaillierte bibliografische Daten sind im Internet über <http://www.d-nb.de> abrufbar.

Zugl.: Mainz, Univ., Diss., 2006

D 77
ISSN 0531-7312
ISBN 978-3-631-56350-2

www.peterlang.de

Vorwort

Die vorliegende Arbeit wurde im Sommersemester 2006 vom Fachbereich Rechts- und Wirtschaftswissenschaften der Johannes Gutenberg-Universität in Mainz als Dissertation angenommen. Bis Ende 2006 veröffentlichte Rechtsprechung und Literatur konnte für die Drucklegung noch weitgehend berücksichtigt werden.

Mein besonderer Dank gilt meinem akademischen Lehrer, Herrn Professor Dr. *Meinrad Dreher*, der mein Interesse an gesellschaftsrechtlichen Fragestellungen geweckt hat und mir im Rahmen der Tätigkeit an seinem Lehrstuhl wie auch bei Fertigung dieser Arbeit Gelegenheit zur Vertiefung gab. Vor allem möchte ich mich für das entgegengebrachte Vertrauen bedanken, mir bei Erstellung dieser Arbeit jeden erdenklichen Freiraum zu gewähren.

Darüber hinaus gebührt Professor Dr. *Peter O. Mülbert* Dank für rasche Durchführung des Zweitgutachtens.

Mein ganz persönlicher Dank gilt sämtlichen Mitgliedern meiner Familie sowie Dr. *André Görner*, *Tobias Brouwer*, Dr. *Michael Kling*, *Florian Lau*, *Klas Langguth*, *Oliver Mundo*, *Simon Jung*, *Markus Lutter*, *Thomas Markert*, *Dixon*, *Âme* und *Carl Craig*, die auf höchst unterschiedliche Art und Weise maßgeblich zum Gelingen dieser Arbeit beigetragen haben.

Frankfurt, im Winter 2006/2007 *Julian Redeke*

Inhaltsverzeichnis

Teil 2. Die Entlastung nach dem Vollzug der Verschmelzung

Abkürzungsverzeichnis

a.A.	anderer Ansicht
Abs.	Absatz
AcP	Archiv für die civilistische Praxis
a.F.	alte Fassung
AG	Aktiengesellschaft/ Die Aktiengesellschaft
AktG	Aktiengesetz
Alt.	Alternative
Anh.	Anhang
Anm.	Anmerkung
Art.	Artikel
BayObLG	Bayerisches Oberstes Landesgericht
BB	Der Betriebs-Berater
Bd.	Band
Begr.	Begründung
Beschl.	Beschluss
BGB	Bürgerliches Gesetzbuch
BGBl.	Bundesgesetzblatt
BGH	Bundesgerichtshof
BGHZ	Entscheidungen des Bundesgerichtshofs in Zivilsachen
BR-Drucks.	Bundesratsdrucksache
BT-Drucks.	Bundestagsdrucksache
BVerfG	Bundesverfassungsgericht
bzw.	beziehungsweise
ca.	circa
DB	Der Betrieb
ders.	derselbe
dies.	dieselbe
d.h.	das heißt
DiskE	Diskussionsentwurf
Diss.	Dissertation
DJZ	Deutsche Juristenzeitung
DNotZ	Deutsche Notar Zeitschrift
DR	Deutsches Recht
DrittelbG	Drittelbeteiligungsgesetz
DStR	Deutsches Steuerrecht
DZWiR	Deutsche Zeitschrift für Wirtschafts- und Insolvenzrecht
etc.	et cetera
Einl.	Einleitung
EWiR	Entscheidungen zum Wirtschaftsrecht
f./ ff.	folgende/ fortfolgende
FASZ	Frankfurter Allgemeine Sonntagszeitung
FAZ	Frankfurter Allgemeine Zeitung
Fn.	Fußnote
GenG	Genossenschaftsgesetz
GmbH	Gesellschaft mit beschränkter Haftung
GmbHG	GmbH-Gesetz

GmbHR	GmbH-Rundschau
HFA	Hauptfachausschuss
HGB	Handelsgesetzbuch
h. M.	herrschende Meinung
Hs.	Halbsatz
IdW	Institut der Wirtschaftsprüfer
i. d. R.	in der Regel
i. E.	im Ergebnis
i. S.	im Sinne
i. V. m.	in Verbindung mit
JR	Juristische Rundschau
JW	Juristische Wochenschrift
JZ	Juristenzeitung
KapErhG	Gesetz über die Kapitalerhöhung aus Gesellschaftsmitteln
KG	Kammergericht
KGaA	Kommanditgesellschaft auf Aktien
KK	Kölner Kommentar
krit.	kritisch(er)
LG	Landgericht
m.	mit
m. E.	meines Erachtens
MitbestG	Mitbestimmungsgesetz
Montan-MitBestErgG	Montan-Mitbestimmungsergänzungsgesetz
Montan-MitbestG	Montan-Mitbestimmungsgesetz
m. w. N.	mit weiteren Nachweisen
n. F.	neue Fassung
NJW	Neue Juristische Wochenschrift
NJW-Spezial	Neue Juristische Wochenschrift-Spezial
Nr.	Nummer
NZG	Neue Zeitschrift für Gesellschaftsrecht
oHG	offene Handelsgesellschaft
OLG	Oberlandesgericht
RefE	Referentenentwurf
RegE	Regierungsentwurf
RG	Reichsgericht
RGZ	Entscheidungen des Reichsgerichts in Zivilsachen
Rdnr.	Randnummer
RPflG	Rechtspflegergesetz
S.	Seite
scil.	scilicet
s.o.	siehe oben
sog.	so genannte (r/s)
SpruchG	Spruchverfahrensgesetz
UMAG	Gesetz zur Unternehmensintegrität und Modernisierung des Anfechtungsrechts
UmwG	Umwandlungsgesetz
Urt.	Urteil
Var.	Variante
Verf.	Verfasser
vgl.	vergleiche

WM	Wertpapiermitteilungen, Zeitschrift für Wirtschafts- und Bankrecht
WPg	Die Wirtschaftsprüfung
WpHG	Wertpapierhandelsgesetz
WpÜG	Wertpapiererwerbs- und Übernahmegesetz
ZAkDR	Zeitschrift der Akademie für Deutsches Recht
z.B.	zum Beispiel
ZGR	Zeitschrift für Unternehmens- und Gesellschaftsrecht
ZHR	Zeitschrift für das gesamte Handels- und Wirtschaftsrecht
ZInsO	Zeitschrift für das gesamte Insolvenzrecht
ZIP	Zeitschrift für Wirtschaftsrecht
ZPO	Zivilprozessordnung
z.T.	zum Teil
zugl.	zugleich

Einführung

A. Problemstellung und Zielsetzung der Arbeit

Konzentrationstendenzen zeigen sich in nahezu allen Bereichen der Wirtschaft. Dies bestätigen nicht zuletzt die unzähligen M & A-Transaktionen,[1] die in den Jahren 2005 und 2006 in Angriff genommen wurden.[2] Die intensivste Form der Unternehmenskonzentration ermöglicht die Verschmelzung,[3] bei der stets mindestens zwei verschiedene Rechtsträger zu einem einzigen zusammengeführt werden, so dass nur noch eine Gesellschaft fortbesteht, während die übertragende Gesellschaft ohne Abwicklung erlischt bzw. die übertragenden Gesellschaften ohne Abwicklung erlöschen. Der Vollzug einer Verschmelzung zeitigt somit gerade wenn man übertragende, im Zuge der Verschmelzung erlöschende Gesellschaften in den Blick nimmt, weitreichende Rechtswirkungen:

So wirkt er sich auf sämtliche Rechtsverhältnisse zu außerhalb des Gesellschaftsverhältnisses stehenden Dritten, insbesondere zu Gläubigern und Schuldnern der Gesellschaft, aus. Die durch § 20 Abs. 1 Nr.1 UmwG angeordnete Gesamt(rechts)nachfolge bedingt, dass das Vermögen des übertragenden Rechtsträgers einschließlich der Verbindlichkeiten auf den aufnehmenden Rechtsträger übergeht: So wie jeder Gläubiger der übertragenden Gesellschaft fortan beim aufnehmenden Rechtsträger Erfüllung für seine Forderungen zu suchen hat, hat jeder Schuldner der übertragenden Gesellschaft nunmehr an den aufnehmenden Rechtsträger zu leisten.

Der Verschmelzungsvollzug wirkt sich aber nicht nur auf die Rechtsverhältnisse zu außerhalb des Gesellschaftsverhältnisses stehenden Dritten aus, sondern auch und

---

[1] Siehe zum Begriffspaar Mergers & Acquisitions *G. Picot*, in: Picot, Handbuch Mergers & Acquisitions, S. 15 f.; *Jansen*, Mergers & Acquisitions[3], S. 35 ff.

[2] Vgl. FAZ vom 16.06.2005, S. 21; FAZ vom 25.06.2005, S. 14; FAZ vom 21.07.2005, S. 21; FAZ vom 13.08.2005, S. 17; FAZ vom 16.08.2005, S. 17; FAZ vom 20.12.2006, S. 22; FAZ vom 22.12.2006, S. 21.

[3] *Hockemeier*, Die Auswirkung der Verschmelzung von Kapitalgesellschaften auf die Anstellungsverhältnisse der Geschäftsleiter, S. 15; *K. Mertens*, Umwandlung und Universalsukzession, S. 280; *Hennrichs*, Formwechsel und Gesamtrechtsnachfolge bei Umwandlungen, S. 21.

gerade auf die innerhalb dieses Rechtsverhältnisses stehenden Personen,[4] insbesondere auf die Organmitglieder und Anteilseigner übertragender Rechtsträger: So wie sämtliche Organmitglieder des übertragenden Rechtsträgers im Zuge der Verschmelzung ihre Organstellung verlieren,[5] gehen mit Erlöschen des übertragenden Rechtsträgers auch sämtliche Mitgliedschaften an diesem verloren. Als Ausgleich erhalten die Anteilseigner des übertragenden Rechtsträgers Anteile am aufnehmenden Rechtsträger.

Die vorliegende Untersuchung befasst sich nicht mit den Rechtsverhältnissen gegenüber außenstehenden Dritten, sondern allein mit innergesellschaftlichen Rechtsbeziehungen. Auch dies gilt jedoch nicht umfassend. Auszugrenzen sind zunächst sogenannte *„neue gesellschaftsrechtliche Sachverhalte"*, die erst nach dem Verschmelzungsvollzug beim aufnehmenden Rechtsträger angefallen sind. Da der übertragende Rechtsträger mit dem Verschmelzungsvollzug erloschen ist, sind bei Sachverhalten, die erst nach dem Verschmelzungsvollzug anfallen, die für den übertragenden Rechtsträger ehedem geltenden Vorgaben ohne Belang.[6] Bekundet beispielsweise eine an der Verschmelzung nicht beteiligte Gesellschaft nach dem Vollzug der Verschmelzung ihr Interesse, große Teile des im Zuge der Gesamtnachfolge übertragenen Vermögens zu erwerben, kommt es für die Frage, ob die Geschäftsleitung des aufnehmenden Rechtsträgers befugt ist, allein hierüber zu entscheiden oder nach den „Holzmüller"-Grundsätzen[7] eine Entscheidung der Anteilseigner einzuholen

---

[4] Die Unterscheidung zwischen den innerhalb und den außerhalb des Gesellschaftsverhältnisses stehenden Personen ist – trotz vieler Gemeinsamkeiten – nicht mit der für das gesamte Gesellschaftsrecht charakteristischen Differenzierung zwischen Innen- und Außenverhältnis identisch, vgl. zu letzterem *Wiedemann*, Gesellschaftsrecht, Bd. I, S. 83 f.; *K. Schmidt*, Gesellschaftsrecht[4], S. 171 f., und zur werdenden juristischen Person *Rittner*, S. 102 ff. Dass ein rein personell bestimmter Innenrechtskreis weiter reicht, zeigt sich am Beispiel von Vergütungsansprüchen von Geschäftsleitern, die sich auf den Anstellungsvertrag gründen und wie dieser dem Außenverhältnis zugerechnet werden, *Hauswirth*, S. 8, Fn. 21, 52; *Bork*, ZGR 1989, 1, 3, 22, 31; *Wellkamp*[2], Rdnr. 926.

[5] Dies zeigt bereits der Umkehrschluss aus § 203 Satz 1 UmwG. I.E. allgemeine Meinung *Hoffmann-Becking*, FS Ulmer, S. 243; *Hockemeier*, S. 23 f.; *Hennrichs*, S. 48, 115; *K. Mertens*, AG 1994, 66, 73; *ders.*, S. 184; *Buchner/Schlobach*, GmbHR 2004, 1, 15; *Röder/Lingemann*, DB 1993, 1341 f.; *Grunewald*, in: Lutter, UmwG[3], § 20, Rdnr. 28; *Baums*, ZHR 156 (1992), 248, 249; *OLG München*, AG 2001, 197, 198.

[6] I.E. ebenso *Hoffmann-Becking*, FS Ulmer, S. 243, 245.

[7] BGHZ 83, 122 ff. Vgl. ferner die „Holzmüller"-Grundsätze teils präzisierend *BGH*, ZIP 2004, 993 ff., m. Anm. *Altmeppen*, sowie *BGH*, ZIP 2004, 1001 ff. Zu der hier angesprochenen Frage, ob in Veräu-

hat, nicht darauf an, ob dies für die im Zuge der Verschmelzung erloschene, übertragende Gesellschaft eine Maßnahme von wesentlicher wirtschaftlicher Bedeutung[8] gewesen wäre. Entscheidend ist allein, ob sie dies für die aufnehmende Gesellschaft ist.

Weit problematischer fällt demgegenüber die Behandlung *„alter gesellschaftsrechtlicher Sachverhalte"*, die beim übertragenden Rechtsträger entstanden, dort aber, gerade wegen des Verschmelzungsvollzugs nicht mehr vollendet werden konnten. In diesem Zusammenhang stellen sich vielfältige Fragen. Beispielhaft sei auf folgende Probleme hingewiesen:

Blickt man auf die im Zuge der Gesamtnachfolge übergehenden *Anstellungsverträge* der Geschäftsleiter,[9] lässt sich beispielsweise fragen, welches Organ des aufnehmenden Rechtsträgers befugt ist, derlei Verträge insbesondere im Wege der Kündigung zu beenden. Steht diese Kompetenz der Geschäftsleitung des aufnehmenden Rechtsträgers etwa mit Blick darauf zu, dass die Geschäftsleiter des übertragenden Rechtsträgers nie Organfunktionen für den aufnehmenden Rechtsträger wahrgenommen haben?[10] Oder fällt diese Kompetenz, abhängig von der jeweiligen Rechtsform und Kompetenzordnung dem Aufsichtsrat bzw. der Gesellschafterversammlung des aufnehmenden Rechtsträgers anheim, die auch ansonsten berufen sind, über das Schicksal der Anstellungsverträge von Geschäftsleitern zu befinden?[11]

Insbesondere bei Mischverschmelzungen, also Verschmelzungen von Rechtsträgern verschiedener Rechtsformen, bei denen Aktiengesellschaften als übertragende

---

ßerungsfällen ungeschriebene Mitwirkungsbefugnisse der Anteilseigner überhaupt in Betracht kommen, ist den beiden aktuellen Entscheidungen des BGH indes nichts zu entnehmen. Diese Frage bejahend *Hüffer*, AktG[7], § 119, Rdnr. 18 a; *Fleischer*, NJW 2004, 2335, 2336 f; wohl auch *Hoffmann-Becking*, FS Ulmer, S. 243, 245. Verneinend *Habersack*, AG 2005, 137, 140 f., 144 ff. Im letztgenannten Sinne nunmehr der Beschluss des Bundesgerichtshofs vom 20.11.2006 (II ZR 226/05) im Nachgang zur Entscheidung des *OLG Stuttgart*, ZIP 2005, 1415 ff.

[8] Siehe zu den quantitativen Voraussetzungen ungeschriebener Mitwirkungsbefugnisse *Hüffer*, AktG[7], § 119, Rdnr. 18 b; *BGH*, ZIP 2004, 993, 998; *Fleischer*, NJW 2004, 2335, 2337 ff.

[9] Vgl. zum Übergang der Anstellungsverhältnisse der Geschäftsleiter *Hockemeier*, S. 28 f.; *Hoffmann-Becking*, FS Ulmer, S. 243, 249; *K. Mertens*, S. 151, 181; *Buchner/Schlobach*, GmbHR 2004, 1, 15 ff.

[10] *Hockemeier*, S. 59; *Röder/Lingemann*, DB 1993, 1341, 1348, 1350; im Grundsatz zustimmend *Grunewald*, in: Lutter, UmwG[3], § 20, Rdnr. 28; zur AG zustimmend, zur GmbH indes differenzierend *Hoffmann-Becking*, FS Ulmer, S. 243, 262 f.

[11] I.E. ebenso *BGH*, AG 2004, 142; *BGH*, ZIP 1998, 508 (zur Verschmelzung zweier eingetragener Genossenschaften), sowie *BGH*, ZIP 1997, 1674, 1675 (zur Verschmelzung zweier Sparkassen).

Rechtsträger fungieren, kann sich überdies die Frage stellen, ob § 87 Abs. 2 AktG auch noch nach dem Verschmelzungsvollzug Anwendung findet und zu einer angemessenen Herabsetzung der Vorstandsbezüge berechtigt oder dem zuständigen Organ der aufnehmenden Gesellschaft die Berufung auf diese – rein aktienrechtliche – Vorschrift verwehrt ist.

Vergleichbare Fragen stellen sich, wenn man etwaige *Ersatzansprüche* des übertragenden Rechtsträgers gegen seine Organmitglieder in den Blick nimmt. Soweit sich derlei Ansprüche nicht aus § 25 Abs. 1 Satz 1 1.Alt UmwG oder im Sinne des § 25 Abs. 2 UmwG aus den allgemeinen Vorschriften ergeben, gehen auch sie im Zuge der Gesamtnachfolge auf den aufnehmenden Rechtsträger über. Auch hier lässt sich deshalb fragen, welches Organ des aufnehmenden Rechtsträgers befugt ist, diese Ansprüche im Namen der Gesellschaft zu verfolgen.

Fungiert bei einer Verschmelzung wiederum eine Aktiengesellschaft als übertragender Rechtsträger, ist überdies zweifelhaft, ob die Beschränkungen des § 93 Abs. 4 Satz 3 AktG jeden aufnehmenden Rechtsträger, gleich welcher Rechtsform, binden, ob sie nur in Fällen fortgelten, in denen auch der aufnehmende Rechtsträger als Aktiengesellschaft verfasst ist,[12] oder ob sie nach der Verschmelzung gänzlich unanwendbar sind.[13]

Gleichermaßen ungeklärt ist das Schicksal der Pflichten, die der *Bundesgerichtshof (BGH)* in Sachen ARAG/Garmenbeck[14] für den Aufsichtsrat einer Aktiengesellschaft aufgestellt hat. Danach trifft den Aufsichtsrat die Pflicht, eigenverantwortlich das Bestehen von Schadensersatzansprüchen der Gesellschaft gegenüber Vorstandsmitgliedern aus ihrer organschaftlichen Tätigkeit zu prüfen und, soweit die gesetzlichen Voraussetzungen dafür vorliegen, solche unter Beachtung des Gesetzes- und Satzungsrechts und der von ihm vorgegebenen Maßstäbe zu verfolgen.[15] Auch hierbei lässt sich fragen, ob den Aufsichtsrat des aufnehmenden Rechtsträgers entsprechende Pflichten auch in Ansehung von Vorstandshandlungen treffen, die noch für den übertragenden Rechtsträger vorgenommen wurden oder ob sich diese Pflichten

---

[12] Allein zur Verschmelzung von Aktiengesellschaften Stellung nehmend für die Anwendbarkeit des § 93 Abs. 4 Satz 3 AktG *Martens*, AG 1986, 57, 59 f.; insoweit differenzierend *Hoffmann-Becking*, FS Ulmer, S. 243, 264; der differenzierten Lösung folgend *Schnorbus*, ZHR 167 (2003), 666, 678, Fn. 47.

[13] *Grunewald*, in: Lutter, UmwG[3], § 20, Rdnr. 29.

[14] *BGH*, ZIP 1997, 883 ff.

[15] *BGH*, ZIP 1997, 883, 885.

allein auf die Tätigkeit der Vorstandmitglieder des aufnehmenden Rechtsträgers erstrecken.
Ebenso unklar ist, wie die Frage der Entlastung nach dem Verschmelzungsvollzug zu behandeln ist. Mit der Entlastung wird stets zeitversetzt vergangenes Verwaltungshandeln gebilligt oder missbilligt,[16] so dass sich die Frage stellt, ob vor dem Verschmelzungsvollzug liegende Handlungen für den übertragenden Rechtsträger auch noch nach dem Verschmelzungsvollzug und dem Wegfall eben dieses Rechtsträgers Billigung oder Missbilligung erfahren können.

Wie diese wenigen Beispiele bereits andeuten, gibt es eine ganze Reihe von – oftmals ungeklärten – Fragen, die stets darum kreisen, wie unvollendete innergesellschaftliche Sachverhalte nach dem Verschmelzungsvollzug zu behandeln sind. Angesichts der Besonderheiten, die jeder dieser Sachverhalte aufweist,[17] soll die Frage ihrer Behandlung nicht inhaltlich umfassend und rechtsformübergreifend untersucht werden. Nachfolgend geht es allein um das zuletzt aufgeworfene Problem der Entlastung der Organmitglieder von Aktiengesellschaften sowie Gesellschaften mbH.[18]
Die besondere praktische Bedeutung dieser Frage wird deutlich, wenn man die Entlastungsproblematik mit den anderen vorstehend genannten, innergesellschaftlichen Sachverhalten vergleicht. Dabei zeigt sich, dass letztere fast ausnahmslos von bestimmten Bedingungen abhängig sind: So stellt sich die Frage nach der Kompetenz zur Beendigung des Anstellungsvertrages ebenso wie die Frage nach der Anwendbarkeit von § 87 Abs. 2 AktG nur in den in der Praxis seltenen[19] Fällen, in denen vor dem Verschmelzungsvollzug kein Einvernehmen über die Beendigung des Anstellungsverhältnisses erzielt werden konnte. Ebenso setzt die Frage nach der Anwendbarkeit des § 93 Abs. 4 Satz 3 AktG wie auch die Frage einer etwaigen Pflichtverletzung der Aufsichtsratsmitglieder des aufnehmenden Rechtsträgers voraus, dass

---

[16] Vgl. § 120 Abs. 2 Satz 1 AktG.

[17] *Martens*, AG 1986, 57, 58; *L. Claussen*, S. 78.

[18] Vgl. zu der verschwindend geringem Anzahl von Verschmelzungen unter Beteiligung einer Kommanditgesellschaft auf Aktien (KGaA), eingetragenen Genossenschaft (eG), offenen Handelsgesellschaft (oHG) oder Kommanditgesellschaft (KG) in den Jahren 2004/2005 in rechtstatsächlicher Hinsicht *Bayer/Hoffmann*, AG 2006, R 468, R 469.

[19] *Röder/Lingemann*, DB 1993, 1341, 1348; vgl. auch *Hockemeier*, S. 25 f., 36 ff.; *Baums*, ZHR 156 (1992), 248, 255; *Hueck*, DB 1957, 1259, 1262; *Buchner/Schlobach*, GmbHR 2004, 1, 7. Ebenso für den Formwechsel *Veil*, S. 219.

sich Geschäftsleiter eines übertragenden Rechtsträgers – trotz des ihnen bei unternehmerischen Entscheidungen zustehenden unternehmerischen Handlungsspielraums – pflichtwidrig verhalten haben, sie diesbezüglich ein Verschulden trifft und aus der Pflichtwidrigkeit ein Schaden der Gesellschaft entstanden ist. Die Entlastungsproblematik tritt demgegenüber in allen Verschmelzungsfällen auf: Da die Entlastung stets unter Beachtung bestimmter Formalia, insbesondere der Rechenschaftslegung für die Entlastungsperiode zu erfolgen hat, kann sie nicht beliebig unterjährig und damit auch nicht unmittelbar vor dem Vollzug der Verschmelzung vorgenommen werden.[20] Zwangsläufig stellt sich damit die Frage, ob bestehende „Entlastungslücken"[21] noch nach dem Verschmelzungsvollzug geschlossen werden können.

Führt man sich die besondere praktische Bedeutung der Entlastungsproblematik vor Augen, kann es nicht verwundern, dass die Frage, ob bislang noch nicht entlastete Organmitglieder einer übertragenden Aktiengesellschaft nach dem Vollzug der Verschmelzung noch entlastet werden können, bereits die obergerichtliche Rechtsprechung und unlängst auch den *Bundesgerichtshof* beschäftigt hat. So hat sich das *OLG München* nach der Verschmelzung der Bayerischen Hypobank AG auf die Bayerische Vereinsbank AG mit dieser Frage auseinandergesetzt und festgestellt, dass Entlastungslücken, die vor dem Vollzug der Verschmelzung auf der Seite des übertragenden Rechtsträgers entstanden sind, auf der Seite des aufnehmenden Rechtsträgers nicht mehr geschlossen werden können.[22] Andererseits hat sich das *OLG Hamburg* jüngst mit derselben Frage befasst und sie im genau gegenteiligen Sinne entschieden.[23] Der *BGH* hat diese Frage in einer Entscheidung aus dem Jahre 2004, die im Anschluss an die Verschmelzung der Thyssen AG und der Fried. Krupp AG Hoesch-Krupp zur Thyssen Krupp AG erging, zwar aufgeworfen, sie mangels Entscheidungserheblichkeit im konkreten Fall aber dahinstehen lassen.[24]

Mit der vorliegenden Untersuchung wird der Versuch unternommen, diese Streitfrage einer Lösung zuzuführen, mit der sich Fälle, in denen diese Frage entscheidungserheblich ist, sachgerecht lösen lassen. Solche Fälle können insbesondere dann auf-

---

[20] Ausführlich dazu: 2. Teil, A.

[21] *Mülbert*, in: Großkommentar AktG[4], § 120, Rdnr. 96; *Kubis*, in: MK zum AktG[2], § 120, Rdnr. 19.

[22] *OLG München*, AG 2001, 197, 198.

[23] *OLG Hamburg*, AG 2005, 355, 356 f.

[24] *BGH*, AG 2005, 87, 88.

treten, wenn die Gesellschafter einer aufnehmenden GmbH von ihrem Minderheitenrecht aus § 50 Abs. 2 GmbHG bzw. die Aktionäre einer aufnehmenden Aktiengesellschaft von ihren Minderheitenrecht aus § 122 Abs. 2 AktG Gebrauch machen und verlangen, die Entscheidung über die Entlastung der Organmitglieder übertragender Rechtsträger als Gegenstand zur Beschlussfassung bekannt zu machen. Spätestens dann muss die Verwaltung darüber entscheiden, ob sie dem Verlangen entspricht oder sich dem Standpunkt des *OLG München* anschließt und mit Blick auf die Unzulässigkeit der Beschlussfassung davon absieht, die Entlastung als Gegenstand zur Beschlussfassung bekannt zu machen.

B. Gang der Untersuchung

Der erste Teil der Arbeit dient der Grundlegung. Er setzt sich aus insgesamt zwei Kapiteln zusammen:
Im ersten Kapitel wird das Institut der Entlastung auf Grundlage der allgemeinen gesellschaftsrechtlichen Vorgaben des Aktien- und des GmbH-Rechts dargestellt. Dieses Vorgehen ist erforderlich, da das Umwandlungsrecht, das keine entlastungsspezifischen Regelungen bereit hält, eine systematische Einheit mit dem Aktien- und dem GmbH-Gesetz bildet,[25] so dass eine systemkonforme Lösung des zu behandelnden Problems nur auf Basis der allgemeinen Vorgaben des Aktien- und des GmbH-Rechts gelingen kann.
Den Bezug zum Umwandlungsrecht stellt das zweite Kapitel her, in dem die Verschmelzung – weitgehend in das Verschmelzungsverfahren eingebettet – dargestellt wird. Das Verschmelzungsverfahren schließt mit dem Verschmelzungsvollzug, sprich mit der Eintragung der Verschmelzung bzw. des neuen Rechtsträgers ins Handelsregister.

Im Rahmen des sich hieran anschließenden zweiten Teils geht es nun um das eingangs dargestellte Problem bestehender Entlastungslücken und die Frage, ob diese Lücken auch noch nach dem Vollzug der Verschmelzung, sei es durch Organe des

---

[25] *Lutter*, ZGR 1998, 397 f.; *ders./Drygala*, in: Lutter, UmwG[3], § 1, Rdnr. 39; *K. Schmidt*, ZGR 1990, 580, 582 f.; *ders.*, FS Ulmer, S. 557 ff.; *Schnorbus*, WM 2000, 2321, 2325; *OLG Frankfurt*, DB 1999, 1004, 1005.

übertragenden Rechtsträgers, sei es durch Organe des übernehmenden Rechtsträgers, geschlossen werden können.

Im abschließenden dritten Teil folgt sodann eine Zusammenfassung der wichtigsten Ergebnisse in Thesenform.

Teil 1. Die Grundlagen

1. Kapitel. Die Entlastung

A. Grundlagen der gesellschaftsrechtlichen Entlastung

Der Begriff der Entlastung findet sich in den §§ 30 Abs. 3 Satz 1, 102 Abs. 1 Satz 1, 119 Abs. 1 Nr. 3, 120, 136 Abs. 1 Satz 1, 142 Abs. 1 Satz 2, 270 Abs. 2 Satz 1 AktG, in den §§ 46 Nr. 5, 47 Abs. 4 Satz 1, 71 Abs. 2 Satz 1 GmbHG, in § 32 Abs. 1 Satz 1 MitbestG sowie in § 15 Abs. 1 Satz 1 Montan-MitBestErgG. Geht man im Rahmen der Gesetzesauslegung zunächst vom Wortsinn des Begriffs der Entlastung aus,[26] ist hierunter eine „*Ent–lastung*",[27] sprich eine Befreiung von Lasten[28] zu verstehen. Der Wortsinn bildet aber nur ein Auslegungskriterium und ist für sich genommen nicht in der Lage, abschließend festzulegen, ob Organmitglieder im Zuge der Entlastung tatsächlich von Lasten befreit werden.[29] Dies gilt insbesondere mit Blick darauf, dass der Begriff gänzlich offen lässt, von welchen Lasten Organwalter im Wege der Entlastung befreit werden. So bleibt unklar, ob die Entlastung die Verwaltungsmitglieder von allen nur erdenklichen Lasten, der Gesellschaft gegenüber bestehenden Verbindlichkeiten oder lediglich einer sie diesbezüglich treffenden Beweislast[30] befreit. Blickt man von diesem mehrdeutigen Wortsinn des Entlastungsbegriffs auf den Wortlaut der Vorschriften, die sich dieses Begriffs bedienen, ist festzustellen, dass auch diese nur sehr bedingt zur Klärung der Frage beitragen, ob, und wenn ja, welche Befreiungswirkungen die Entlastung herbeizuführen vermag. Denn diese Vorschriften beschäftigen sich fast ausnahmslos mit formalen Fragen, insbesondere mit Zuständigkeits- und Verfahrensfragen, die im Rahmen der Entlastungsentscheidung zu beachten sind. Einzig § 120 Abs. 2 AktG geht über derlei Regelungen hinaus und gibt – wenn auch nicht erschöpfend – Aufschluss über Inhalt und Rechtsfolge eines Entlas-

---

[26] *Larenz/Canaris*, Methodenlehre der Rechtswissenschaft[3], S. 141 f., 145; *Zippelius*, Juristische Methodenlehre[8], S. 45.

[27] *Tellis*, Die Rechtsnatur der gesellschaftsrechtlichen Entlastung und die Entlastungsklage, S. 60.

[28] *Barner*, Die Entlastung als Institut des Verbandsrechts, S. 44; *Schuricht*, Die Klage des GmbH-Geschäftsführers auf Entlastung, S. 7.

[29] *Barner*, S. 61.

[30] Vgl. § 93 Abs. 2 Satz 2 (ggf. i.V.m. § 116 Satz 1) AktG, der im GmbH-Recht analog gilt. Statt aller *Altmeppen*, in: Roth/Altmeppen, GmbHG[5], § 43, Rdnr. 75.

tung erteilenden Hauptversammlungsbeschlusses. Nach Satz 1 beinhaltet die Entlastung die Billigung der Verwaltung der Gesellschaft durch die Mitglieder des Vorstands und des Aufsichtsrats. Hinsichtlich der Rechtsfolgen trifft Satz 2 zumindest die negative Aussage, dass die Entlastung keinen Verzicht auf Ersatzansprüche enthält. Für Aktiengesellschaften lässt sich somit dem Wortlaut des § 120 Abs. 2 Satz 2 AktG entnehmen, dass die Gesellschaft ihr zustehender Ersatzansprüche nicht im Wege der Entlastung verlustig geht, die Organmitglieder dieser Last somit nicht entbunden werden. Mangels einer positiven Aussage über die Rechtsfolgen bleibt jedoch weiterhin unklar, ob, und wenn ja, von welcher anderen Last die Verwaltungsmitglieder einer AG im Falle der Entlastung befreit werden. Im GmbH-Recht ist diese Ungewissheit noch größer, da es an einer § 120 Abs. 2 Satz 2 AktG entsprechenden Regelung fehlt und somit zusätzlich unklar ist, wie sich die Entlastungserteilung auf der Gesellschaft zustehende Ersatzansprüche auswirkt.

In Ansehung dieses unbefriedigenden gesetzlichen Befunds verwundert es nicht, dass die Frage nach den Rechtswirkungen, die sich an die Entlastungserteilung knüpfen, die rechtswissenschaftliche Diskussion über die Entlastung stets maßgeblich bestimmt hat. Nach gefestigtem Stand der Rechtsprechung und nach allgemeiner, wenn auch nicht unbestrittener[31] Ansicht in der Literatur, befreit die Entlastungserteilung – vorbehaltlich entgegenstehender gesetzlicher Vorschriften –[32] grundsätzlich von allen Ansprüchen und sonstigen Rechten, die sich aus pflichtwidrigem Organhandeln während der Entlastungsperiode ergeben, soweit sie für die Anteilseigner bei sorgfältiger Prüfung aller Vorlagen und Berichte erkennbar sind oder alle Gesellschafter von ihnen privat positive Kenntnis haben. Die Gesellschaft begibt sich somit durch die Entlastungserteilung der Möglichkeit, negative Sanktionen jedweder Art aus dem gebilligten Verhalten herzuleiten.

I. Entlastungsperiode

Da im Wege der Entlastung stets in der Vergangenheit liegende Verwaltungshandlungen retrospektiv gebilligt oder missbilligt werden, bedarf es näherer Klärung, welche Handlungen genau mittels des Entlastungsbeschlusses positiv oder negativ bewertet werden.

---

[31] *Barner*, S. 85.

[32] § 120 Abs. 2 Satz 2 AktG.

Grundsätzlich bezieht sich die Entlastung auf die gesamte Geschäftsleitungs- bzw. Aufsichtstätigkeit im *abgelaufenen Geschäftsjahr.*[33] Ausnahmsweise kann die Entlastungsentscheidung jedoch vor Beginn des abgelaufenen Geschäftsjahrs liegende Zeiträume betreffen. Dies kommt insbesondere bei einer vorherigen Vertagung des Entlastungsbeschlusses in Betracht.[34] Wurde in einer vorangegangenen Hauptversammlung etwa mit Blick auf eine zugleich beschlossene Sonderprüfung die Vertagung beschlossen,[35] steht es den Anteilseignern nach Vorliegen des Prüfungsberichts frei, das Handeln während des bislang noch nicht beurteilten Zeitraums erstmalig zu bewerten. Ähnliches gilt in Fällen, in denen ein entsprechender Sachbeschluss zwar bereits gefasst, hiergegen aber eine erfolgreiche Beschlussmängelklage erhoben wurde.[36] In diesem Fall sind die Verwaltungsmitglieder nicht entlastet worden, so dass Vorstand und Aufsichtsrat berechtigt sind, die Entlastung für diesen Zeitraum neuerlich auf die Tagesordnung zu setzen.[37]

II. Entlastende Organe

Nach den §§ 119 Abs. 1 Nr. 3, 23 Abs. 5 Satz 1 AktG fällt die Entscheidung über die Entlastung der Mitglieder des Vorstands und des Aufsichtsrats ausschließlich und satzungsfest in die Hände der Hauptversammlung.[38] Hiernach können sich die Mitglieder der Verwaltungsorgane weder selbst noch wechselseitig entlasten,[39] noch

---

[33] *Butzke*, in: Obermüller/Werner/Winden, Die Hauptversammlung der Aktiengesellschaft^4, I, Rdnr. 7; *F.-J. Semler*, Münchener Handbuch des Gesellschaftsrechts, Band 4^2, § 34, Rdnr. 27; *Kubis*, in: Münchener Kommentar zum Aktiengesetz^2, § 120, Rdnr. 18.

[34] *Zöllner*, in: Kölner Kommentar zum AktG, § 120, Rdnr. 35; *Butzke*, in: Obermüller/Werner/Winden^4, I, Rdnr. 13; *F.-J. Semler*, Münchener Handbuch des Gesellschaftsrechts, Band 4^2, § 34, Rdnr. 27; *Kubis*, in: MK zum AktG^2, § 120, Rdnr. 18; *Barner*, S. 31; *Volhard/Weber*, NZG 2003, 351, 352 f.

[35] *Butzke*, in: Obermüller/Werner/Winden^4, I, Rdnr. 12; *OLG München*, AG 2001, 197; *BGH*, AG 2002, 676, 677; FAZ vom 30.08.2004, S. 21 (Rinol AG).

[36] *Kubis*, in: MK zum AktG^2, § 120, Rdnr. 18; *Volhard/Weber*, NZG 2003, 351, 352; *Barner*, S. 28.

[37] *Volhard/Weber*, NZG 2003, 351, 352; *Schmeling*, Die Entlastung von Mitgliedern geschäftsführender Organe im Recht der Kapitalgesellschaften, S. 168, 173.

[38] *Hüffer*, AktG^7, § 120, Rdnr. 5; *Butzke*, in: Obermüller/Werner/Winden^4, I, Rdnr. 9; *F.-J. Semler*, Münchener Handbuch des Gesellschaftsrechts, Band 4^2, § 34, Rdnr. 1, 9, 21; *Kubis*, in: MK zum AktG^2, § 120, Rdnr. 3; *Schmeling*, S. 2.

[39] *Hüffer*, AktG^7, § 120, Rdnr. 5; *Zöllner*, in: KK zum AktG, § 120, Rdnr. 11.

kann einem fakultativ gebildeten Gremium – etwa einem Beirat oder Verwaltungsrat – die Zuständigkeit übertragen werden, über die Entlastung zu befinden.[40]

Vergleicht man die zwingende Kompetenzordnung einer Aktiengesellschaft mit der einer GmbH, so zeigt sich, dass letztere ein weit flexibleres Kompetenzgefüge besitzt. Denn nach § 45 Abs. 1 GmbHG bestimmen sich die Rechte der Gesellschafter in den Angelegenheiten der Gesellschaft grundsätzlich nach dem Gesellschaftsvertrag. Die Gesellschafter haben es somit weitestgehend selbst in der Hand, ihnen zustehende Befugnisse mittels einer gesellschaftsvertraglichen Regelung zu übertragen. Da auch die Entlastungskompetenz nicht zum Kernbereich unverzichtbarer Gesellschafterrechte gehört, sondern zur Disposition der Gesellschafter steht,[41] kann die Kompetenz zur Entlastung der Mitglieder der Geschäftsführung beispielsweise auf einen etwaigen Gesellschafterausschuss, Beirat oder Aufsichtsrat transferiert werden.[42] Eine Delegation auf die Geschäftsführer, die eine Selbstentlastung zur Folge hätte, ist demgegenüber nicht möglich.[43]

III. Entlastete Organmitglieder

Da die Hauptversammlung nach § 120 Abs. 1 Satz 1 AktG über die Entlastung der – während der Entlastungsperiode amtierenden –[44] Mitglieder des Vorstands und über

---

[40] *Hüffer*, AktG[7], § 23, Rdnr. 36, 38; *Barner*, S. 25.

[41] Vgl. demgegenüber § 77 Abs. 2 Nr.1 des Entwurfs eines Gesetzes über Gesellschaften mbH vom 5.11.1971 (BR-Drucks. 595/71, S. 21), nach dem die Entlastungskompetenz den Gesellschaftern zwingend zusteht, sowie dazu *Schuricht*, S. 9, Fn. 8; *Tellis*, S. 38, Fn. 1; *Schmeling*, S. 47 f.

[42] *K. Schmidt*, in: Scholz, GmbHG[9], § 46, Rdnr. 88; *Zöllner*, in: Baumbach/Hueck, GmbHG[18], § 46, Rdnr. 48; *Römermann*, in: Michalski, GmbHG, § 46, Rdnr. 325; *Hüffer*, in: Hachenburg, GmbHG[8], § 46, Rdnr. 76; *ders.*, in: Ulmer/Habersack/Winter, Großkommentar GmbHG, § 46, Rn. 79; *Nägele/Nestel*, BB 2000, 1253; *Schmeling*, S. 47, 142; *Hoffmann-Becking*, FS Ulmer, S. 243, 249; *Theisen*, Die Aufgabenverteilung in der mitbestimmten GmbH, S. 99. Zu eng dagegen *Barner*, S. 25 f., der nur eine Übertragung auf einen fakultativen Aufsichtsrat für möglich hält.

[43] *Barner*, S. 26; *Hüffer*, in: Hachenburg, GmbHG[8], § 46, Rdnr. 76; *K. Schmidt*, in: Scholz, GmbHG[9], § 46, Rdnr. 88; *Zöllner*, in: Baumbach/Hueck, GmbHG[18], § 46, Rdnr. 48; *Römermann*, in: Michalski, GmbHG, § 46, Rdnr. 325.

[44] *Kubis*, in: MK zum AktG[2], § 120, Rdnr. 17; *Volhard/Weber*, NZG 2003, 351, Fn. 14. A.A. *Quack*, FS Lieberknecht, S. 99, 100.

die Entlastung der – während der Entlastungsperiode amtierenden –[45] Mitglieder des Aufsichtsrats beschließt, wird die Entlastung den einzelnen Organmitgliedern erteilt oder verweigert, nicht aber dem Organ als solchem.[46] Nach dem Wortlaut des § 120 Abs. 1 Satz 1 AktG kommt es außerdem nicht darauf an, ob die einzelnen Organmitglieder leitende oder überwachende Aufgaben wahrgenommen haben. Ebenso unerheblich ist es, ob die Organmitglieder zuvor seitens der – zur Entlastungsentscheidung befugten – Hauptversammlung bestellt wurden. Nicht von der Hauptversammlung bestellte Vorstandsmitglieder werden ebenso seitens der Hauptversammlung entlastet wie von der Hauptversammlung gewählte, in den Aufsichtsrat entsandte, von der Arbeitnehmerseite gewählte oder gerichtlich bestellte Mitglieder des Aufsichtsrats.[47]

Obwohl § 46 Nr. 5 GmbHG nur die Entlastung von Geschäftsführern nennt, folgt aus der Allzuständigkeit der GmbH-Gesellschafter, dass sie auch anderen, während der Entlastungsperiode amtierenden Organmitgliedern Entlastung erteilen oder verweigern können.[48] So steht es ihnen insbesondere frei, eine Entscheidung über die Entlastung etwaiger Beirats- oder Aufsichtsratsmitglieder zu treffen.

IV. Funktionen der gesellschaftsrechtlichen Entlastung

Nach der Klarstellung, wer wem für welchen Zeitraum Entlastung zu erteilen oder zu verweigern vermag, gilt es der Frage nachzugehen, welche Funktionen der gesellschaftsrechtlichen Entlastung im Aktien- und im GmbH-Recht zukommt.

Sowohl bei der AG, als auch bei der GmbH ermöglicht die Entlastung den Anteilseignern, das Handeln der Organmitglieder nachträglich zu kontrollieren, ihr kommt somit eine *Kontrollfunktion* zu.[49]

---

[45] *Kubis*, in: MK zum AktG², § 120, Rdnr. 17; *Volhard/Weber*, NZG 2003, 351, Fn. 14. A.A. *Quack*, FS Lieberknecht, S. 99, 100.

[46] *BGH*, AG 2005, 87, 88; *Radlmayr*, BGH Report 2005, 245. Unzutreffend dagegen die Vorinstanz *OLG Düsseldorf*, Urteil vom 18.07.2002, 6 U 170/01, S. 6 f.

[47] *Hüffer*, AktG⁷, § 120, Rdnr. 5.

[48] *K. Schmidt*, in: Scholz, GmbHG⁹, § 46, Rdnr. 86.

[49] *Tellis*, S. 13 ff., 91; *Schmeling*, S. 43 f.; *Barner*, S. 12, 148, 152 f.; *K. Schmidt*, ZGR 1978, 425, 440 f.; *ders.*, in: Scholz, GmbHG⁹, § 46, Rdnr. 102; *Flume*, AT des Bürgerlichen Rechts, I/2, S. 356; *Zöll-*

Die Tätigkeit der Organmitglieder kann in zweierlei Hinsicht kontrolliert werden, auf ihre Rechtmäßigkeit und auf ihre Zweckmäßigkeit hin. Jedwedes Organhandeln unterliegt zunächst einer objektiven Rechtmäßigkeitskontrolle. In diesem Rahmen kann das Handeln insbesondere auf Gesetzes- und Satzungskonformität hin überprüft werden. Zeigt sich, dass Verhaltensweisen nicht rechtmäßig waren, können hieraus Schadensersatzpflichten resultieren. Bezieht man jedoch den bei unternehmerischen Entscheidungen[50] Vorstandsmitgliedern,[51] Aufsichtsratsmitgliedern[52] und im weisungsfreien Bereich auch GmbH-Geschäftsführern[53] eingeräumten unternehmerischen Handlungsspielraum, die sogenannte „Business Judgment Rule"[54] in die Betrachtung ein, durch die sich die Dichte der Rechtmäßigkeitskontrolle beträchtlich verengt,[55] wird deutlich, dass daneben das Bedürfnis nach einer inhaltlich umfassenderen nachträglichen Zweckmäßigkeitskontrolle durch diejenigen besteht, die das wirtschaftliche Risiko der Verwaltungstätigkeit letztlich zu tragen haben: die Anteilseigner.[56] Diese Zweckmäßigkeitskontrolle ermöglicht die Entlastung.[57] Sie eröffnet den Anteilseignern die Möglichkeit, die gesamte während der Entlastungsperiode vorgenommene Verwaltungstätigkeit – weitgehend losgelöst davon, ob rechtmäßig oder rechtswidrig –[58] vom jeweils eigenen Standpunkt aus auf ihre Zweckmäßigkeit

---

ner, in: KK um AktG, § 120, Rdnr. 25; *Schuricht*, S. 41; *Weitemeyer*, ZGR 2005, 280, 294; *Hügel/Klepsch*, NZG 2005, 905.

[50] Vgl. dazu: *Fleischer*, ZIP 2004, 685, 690; *Paefgen*, AG 2004, 245, 251; *Roth*, BB 2004, 1066, 1068.

[51] *BGH*, ZIP 1997, 883, 885 f.; *Hüffer*, FS Raiser, S. 163 ff.

[52] *BGH*, ZIP 1997, 883, 886. Vgl. ferner: *Goette*, FS 50 Jahre BGH, S. 123, 129; *Dreher*, ZHR 158 (1994), 614, 618 ff.; *Kling*, DZWiR 2005, 45, 46 f.; *Paefgen*, AG 2004, 245, 253; *Roth*, BB 2004, 1066, 1068 f.

[53] *BGH*, NZG 2003, 81, 82; *Altmeppen*, in: Roth/Altmeppen, GmbHG[5], § 43, Rdnr. 8; *Fleischer*, ZIP 2004, 685, 692.

[54] Vgl. dazu: *BGH*, ZIP 1997, 883, 885 f.; *Fleischer*, ZIP 2004, 685 ff.; *Kling*, DZWiR 2005, 45, 49 f.; *Paefgen*, AG 2004, 245 ff.; *Roth*, BB 2004, 1066 ff.; *Hopt*, FS Mestmäcker, S. 909, 919 ff.

[55] Vgl. zu den „Wirkgrenzen der Organhaftung" auch *Hommelhoff*, Die Konzernleitungspflicht, S. 171 ff.

[56] *Tellis*, S. 14 ff.

[57] BGHZ 94, 324, 327; *Schmeling*, S. 42.

[58] Vgl. aber *BGH*, AG 2005, 87, 88; BGHZ 153, 47, 51: „Entlastungsbeschluss anfechtbar ..., wenn Gegenstand der Entlastung ein Verhalten ist, das eindeutig einen schwerwiegenden Gesetzes- oder Satzungsverstoß darstellt"; zustimmend *Weitemeyer*, ZGR 2005, 280, 291 ff.; *OLG Hamburg*, AG 2005, 355, 356 f.

hin zu überprüfen und ihre subjektive Einschätzung, ob die Verwaltung dabei mit „glücklicher Hand" oder ohne unternehmerische Fortune agierte, mittels des Entlastungsbeschlusses zu dokumentieren.

Dieser nachträglichen Zweckmäßigkeitskontrolle kommt gerade im Kapitalgesellschaftsrecht besondere Bedeutung zu, weil es hinsichtlich des Handelns der Organmitglieder keine „Selbstkontrolle präventiver Art"[59] wie im Recht der Personengesellschaften gibt. Da dort das Zusammenspiel der Selbstorganschaft[60] mit dem Prinzip der persönlichen, unbeschränkten Haftung der Gesellschafter[61] zur persönlichen, unbeschränkten Haftung der Verbandsverwalter für die Verbandsverbindlichkeiten führt, wird der Verwalter einer Personengesellschaft schon ob der ihm drohenden Haftung bestrebt sein, erfolgreich zu wirtschaften.[62] Im Kapitalgesellschaftsrecht gilt jedoch weder das Prinzip der Selbstorganschaft, noch droht den Gesellschaftern, wie ein Blick auf die §§ 1 Abs. 1 Satz 2 AktG, 13 Abs. 2 GmbHG zeigt, (im Grundsatz) eine unmittelbare persönliche Haftung, so dass es mangels eines vergleichbaren, ex ante eingreifenden Kontrollmechanismus in besonderem Maße darauf ankommt, das Handeln der Organmitglieder ex post zu kontrollieren und im positiven oder im negativen Sinne zu bewerten.

Trotz dieser Gemeinsamkeiten darf jedoch nicht übersehen werden, dass der Kontrollfunktion der Entlastung innerhalb einer AG und einer GmbH unterschiedliches Gewicht zukommt. Blickt man auf die Möglichkeiten, die den Gesellschaftern einer GmbH offen stehen, selbstständig auf die Geschäftsführung der Gesellschaft Einfluss zu nehmen, insbesondere auf die Option, jederzeit durch die Erteilung von Weisungen auf die Geschäftspolitik einzuwirken, so zeigt dies, dass der Kontrollfunktion der Entlastung im GmbH-Recht geringere Bedeutung zukommt, als im Aktienrecht,[63] wo die Entlastung oftmals die einzige Gelegenheit bietet, das Handeln der Organmitglieder durch Billigung oder Missbilligung in eine bestimmte Richtung zu lenken.

---

[59] *Tellis*, S. 16.

[60] Vgl. dazu *K. Schmidt*, Gesellschaftsrecht[4], S. 409 ff.

[61] § 128 Satz 1 HGB (ggf. i.V.m. § 161 Abs. 2 HGB oder – so im Falle der Gesellschaft bürgerlichen Rechts – analog).

[62] *Tellis*, S. 16 f.

[63] *Tellis*, S. 38.

Die Funktion der Entlastung erschöpft sich jedoch nicht allein darin, den Anteilseignern eine Zweckmäßigkeitskontrolle zu ermöglichen.[64] Da jeder rechtsbeständige Entlastungsbeschluss eine bestimmte Geschäftsperiode formal beendet, lässt sich zudem von der *Abschlussfunktion* der Entlastung sprechen.[65] Wird Entlastung erteilt, wird hierdurch die Verwaltungstätigkeit im Sinne eines positiven Werturteils abschließend gebilligt. Wird Entlastung verweigert, liegt hierin eine – ebenfalls abschließende – Missbilligung dieser Tätigkeit.[66]

Während das Entlastungsinstitut stets Kontrollmöglichkeiten für die Anteilseigner eröffnet und zumindest jeder rechtsbeständige Entlastungsbeschluss eine bestimmte Geschäftsperiode zum Abschluss bringt, kann jedem rechtsbeständigem Entlastung erteilenden Beschluss überdies eine *klärende Funktion* zukommen.[67] In diese Richtung weist bereits eine Entscheidung des Reichsgerichts aus dem Jahre 1926, wonach der Zweck der Entlastung darin bestehe, für die Zukunft möglichst *klare Verhältnisse* dahingehend zu schaffen, dass aus dem bisherigen Verhalten keine Ansprüche mehr gegen den entlasteten Verwalter abgeleitet werden können.[68] Auch wenn sich diese Aussage mit Blick auf § 120 Abs. 2 Satz 2 AktG für die AG mittlerweile nicht mehr halten lässt, § 93 Abs. 4 Satz 3 AktG gar zu entnehmen ist, dass der Gesetzgeber einen dreijährigen Schwebezustand bewusst in Kauf genommen hat, kann der Entlastungserteilung dennoch – wenn auch mit teils anderer Akzentsetzung – zu innergesellschaftlicher Klärung beitragen:
Für die GmbH gilt die Aussage des Reichsgerichts im Wesentlichen noch immer. Die Entlastung bezweckt, wenn auch nicht alle, so doch zumindest einen bestimmten Komplex von Geschäftsführungshandlungen außer Streit zu stellen[69] und somit befriedend auf das innergesellschaftliche Rechtsverhältnis zu wirken.[70] Dieser Funktion kommt wegen der stark personalistischen Prägung vieler Gesellschaften mbH, die sich gerade in der großen Zahl an Gesellschafter-Geschäftsführern widerspiegelt,

---

[64] So aber *Tellis*, S. 14 ff. Wie hier *Schmeling*, S. 19, 43 f., 111.

[65] *Schmeling*, S. 19, 43 f., 156; *Schuricht*, S. 40 („Schlussstrich"); *RG*, JW 1926, 2904.

[66] *Schmeling*, S. 44.

[67] *Schmeling*, S. 19 f., 111; *Schönle*, ZHR 126 (1964), 199, 206; *Hueck*, GmbHR 1959, 189, 190; zurückhaltend *Barner*, S. 95 ff.; zu eng dagegen *Schuricht*, S. 40 f., 102.

[68] *RG*, JW 1926, 2904.

[69] *Flechtheim*, JW 1920, 700.

[70] *Schuricht*, S. 40 f.

besondere Bedeutung zu. Denn damit geht stets die Gefahr einher, dass etwaige Ansprüche der Gesellschaft gegen die Geschäftsführung dauerhaft auf das Verhältnis der Gesellschafter untereinander durchschlagen und ein gedeihliches Zusammenwirken erschweren.

Wendet man den Blick von den Entlastungsfolgen hin zum Entlastungsinhalt, so zeigt sich, dass die Entlastungserteilung auch im Recht der AG zu innergesellschaftlicher Klärung beitragen kann. Da die Billigung des vergangenen Handelns in der Regel zugleich den Ausspruch des Vertrauens in die künftige Verwaltung der Gesellschaft enthält, lässt sich anhand des konkreten Beschlussergebnisses in aller Regel[71] auch ermessen, welchen Rückhalt die Organmitglieder bei den Anteilseignern aktuell genießen.[72] Die Entlastung trägt somit dem Bedürfnis nach einer periodisch wiederkehrenden Klärung der Vertrauensfrage Rechnung.[73]

Auch wenn mit der Entlastung stets vergangenes Handeln retrospektiv bewertet wird, deuten die Aussage des Reichsgerichts, die Entlastung bezwecke möglichst klare Verhältnisse *für die Zukunft* zu schaffen, wie auch die vorstehenden Ausführungen zum Vertrauensausspruch in die *künftige* Verwaltung der Gesellschaft bereits darauf hin, dass sich die Funktionen der Entlastung nicht allein auf die Vergangenheit beziehen müssen. Zu Recht wird der Entlastung daher auch eine psychologische Bedeutung beigemessen:[74] So wie Organmitgliedern im Falle der Entlastungsverweigerung vor Augen geführt wird, dass es wie bisher in Zukunft nicht weiter gehen kann, dürfen sie sich im Falle der Entlastungserteilung in ihrer bisherigen Arbeit bestätigt und für die Zukunft motiviert sehen. So können sie sich, der Rückendeckung der Anteilseigner gewiss, neuen Aufgaben widmen.[75]

---

[71] Zu Ausnahmefällen *Schuricht*, S. 103.

[72] *LG Düsseldorf*, AG 1995, 237. Im Ergebnis ebenso *Weitemeyer*, ZGR 2005, 280, 301 f.

[73] *Tellis*, S. 40.

[74] *Schmeling*, S. 20, 111; *Kubis*, in: MK zum AktG^2, § 120, Rdnr. 2; *Kiethe*, NZG 2006, 888 („psychologische Waffe").

[75] *Schmeling*, S. 20, 111; *Schuricht*, S. 23, 35.

V. Dogmatische Einordnung der Entlastung

Die dogmatische Einordnung der Entlastung ist seit jeher streitig. Eine ganz wesentliche Ursache dieses Streits ist darin zu sehen, dass die Betrachtung oftmals einseitig auf die im Falle der Entlastungserteilung eintretenden Rechtsfolgen ausgerichtet ist,[76] mit anderen Worten versucht wird, die Entlastung selbst durch Fokussierung der mit der Entlastungserteilung einhergehenden Rechtsfolgen zu erklären. Exemplarisch sei auf die Aussage *Flumes* verwiesen, wonach das Erlöschen der Ansprüche und sonstiger Rechte nicht „eine", sondern „die" Rechtsfolge der Entlastung sei, weshalb auch die rechtliche Beurteilung auf diese Rechtsfolge ausgerichtet sein müsse.[77]

Dies vorausgeschickt, lassen sich zunächst zwei verschiedene Linien ausmachen, die die Entlastung entweder rechtsgeschäftlich oder nicht rechtsgeschäftlich deuten. Innerhalb des rechtsgeschäftlichen Ansatzes sind wiederum zwei unterschiedliche Richtungen zu erkennen, da in der Entlastung zum Teil ein zweiseitiges Rechtsgeschäft, ein Vertrag gesehen wird, zum Teil hingegen eine einseitige rechtsgeschäftliche Erklärung.

Zunächst zum vertraglichen Entlastungsverständnis: Hierzu wurde behauptet, die Entlastung sei ein Erlassvertrag im Sinne von § 397 Abs. 1 BGB,[78] ein negatives Schuldanerkenntnis im Sinne des § 397 Abs. 2 BGB[79] bzw. ein Vergleichsvertrag im Sinne des § 779 BGB.[80] Von diesen Deutungsversuchen vermag indes keiner zu überzeugen.

Unabhängig vom konkreten Vertragstyp dürfte es bereits an den notwendigen Bestandteilen eines jeden Vertragsschlusses fehlen, an zwei übereinstimmenden Willenserklärungen, Angebot und Annahme. Ein Vertragsabschluss lässt sich wohl weder dergestalt konstruieren, dass in der Rechnungslegung, gegebenenfalls verbunden mit dem Ersuchen um Entlastungserteilung[81] ein Angebot der Organmitglieder

---

[76] *K. Schmidt*, ZGR 1978, 425, 429; *ders.*, in: Scholz, GmbHG[9], § 46, Rdnr. 91; *Schuricht*, S. 53.

[77] *Flume*, AT des Bürgerlichen Rechts, I/2, S. 353, Fn. 56.

[78] *Schönle*, ZHR 126 (1964), 199, 215.

[79] *RG*, JW 1926, 2904 m. zust. Anm. *Bing*; RG, JW 1935, 921, 922 m. krit. Anm. *Boesebeck*; weitere Nachweise bei *Tellis*, S. 44.

[80] Nachweise hierzu bei *Tellis*, S. 45.

[81] *Schmeling*, S. 86, 89.

gesehen werden kann, das die Gesellschaft, vertreten durch die Anteilseignerversammlung[82] mittels der Entlastungserteilung[83] annimmt, noch kann in der Entlastungserteilung[84] ein Vertragsangebot der Gesellschaft gesehen werden, das die Organwalter annehmen.[85]

So ist schon zweifelhaft, ob eine wirksame Willenserklärung der Gesellschaft vorliegt, die darauf gerichtet ist, die der Entlastung zugedachten Rechtsfolgen herbeizuführen: Blickt man auf etwaige nicht erkannte, wohl aber erkennbare Ansprüche, die der Gesellschaft aus der Verwaltungstätigkeit zustehen, zeigt sich, dass der Beschluss weder von dem Willen getragen sein kann, die – gerade nicht erkannte – Schuld zu erlassen, als nicht bestehend anzuerkennen noch sich über sie zu vergleichen.[86] Im Gegenteil wird der Beschluss in aller Regel in der Überzeugung gefasst, dass die Organmitglieder einwandfrei gearbeitet haben und gerade keine Ansprüche bestehen.[87] In einer solchen Situation einen Verzichtswillen anzunehmen, liefe auf eine reine Fiktion hinaus.[88] Überdies ist zu beachten, dass der Anteilseignerversammlung zwar die Entlastungskompetenz zusteht, in den meisten Fällen[89] aber nicht auch die Kompetenz, die Gesellschaft zu vertreten. Somit besitzt sie nicht die erforderliche

---

[82] Auch wenn Willensbildungsorgan einer GmbH die Gesellschafter sind, nicht die Gesellschafterversammlung, wird der begrifflichen Einfachheit halber im Fällen, die AG und GmbH gleichermaßen betreffen, von der Anteilseignerversammlung gesprochen.

[83] *Schmeling*, S. 86 f.; *Barner*, S. 50 („gewährte Entlastung"); *Schuricht*, S. 57 („Entlastungsbeschluss").

[84] *Schmeling*, S. 89; *Barner*, S. 51 f. („Déchargebeschluss"); *Schuricht*, S. 57 („Entlastungsbeschluss"); *Schönle*, ZHR 126 (1964), 199, 202 ff.

[85] *Schmeling*, S. 89; *Barner*, S. 51 f.; *Schuricht*, S. 57; *Schönle*, ZHR 126 (1964), 199, 202 ff. Vgl. aber *RG*, JW 1935, 921, 922 mit krit. Anm. *Boesebeck*.

[86] Vgl. *Tellis*, S. 59; *Barner*, S. 59; *Hoeniger*, DJZ 1922, 143, 144, 147.

[87] *Schmeling*, S. 87; *K. Schmidt*, in: Scholz, GmbHG[9], § 46, Rdnr. 91; *Hüffer*, in: Hachenburg, GmbHG[8], § 46, Rdnr. 58; *ders.*, in: Ulmer/Habersack/Winter, Großkommentar GmbHG, § 46, Rn. 61; *Priester*, FS Rowedder, S. 369, 371.

[88] *Barner*, S. 59; *Hüffer*, in: Hachenburg, GmbHG[8], § 46, Rdnr. 58; *ders.*, in: Ulmer/Habersack/Winter, Großkommentar GmbHG, § 46, Rn. 61. Gar noch weitergehend *Schmeling*, S. 18.

[89] Dies gilt bei jeder Aktiengesellschaft, jeder GmbH mit obligatorischem Aufsichtsrat und – zumindest im Grundsatz – auch bei einer GmbH mit fakultativem Aufsichtsrat.

Vertretungsmacht, ein Rechtsgeschäft mit den Organmitgliedern rechtswirksam abzuschließen.[90]
Auch auf der Seite der Organmitglieder ist zweifelhaft, ob eine Willenserklärung gegeben ist: So scheidet im Falle des erstgenannten Vertragskonstrukts die allein auf die Darstellung von Fakten gerichtete Rechenschaftslegung als Willenserklärung im Rechtssinne aus.[91] Im Falle des zweiten Konstrukts ist zu berücksichtigen, dass sich die entlasteten Organmitglieder in praxi zu dem Entlastungsbeschluss ausschweigen,[92] so dass es grundsätzlich mangels Willenserklärung an einer Annahme fehlt.[93] Da auch nicht ersichtlich ist, warum diesem Schweigen ausnahmsweise Erklärungswert beigemessen werden kann,[94] scheidet jedweder Vertragschluss mangels Annahmeerklärung aus.
Selbst wenn man sich über die genannten Einwände hinwegsetzen wollte, steht all den genannten Deutungsversuchen entgegen, dass sie stets nur den Fall der Entlastungserteilung und damit nur eine von zwei möglichen Entlastungsentscheidungen in den Blick nehmen und schon insoweit nicht geeignet sind, die Rechtsfigur der Entlastung vollständig zu erfassen. Hinzu kommt, dass sie trotz dieser einseitigen Ausrichtung zum Teil nicht einmal in der Lage sind, sämtliche in diesem Fall möglichen Rechtsfolgen zu erklären. So lässt ein negatives Schuldanerkenntnis etwaige Abberufungs- und Kündigungsgründe unberührt und vermag die diesbezüglich möglichen Rechtsfolgen einer erteilten Entlastung nicht zu begründen.[95]

Auch wenn sich bei einer Deutung der Entlastung als einseitige rechtsgeschäftliche Erklärung die Unzulänglichkeiten der Vertragskonstruktionen weitgehend vermeiden lassen, vermag auch diese Sicht nicht zu überzeugen. Dies gilt gleichermaßen für

---

[90] *Barner*, S. 53 f.; zustimmend die Rezension von *Tellis*, ZHR 156 (1992), 256, 257; *Schmeling*, S. 89 f.; *Weitemeyer*, ZGR 2005, 280, 286 f.; allein zur AG *Boesebeck*, JW 1935, 921, 922.

[91] *Schmeling*, S. 87; *Barner*, S. 51.

[92] *Barner*, S. 52; *Schuricht*, S. 57; *Schmeling*, S. 90; *Schönle*, ZHR 126 (1964), 199, 203 ff.; *Boesebeck*, JW 1935, 921, 922; *ders.*, ZAkDR 1935, 675, 676.

[93] *Heinrichs*, in: Palandt, BGB[65], § 148, Rdnr. 3; *Schönle*, ZHR 126 (1964), 199, 203.

[94] *Schmeling*, S. 90; vgl. zu den Fällen beredten oder normierten Schweigens *Heinrichs*, in: Palandt, BGB[65], Einf v § 116, Rdnr. 7 f.

[95] *Schmeling*, S. 91; im Ergebnis ebenso gegen die Annahme eines negativen Schuldanerkenntnisses *Kiethe*, NZG 2006, 888, 891; *Hüffer*, in: Ulmer/Habersack/Winter, Großkommentar GmbHG, § 46, Rn. 60.

Versuche, in der Entlastung eine einseitige organschaftliche Verzichtserklärung eigener Art,[96] eine Genehmigung im Sinne des § 684 Satz 2 BGB[97] oder eine formalisierte Anerkennung im Sinne des § 640 Abs. 1 BGB[98] zu sehen:
Einseitig, sprich ohne Mitwirkung des Schuldners können Gläubiger im Schuldrecht zwar auf Einreden oder Gestaltungsrechte verzichten, nicht aber auf Forderungen.[99] Dies ergibt sich bereits aus dem Wortlaut des § 397 BGB, der sowohl für einen Erlass als auch für ein negatives Schuldanerkenntnis einen Vertrag und damit eine Mitwirkung des Schuldners fordert. Wenn das AktG wie auch das GmbHG den Begriff des Verzichts im Sinne des § 397 BGB verstehen,[100] folgt daraus zugleich, dass es auch hierbei stets einer vertraglichen Übereinkunft zwischen der Gesellschaft und deren Organmitgliedern bedarf, um bestehende Ansprüche zum Erlöschen zu bringen, ein einseitiger Verzicht seitens der Gesellschaft hingegen nicht ausreicht.[101]
In der Entlastung kann auch keine Genehmigung im Sinne des § 684 Satz 2 BGB gesehen werden.[102] Die Genehmigung bezieht sich grundsätzlich nur auf die Übernahme der Geschäftsführung, nicht aber auf sämtliche Ausführungshandlungen. Dies wirkt sich insbesondere dahingehend aus, dass etwaige Ansprüche wegen Pflichtwidrigkeiten im Rahmen der Ausführung trotz der nachträglichen Zustimmung im Grundsatz unverändert fortbestehen. Da im Zuge der Entlastung hingegen gerade eine Vielzahl an Ausführungshandlungen bewertet werden, knüpft die Genehmigung schon im Ansatz an eine andere Fragestellung an. Überdies ist kaum verständlich, wie eine Erklärung, die sich auf etwaige Ausführungsfehler und daraus folgende An-

---

[96] In diesem Sinne *RG*, DR 1941, 506, 508; *BGH*, NJW 1959, 192, 193; *Flume*, AT des Bürgerlichen Rechts, I/2, S. 351 f.; *Hueck*, GmbHR 1959, 189, 190; zumindest zur GmbH ebenso *Zöllner*, Die Schranken mitgliedschaftlicher Stimmrechtsmacht bei den privatrechtlichen Personenverbänden, S. 195.

[97] So *Boesebeck*, ZAkDR 1935, 675, 676; *ders.*, JW 1935, 921, 922.

[98] *Buchner*, GmbHR 1988, 9, 11.

[99] *Schmeling*, S. 95; *Schlüter*, in: MK zum BGB[4], § 397, Rdnr. 19; *Rieble*, in: Staudinger, BGB[13], § 397, Rdnr. 1.

[100] Vgl. zu § 93 Abs. 4 Satz 3 AktG *Hopt*, in: Großkommentar AktG[4], § 93, Rdnr. 374 und zu § 9b Abs. 1 Satz 1 GmbHG *Lutter/Bayer*, in: Lutter/Hommelhoff, GmbHG[16], § 9b, Rdnr. 1.

[101] Im Ergebnis ebenso *Schmeling*, S. 95; *Schuricht*, S. 54; *Rieble*, in: Staudinger, BGB[13], § 397, Rdnr. 11; *Barner*, S. 61 ff.; *Hoeniger*, DJZ 1922, 143, 144.

[102] Im Ergebnis ebenso *Schmeling*, S. 97; *Schuricht*, S. 54 f.; *Barner*, S. 63 ff.; *Tellis*, S. 75 ff.

sprüche gar nicht bezieht, im Falle der Entlastung auch von derlei Ansprüchen befreien kann.

Letztlich vermag auch der Versuch, die Entlastung unter Verweis auf § 640 Abs. 1 BGB als formalisierte Anerkennung pflichtgemäßen Handelns zu qualifizieren, nicht zu überzeugen.[103] Blickt man auf die in § 640 Abs. 2 BGB normierten Rechtsfolgen, fällt zweierlei auf: Zum einen erlöschen nur die in § 634 Nr. 1 bis 3 BGB bezeichneten, allesamt verschuldensunabhängigen Rechte des Bestellers.[104] Da im deutschen Gesellschaftsrecht trotz wiederholter, eingehender Erörterung keine Erfolgshaftung der Organmitglieder eingeführt, vielmehr an der Verschuldenshaftung festgehalten wurde,[105] kann ein an § 640 Abs. 2 BGB orientiertes Entlastungsverständnis nicht erklären, warum sich die Entlastung im GmbH-Recht auf stets verschuldensabhängige Ersatzansprüche auswirken kann. Zum anderen ist zu beachten, dass Rechte im Zuge der Abnahme nur verloren gehen können, wenn der Besteller den Mangel positiv kennt. Hiernach ist nicht erklärlich, warum im Rahmen der Entlastung die bloße Erkennbarkeit eines Anspruchs oder sonstigen Rechts ausreichen soll, um die Präklusionswirkung eintreten zu lassen.

Neben diesen allesamt nicht überzeugenden Versuchen, die Entlastung rechtsgeschäftlich zu deuten, gibt es – wie bereits angedeutet – Versuche, die Entlastung nicht rechtsgeschäftlich, sprich weder als Willenserklärung noch als schuldrechtlichen Vertrag zu verstehen.

So sieht *Hoeniger* in der Entlastung eine Wissenserklärung im Sinne des § 368 Satz 1 BGB mittels derer die ordnungsgemäße rechenschaftspflichtige Geschäftsführung und die ordnungsgemäße Rechenschaftsablage selbst quittiert wird.[106] Den Eintritt der im Falle der Entlastungserteilung eintretenden Rechtsfolgen begründet *Hoeniger* mit einer Verwirkungskonstruktion: Wer in Ansehung der Rechnungslegung die ihm obliegende Prüfungspflicht verletzt, verwirke sämtliche aus der Rechnungsle-

---

[103] Ebenso *Schmeling*, S. 98.

[104] *Schmeling*, S. 98.

[105] *Goette*, ZGR 1995, 648, 668 f. m.w.N., 671; *ders.*, FS 50 Jahre BGH, S. 123, 141; *Tellis*, S. 15; *Fleischer*, ZIP 2004, 685, 686. Dass eine Erfolgshaftung der Organmitglieder gegenüber der Gesellschaft ausscheidet, stellt ausweislich S. 21 des Regierungsentwurfs eines Gesetzes zur Unternehmensintegrität und Modernisierung des Anfechtungsrechts (UMAG) § 93 Abs. 1 Satz 2 AktG n.F. klar.

[106] *Hoeniger*, DJZ 1922, 143, 145.

gung erkennbaren Ansprüche.[107] Auch dieser Deutungsversuch vermag nicht zu überzeugen.[108] Sieht man in der Entlastung tatsächlich einzig eine Bescheinigung über eine ordnungsgemäße, sprich rechtmäßige Geschäftsführung und Rechenschaftslegung, so widerspricht dies nicht nur der auf Zweckmäßigkeitskontrolle ausgerichteten Funktion der Entlastung,[109] sondern lässt zudem außer Acht, dass Rechenschaftslegung und Entlastung, anders als dies früher der Fall war, mittlerweile voneinander getrennt sind.[110] Auch die Verwirkungskonstruktion regt Widerspruch. Denn sie geht von der unzutreffenden Prämisse aus, die Anteilseigner hätten die Rechnungslegung zu überprüfen. Diese Rechtspflicht trifft gesetzlich oder vertraglich vorgesehene Aufsichtsorgane,[111] nicht aber die Anteilseigner.[112] Überdies setzt die Verwirkung nicht nur eine illoyale, sondern stets auch eine verspätete Ausübung von Rechten voraus, so dass anhand der Umstände des Einzelfalles zu ergründen ist, ob seit der erstmaligen Möglichkeit, das Recht geltend zu machen, eine hinreichend lange Zeit verstrichen ist.[113] Im Falle der Entlastung würde indes in allen Fällen auf die Bekanntgabe des positiven Beschlussergebnisses abgestellt und das „Zeitmoment" damit nahezu vollständig ausgeblendet.

Da sämtliche schuldrechtlich orientierten Erklärungsversuche nicht im Stande sind, das Institut der Entlastung widerspruchsfrei zu erfassen, ist es bereits zur Vornahme einer Negativabgrenzung angezeigt, in der Entlastung ein *spezifisch gesellschaftsrechtliches Institut* zu sehen.[114] Über den Gedanken einer Negativabgrenzung hinaus, kommt allein auf diesem Wege der spezifisch gesellschaftsrechtliche Charakter

---

[107] *Hoeniger*, DJZ 1922, 143, 147 f.; ähnlich *Hüffer*, in: Ulmer/Habersack/Winter, Großkommentar GmbHG, § 46, Rn. 64 („Präklusion (…) in verwirkungsähnlicher Weise kraft Gesetzes").

[108] Im Ergebnis ebenso *Tellis*, S. 69 ff.; *Barner*, S. 80 ff.; *Schmeling*, S. 92 f., 112 f.; *Schuricht*, S. 59 f.

[109] *Schmeling*, S. 93; *Tellis*, S. 70.

[110] Vgl. *Barner*, S. 50 nebst Verweis auf Artt. 239, 239 a ADHGB; *Weitemeyer*, ZGR 2005, 280, 287.

[111] Vgl. § 171 Abs. 1 Satz 1 AktG (ggf. i.V.m. § 52 Abs. 1 GmbHG, § 1 Abs. 1 Nr. 3 DrittelbG, § 25 Abs. 1 Satz 1 Nr. 2 MitbestG oder § 3 Abs. 2 Montan-MitbestG).

[112] *Schmeling*, S. 114.

[113] *Heinrichs*, in: Palandt, BGB[65], § 242, Rdnr. 93.

[114] So im Ergebnis auch *Hüffer*, in: Hachenburg, GmbHG[8], § 46, Rdnr. 57; *ders.*, in: Ulmer/Habersack/Winter, Großkommentar GmbHG, § 46, Rn. 60 f.; *ders.*, AktG[7], § 120, Rdnr. 3; *Sigle*, DStR 1992, 469; *LG Düsseldorf*, AG 1995, 237; *K. Schmidt*, ZGR 1978, 425, 432 f. („organisationsrechtlicher Akt"); *Butzke*, in: Obermüller/Werner/Winden[4], I, Rdnr. 2; *Kubis*, in: MK zum AktG[2], § 120, Rdnr. 14; *Volhard/Weber*, NZG 2003, 351; *Mülbert*, in: Großkommentar AktG[4], § 120, Rdnr. 20.

der Entlastung, der sich insbesondere darin zeigt, dass sich der Inhalt der Entlastungsentscheidung wie auch die ihr zukommenden Funktionen allesamt auf das innergesellschaftliche Rechtsverhältnis beziehen, hinreichend deutlich zum Ausdruck. Außerdem ermöglicht dieses Verständnis die Rechtsnatur der Entlastung rechtsformunabhängig zu deuten, was den Blick weg von etwaigen Unterschieden auf der Rechtsfolgenseite hin zu den bestehenden Parallelen lenkt und überdies Modifikationen in Fällen überflüssig macht, in denen – wie etwa in der Insolvenz – auch bei Gesellschaften mbH ausnahmsweise keine Präklusion von Ansprüchen und sonstigen Rechten möglich ist.[115]

B. Entlastungsverfahren[116]

Das Entlastungsverfahren wird am Beispiel einer ordentlichen Hauptversammlung dargestellt, auf deren Tagesordnung sich neben der Vorlage des bereits festgestellten Jahresabschlusses und des Lageberichts sowie der Beschlussfassung über die Verwendung des Bilanzgewinns, regelmäßig auch die Beschlussfassung über die Entlastung der Organmitglieder wiederfindet, um dem Verbindungsgebot des § 120 Abs. 3 Satz 1 AktG Rechnung tragen zu können.[117]

I. Vor der Anteilseignerversammlung

Die ordentliche Hauptversammlung, während der über die Entlastung der Mitglieder des Vorstands und des Aufsichtsrats Beschluss gefasst werden soll, ist zunächst fristgerecht, d.h. mindestens einen Monat vor ihrer Durchführung[118] durch den Vor-

---

[115] Siehe zur Entlastung in der Insolvenz *H.-F. Müller*, Der Verband in der Insolvenz, S. 166 f.; *Barner*, S. 27; *K. Schmidt*, ZGR 1978, 425, 431 f.; *Haas*, in: Gottwald, Insolvenzrechts-Handbuch[2], § 92, Rdnr. 154.

[116] Da das GmbHG mit den §§ 46 Nr. 5 und 47 Abs. 4 Satz 1 nur Vorschriften über die Zuständigkeit der Gesellschafterversammlung und den Stimmrechtsauschluss enthält, sich aber ansonsten über Verfahrensfragen ausschweigt, geht die folgende Darstellung schwerpunktmäßig von der detaillierteren aktienrechtlichen Lage aus.

[117] *Hüffer*, AktG[7], § 175, Rdnr. 1; *Schmeling*, S. 2; *Mülbert*, in: Großkommentar AktG[4], § 120, Rdnr. 9.

[118] § 123 Abs. 1 AktG, Ausnahme § 121 Abs. 6 AktG. Vgl. demgegenüber § 51 Abs. 1 Satz 2, Abs. 3 GmbHG.

stand[119] einzuberufen. Die Einberufung ist mitsamt den in § 121 Abs. 3 Satz 2 AktG genannten Angaben, insbesondere zu Ort und Zeit der Hauptversammlung, in den Gesellschaftsblättern bekannt zu machen.[120] Zeitgleich mit der Einberufung ist auch die Tagesordnung in den Gesellschaftsblättern bekannt zu machen.[121] Nach § 124 Abs. 3 Satz 1 AktG sind zu jedem Gegenstand der Tagesordnung, über den die Hauptversammlung beschließen soll, in der Bekanntmachung der Tagesordnung Beschlussvorschläge zu unterbreiten. Im Falle der Entlastung der Mitglieder des Vorstands und des Aufsichtsrats liegen stets zwei verschiedene Tagesordnungspunkte vor, die jeweils eines Vorschlags des Vorstands und des Aufsichtsrats bedürfen.

Damit sind jedoch noch nicht alle Formalia genannt, die in Ansehung der Entlastung vor der Hauptversammlung zu beachten sind. Denn von der Einberufung an sind bestimmte Unterlagen, grundsätzlich der aus Bilanz sowie Gewinn- und Verlustrechnung bestehende Jahresabschluss,[122] der Lagebericht[123] und der Bericht des Aufsichtsrats[124] im Geschäftsraum der Gesellschaft zur Einsicht der Aktionäre auszulegen.[125] Auf Verlangen ist jedem Aktionär unverzüglich eine Abschrift dieser Unterlagen zu erteilen. Hierdurch wird den Anteilseignern ermöglicht, die Unterlagen bereits im Vorfeld der Hauptversammlung zu überprüfen.[126]

---

[119] § 175 Abs. 1 Satz 1 AktG. Vgl. demgegenüber § 49 Abs. 1 GmbHG.

[120] §§ 121 Abs. 3 Satz 1, 25 AktG. Vgl. demgegenüber § 51 Abs. 1 Satz 1 GmbHG.

[121] §§ 124 Abs. 1 Satz 1, 25 AktG. Vgl. demgegenüber § 51 Abs. 4 GmbHG.

[122] Vgl. § 242 Abs. 3 HGB.

[123] Vgl. § 289 HGB.

[124] Vgl. § 171 Abs. 2 AktG.

[125] §§ 175 Abs. 2 (ggf. i.V.m. 120 Abs. 3 Satz 3 und Satz 2) AktG. Im Einzelfall kann es jedoch zu Modifikationen kommen: So besteht für kleine Aktiengesellschaften i.S.d. § 267 Abs. 1 HGB nach § 264 Abs. 1 Satz 3 1. Hs. HGB keine Pflicht, einen Lagebericht aufzustellen. Wird er auch nicht freiwillig erstellt, kann er auch nicht ausgelegt werden. Andererseits können sich bei abhängigen Aktiengesellschaften Verschärfungen aus den §§ 312 Abs. 3, 314 Abs. 2 und 3 AktG ergeben. Bei Mutterunternehmen im Sinne des § 290 HGB muss ggf. über den Wortlaut des § 120 Abs. 3 Satz 3 i.V.m. Satz 2 AktG hinaus auch der Konzernabschluss und der Konzernlagebericht ausgelegt werden, *Mülbert*, in: Großkommentar AktG[4], § 120, Rdnr. 62 i.V.m. 68; *Butzke*, in: Obermüller/Werner/Winden[4], I, Rdnr. 7.

[126] *Mülbert*, in: Großkommentar AktG[4], § 120, Rdnr. 68; *Butzke*, in: Obermüller/Werner/Winden[4], I, Rdnr. 7.

II. Während der Anteilseignerversammlung

Während der Anteilseignerversammlung hat der Vorstand die zuvor bereits ausgelegten Unterlagen der Hauptversammlung vorzulegen,[127] d.h. er hat den Anteilseignern die Möglichkeit zu geben, die Unterlagen während der gesamten Verhandlung einzusehen.[128] In der Praxis werden hierzu Abschriften in ausreichender Anzahl vorgehalten.

1. Verhandlung

Der Vorstand soll sich jedoch nicht darauf beschränken, die Anteilseigner schriftlich zu informieren. Nachdem die Hauptversammlung vom Versammlungsleiter eröffnet wurde, soll der Vorstand zu Beginn der Verhandlung seine Vorlagen, im Grundsatz Jahresabschluss und Lagebericht, erläutern.[129] Entsprechendes gilt für den Aufsichtsratsvorsitzenden, der den Bericht des Aufsichtsrats erläutern soll.[130] Im Anschluss an die mündlichen Vorträge folgt der Eintritt in die Aussprache, die in der Praxis zumeist in Form einer Generaldebatte[131] durchgeführt wird. Dabei werden die einzelnen Tagesordnungspunkte nicht nacheinander, sondern gleichzeitig diskutiert. Diese Vorgehensweise vermeidet Wiederholungen und hat sich bereits deswegen als besonders praktikabel erwiesen. Sie trägt überdies dem Verbindungsgebot des § 120 Abs. 3 Satz 1 AktG Rechnung, nach dem die Verhandlung über die Entlastung mit der Verhandlung über die Verwendung des Bilanzgewinns verbunden werden soll. Im Rahmen der Generaldebatte steht es den Anteilseignern frei, von ihrem Rede- sowie Auskunftsrecht Gebrauch zu machen. Blickt man auf das Auskunftsrecht, so zeigt sich die Eignung der Entlastung als Kontrollinstrument.[132] Ausweislich des § 131 Abs. 1 Satz 1 AktG soll das Auskunftsrecht den Anteilseignern eine sachgemäße Beurteilung von Gegenständen der Tagesordnung ermöglichen. Für die Entlastung

---

[127] § 176 Abs. 1 Satz 1 AktG.

[128] *Claussen/Korth*, in: KK zum AktG^2, § 176, Rdnr. 2; *Hüffer*, AktG^7, § 176, Rdnr. 2.

[129] § 176 Abs. 1 Satz 2 AktG.

[130] § 176 Abs. 1 Satz 2 AktG.

[131] *Happ*, in: Happ, Aktienrecht^2, 10.17, Rdnr. 37; *Bohnet*, in: Schüppen/Schaub, Münchener Anwaltshandbuch Aktienrecht, § 27, Rdnr. 60; *Kuhnt*, FS Lieberknecht, S. 45, 51.

[132] *Tellis*, S. 22 f.; *Weitemeyer*, ZGR 2005, 280, 298.

bedeutet dies, dass Anteilseignern auf Verlangen all jene Auskünfte zu erteilen sind, die erforderlich sind, um sachgemäß beurteilen zu können, ob die Geschäftsführungs- bzw. Überwachungstätigkeit Billigung oder Missbilligung verdient. Da sich die zu beurteilende Geschäftsführungs- und Überwachungstätigkeit aus einer Vielzahl von Einzelhandlungen zusammensetzt, kann nahezu jede einzelne Handlung von einigem Gewicht[133] Gegenstand eines Auskunftsverlangens sein,[134] nahezu jede einzelne Handlung von einigem Gewicht auf diesem Wege nachträglich (öffentlich) kontrolliert werden. § 131 AktG stellt somit sicher, dass die Verwaltung nicht nur durch die Vorlage der genannten Unterlagen Rechenschaft über die Ergebnisse der Geschäftstätigkeit zu legen, sondern auch über die Tätigkeit selbst zu informieren hat. Sämtliche, schriftlich wie mündlich erteilte Informationen bilden die nötige Erkenntnisgrundlage, auf der anschließend die Entlastungsentscheidung getroffen wird. Ein vernünftiges Entlastungsurteil ohne vorherige Information ist undenkbar.[135]

Auch wenn im GmbHG nicht im einzelnen geregelt ist, dass vor der Entlastungsentscheidung Rechenschaft zu legen ist, entspricht es ständiger Übung erst nach dem Schluss der jeweiligen Geschäftsperiode und der hierauf bezogenen Rechnungslegung über die Entlastung Beschluss zu fassen.[136] Dies hängt eng mit der abweichenden Kompetenzordnung zusammen. Da die GmbH-Gesellschafter nicht nur in Ausnahmefällen, sondern stets zur Feststellung des Jahresabschlusses berufen sind, bestimmt § 42 a Abs. 1 GmbHG, dass den Gesellschaftern der Jahresabschluss, der Lagebericht sowie ein etwaiger Aufsichtsratsbericht zum Zwecke der Feststellung des Jahresabschlusses vorzulegen ist. Die Gesellschafter beschließen sodann auf Grundlage dieser sowie der weiteren im Rahmen der Gesellschafterversammlung erteilten Informationen nicht nur über die Feststellung des Jahresab-

[133] *BGH*, AG 2005, 87, 88; *Simon/Leuering*, NJW-Spezial 2005, 77; *Radlmayr*, BGH Report 2005, 245; *Pentz*, BB 2005, 1397, 1404.

[134] Vgl. ferner *Volhard/Weber*, NZG 2003, 351; *Tellis*, S. 23.

[135] *Schmeling*, S. 21; *BGH*, AG 2005, 87, 88.

[136] *Schmeling*, S. 19, 22; vgl. auch *Hüffer*, in: Ulmer/Habersack/Winter, Großkommentar GmbHG, § 46, Rn. 68, der von der Anfechtbarkeit des Entlastungsbeschlusses in Fällen ausgeht, in denen die „Rechnungslegung nicht vollständig oder nicht ordnungsgemäß war“.

schlusses und die Ergebnisverwendung,[137] sondern üblicherweise in ein und derselben Versammlung auch über die Frage der Entlastung.[138]

2. Abstimmung

Nachdem die Anteilseigner von ihrem Rederecht Gebrauch gemacht und auf ihre Fragen hin Auskünfte erhalten haben, schließt sich die Abstimmung über die einzelnen Tagesordnungspunkte an.

a) Abstimmungsmodus

Wie aus § 120 Abs. 1 Satz 1 AktG ersichtlich, wird im Grundsatz jeweils en bloc über die Entlastung sämtlicher Mitglieder des Vorstands einerseits und die Entlastung sämtlicher Mitglieder des Aufsichtsrats andererseits abgestimmt. Wird, wie in der Regel,[139] auf diese Weise verfahren, bedarf es somit stets zweier verschiedener Entlastungsbeschlüsse. Dieses Vorgehen trägt dem sowohl für die Mitglieder der Geschäftsleitung wie auch für die Mitglieder des Aufsichtsrats geltenden Grundsatz der Gesamtverantwortung Rechnung, so dass im Wege der Blockabstimmung die Zufriedenheit oder Unzufriedenheit mit der Leistung des jeweiligen Kollegialorgans in der Regel sachgerecht zum Ausdruck gebracht werden kann.[140]
Es muss jedoch keine Gesamtentlastung erfolgen. Denn § 120 Abs. 1 Satz 2 AktG ermöglicht, eine Einzelentlastung vorzunehmen, sprich über die Entlastung eines einzelnen Mitglieds gesondert abzustimmen. Auf diesem Wege besteht Gelegenheit, ein differenzierteres Urteil über das Handeln einzelner Organmitglieder zu fällen und zu dokumentieren, einige Verwaltungsmitglieder zu loben, andere hingegen zu tadeln.[141] Dies kann beispielsweise in Fällen angezeigt sein, in denen bestimmte Geschäftsvorfälle allein auf das Handeln einzelner Organmitglieder zurückzuführen sind

[137] Vgl. § 42 a Abs. 2 Satz 1 GmbHG.

[138] *Schmeling*, S. 40, 175; *Barner*, S. 28; *Schuricht*, S. 21; *Flume*, AT des Bürgerlichen Rechts, I/2, S. 352; *K. Schmidt*, ZGR 1978, 425, 428; *Meier*, GmbHR 2004, 111, 112.

[139] *Butzke*, in: Obermüller/Werner/Winden[4], I, Rdnr. 18; *Mülbert*, in: Großkommentar AktG[4], § 120, Rdnr. 97; *Barner*, S. 34; *Schmeling*, S. 50, 154; *Hüffer*, AktG[7], § 120, Rdnr. 8.

[140] *Butzke*, in: Obermüller/Werner/Winden[4], I, Rdnr. 10, 18; *Mülbert*, in: Großkommentar AktG[4], § 120, Rdnr. 8; *Kubis*, in: MK zum AktG[2], § 120, Rdnr. 7.

[141] *Barner*, S. 37; *Mülbert*, in: Großkommentar AktG[4], § 120, Rdnr. 102.

und die Entlastung deshalb nur diesen Personen verweigert werden soll.[142] Bei einer solchen Konstellation eröffnet die gesonderte Abstimmung die Möglichkeit, eine „Alles oder nichts - Lösung" im Sinne einer Erteilung an alle oder an keinen zu vermeiden.[143]

§ 120 Abs. 1 Satz 2 AktG nennt zwei Fälle, in denen eine Einzelentlastung durchzuführen ist: Zum einen muss so verfahren werden, wenn die Hauptversammlung dies mit einfacher Stimmenmehrheit beschließt.[144] Zum anderen hat eine einzelpersonenbezogene Beschlussfassung zu erfolgen, wenn eine qualifizierte Minderheit, deren Anteile zusammen den zehnten Teil des Grundkapitals oder den anteiligen Betrag von einer Million Euro erreicht, dies verlangt.[145] Wenn ein Hauptversammlungsbeschluss zwar nicht die Mehrheit der abgegebenen Stimmen erhält, wohl aber eine Zustimmung erfährt, die genügen würde, um ein Minderheitsverlangen auf Einzelentlastung zu begründen, liegt hierin noch kein erfolgreiches Minderheitsverlangen. Allein diese Sicht trägt dem beide Alternativen unterscheidenden Wortlaut des § 120 Abs. 1 Satz 2 AktG sowie der Möglichkeit Rechnung, dass Anteilseigner einem entsprechenden Hauptversammlungsbeschluss zuzustimmen bereit sind, ein Minderheitsverlangen gleichen Inhalts aber nicht stellen wollen.[146]

Über die beiden in § 120 Abs. 1 Satz 2 AktG genannten Fälle hinaus, in denen der Versammlungsleiter eine Einzelabstimmung anordnen muss, steht es in seinem pflichtgemäßen[147] Ermessen, eine gesonderte Beschlussfassung von sich aus festzulegen.[148] Zunächst steht § 120 Abs. 1 Satz 2 AktG dem nicht entgegen, der ledig-

---

[142] *Zöllner*, in: KK zum AktG, § 120, Rdnr. 14; *Schmeling*, S. 62.

[143] *Barner*, S. 34; ähnlich *Zöllner*, Schranken, S. 200.

[144] §§ 120 Abs. 1 Satz 2, 1.Alt., 133 Abs. 1 AktG.

[145] § 120 Abs. 1 Satz 2, 2.Alt. AktG.

[146] So die h.M. *Zöllner*, in: KK zum AktG, § 120, Rdnr. 14; *Butzke*, in: Obermüller/Werner/Winden^4, I, Rdnr. 25; *Hüffer*, AktG^7, § 120, Rdnr. 9; *Barner*, S. 34; *Volhard*, in: Semler/Volhard, Arbeitshandbuch für die Hauptversammlung^2, § 18, Rdnr. 18. A.A. *Mülbert*, in: Großkommentar AktG^4, § 120, Rdnr. 105; *Kubis*, in: MK zum AktG^2, § 120, Rdnr. 9, 11.

[147] *Barner*, S. 35.

[148] So die h.M. *Hüffer*, AktG^7, § 120, Rdnr. 10; *Butzke*, in: Obermüller/Werner/Winden^4, I, Rdnr. 29; *Kubis*, in: MK zum AktG^2, § 120, Rdnr. 12; *Zöllner*, in: KK zum AktG, § 120, Rdnr. 17; *Quack*, FS Lieberknecht, S. 99, 104 f.; *Barner*, S. 34 f.; *Bohnet*, in: Schüppen/Schaub, Münchener Anwaltshandbuch Aktienrecht, § 27, Rdnr. 54; *Volhard*, in: Semler/Volhard, Arbeitshandbuch für die Hauptversammlung^2, § 18, Rdnr. 16; *J. Semler*, in: FS Zöllner, Bd. I, S. 553, 555 f.; *Kuhnt*, FS Lieberknecht, S. 45, 63 f.; im wesentlichen auch: *Mülbert*, in: Großkommentar AktG^4, § 120, Rdnr. 106 f. A.A. *F.-J. Semler*, in:

lich gebietet, in welchen Fällen eine einzelpersonenbezogene Abstimmung auf Bestreben der Anteilseigner stattzufinden hat, nicht aber zugleich deren Durchführung auf Veranlassung des Versammlungsleiters verbietet. Da dem Versammlungsleiter die sachgerechte Erledigung der Versammlungsgegenstände, d.h. eine sachgerechte Willensbildung und Beschlussfassung zufällt und ihm all jene Rechte zustehen, die er hierfür benötigt,[149] ist es ihm etwa in Fällen, in denen sich im Rahmen der Aussprache unterschiedliche Verantwortlichkeiten zeigen, möglich, eine allein sachgerechte Entscheidung im Wege der Einzelentlastung von sich aus zu veranlassen.

Auch bei Gesellschaften mbH ist es möglich, Organmitglieder einzeln zu entlasten.[150] Da im GmbHG ein § 120 Abs. 1 Satz 2 2.Alt. AktG entsprechendes Minderheitenrecht jedoch nicht vorgesehen ist, hat – vorbehaltlich eines entsprechenden Sonderrechts –[151] allein die Gesellschafterversammlung mit der erforderlichen Stimmenmehrheit über die Art und Weise der Abstimmung zu entscheiden.

b) Stimmrecht und Stimmrechtsausschluss

Da die Mitgliedschaft nicht nur Rede- und Fragerecht gewährt, sondern auch das Stimmrecht, stellt sich mit Blick auf § 136 Abs. 1 AktG die Frage, wer im konkreten Falle befugt ist, von diesem Recht Gebrauch zu machen. Der Stimmrechtsausschluss im Falle der Entlastung beruht auf dem Gedanken, dass kein Anteilseigner Richter in eigener Sache sein darf,[152] mit anderen Worten im Wege der Entlastung niemand sein eigenes Verhalten beurteilen soll.[153] Er gilt zunächst einmal für eigene, von dem Organmitglied gehaltene Aktien. So bestimmt § 136 Abs. 1 Satz 1 1.Alt.

Münchener Handbuch des Gesellschaftsrechts, Band 4[2], § 34, Rdnr. 24; *Martens*, Leitfaden für die Leitung der Hauptversammlung einer AG[3], S. 81; *Schmeling*, S. 52 ff.

[149] *Hüffer*, AktG[7], § 129, Rdnr. 19; BGHZ 44, 245, 248; *Fischer*, in: Semler/Volhard, Arbeitshandbuch für die Hauptversammlung[2], § 11, Rdnr. 63.

[150] *Barner*, S. 35; *Schuricht*, S. 31.

[151] Vgl. *Schmeling*, S. 51.

[152] Zur AG: *Hüffer*, AktG[7], § 136, Rdnr. 3; *Butzke*, in: Obermüller/Werner/Winden[4], I, Rdnr. 30.; *J. Semler*, FS Zöllner, Bd. I, S. 553, 560; *LG Köln*, NZG 1998, 193; *Schmeling*, S. 61. Zur GmbH: BGHZ 97, 28, 33; *BGH*, GmbHR 2003, 712, 714; *Hüffer*, in: Hachenburg, GmbHG[8], § 47, Rdnr. 142; *ders.*, in: Ulmer/Habersack/Winter, Großkommentar GmbHG, § 47, Rn. 144; *Schmeling*, a.a.O.

[153] *Butzke*, in: Obermüller/Werner/Winden[4], I, Rdnr. 30.

AktG, dass niemand *für sich* das Stimmrecht ausüben kann, wenn darüber Beschluss gefasst wird, ob er zu entlasten ist. § 136 Abs. 1 Satz 2 AktG bestimmt darüber hinaus, dass das dem Organmitglied zustehende Stimmrecht auch nicht *durch einen anderen* ausgeübt werden kann. Das Organmitglied kann den Stimmrechtsausschluss somit nicht umgehen, indem es einen Vertreter bevollmächtigt, dieses Recht auszuüben oder einen anderen im Wege der Legitimationsübertragung zur Stimmrechsausübung ermächtigt. Der Stimmrechtsausschluss gilt jedoch nicht nur für eigene, von dem Organmitglied gehaltene Aktien. Denn nach § 136 Abs. 1 Satz 1 2.Alt. AktG kann niemand *für einen anderen* das Stimmrecht ausüben, wenn darüber Beschluss gefasst wird, ob er zu entlasten ist. Das zu entlastende Organmitglied kann sich somit im Rahmen der Abstimmung weder als Stimmrechtsvertreter noch als Legitimationsaktionär betätigen.

Bei Gesellschaften mbH entspricht der Regelung des § 136 Abs. 1 Satz 1 AktG die des § 47 Abs. 4 Satz 1 GmbHG. Da eine § 136 Abs. 1 Satz 2 AktG entsprechende Regelung nicht existiert, eine Umgehung des in § 47 Abs. 4 Satz 1 GmbHG niedergelegten Stimmverbots aber gleichwohl verhindert werden muss, ist die aktienrechtliche Regelung analog anzuwenden.[154]

aa) Gesamtentlastung

Findet, wie in aller Regel eine Gesamtentlastung sämtlicher Mitglieder des Vorstands bzw. sämtlicher Mitglieder des Aufsichtsrats statt, wird dabei jeweils nicht nur die Tätigkeit der Kollegen bewertet, sondern stets zugleich auch das eigene, leitende oder überwachende Handeln. In diesem Fall gilt der Stimmrechtsausschluss unstreitig für sämtliche Mitglieder des jeweiligen Organs.[155]
Streitig ist demgegenüber, ob den Mitgliedern des einen Verwaltungsorgans das Stimmrecht zusteht, wenn über die Entlastung der Mitglieder des anderen Verwaltungsorgans en bloc Beschluss zu fassen ist. Im Wesentlichen finden sich hierzu drei verschiedene Ansätze. Eine Meinung geht im Grundsatz davon aus, dass Anteile haltende Vorstände über die Entlastung sämtlicher Mitglieder des Aufsichtsrats ebenso befinden können, wie Anteile haltende Aufsichtsräte über die Entlastung sämt-

[154] *Schmeling*, S. 71; *Barner*, S. 36.
[155] Statt nahezu aller *Hüffer*, AktG[7], § 136, Rdnr. 20. A.A. nur *Schütze*, AG 1967, 165, 166.

licher Mitglieder des Vorstands.[156] Eine Ausnahme sei allein in Fällen zu machen, in denen die konkrete Möglichkeit besteht, dass Mitglieder des einen Verwaltungsorgans an einem Vorgang mitgewirkt haben, der einem Mitglied des anderen Verwaltungsorgans, über dessen Entlastung im Wege der Blockabstimmung zu entscheiden ist, als Pflichtverletzung vorgeworfen wird.[157] Von anderer Seite wird eine hiervon abweichende Differenzierung vorgeschlagen. Demnach könnten zwar Anteile haltende Mitglieder des Aufsichtsrats grundsätzlich über die Entlastung der Vorstände befinden, Anteile haltende Vorstände aber niemals über die Entlastung der Mitglieder des Aufsichtsrats.[158] Wiederum andere nehmen einen gar noch weitergehenden Stimmrechtsausschluss an, der es Mitgliedern des einen Verwaltungsgremiums schlechterdings verwehrt, mit über die Entlastung des anderen Verwaltungsorgans abzustimmen.[159]

Von diesen drei Meinungen ist der erstgenannten der Vorzug zu geben. Im Grundsatz trägt allein sie dem Wortlaut des § 136 Abs. 1 AktG Rechnung und sieht sich damit in weit geringerem Maße dem Einwand ausgesetzt, die Unterschiede zu § 142 Abs. 1 Satz 2 und 3 AktG zu nivellieren, der in Ansehung der Entlastung ein über § 136 Abs. 1 AktG hinausgehendes Stimmverbot statuiert.[160] Besinnt man sich zudem auf den Grundgedanken des Stimmrechtsauschlusses im Entlastungsfalle, ein Richten in eigener Sache zu verhindern, kann nicht davon gesprochen werden, dass Vorstandsmitglieder bei der Beurteilung der Überwachungstätigkeit bzw. Mitglieder des Aufsichtsrats bei der Bewertung der Geschäftsleitungstätigkeit per se in eigener Sa-

---

[156] Zur AG: *J. Semler*, FS Zöllner, Bd. I, S. 553, 561; *Schröer*, in: MK zum AktG², § 136, Rdnr. 9; *Hüffer*, AktG⁷, § 136, Rdnr. 21; *Butzke*, in: Obermüller/Werner/Winden⁴, I, Rdnr. 32; *Steiner*, § 14, Rdnr. 9. Zur GmbH: *Hüffer*, in: Ulmer/Habersack/Winter, Großkommentar GmbHG, § 47, Rn. 147; *Priester*, FS Rowedder, S. 369, 376; *Groß*, GmbHR 1994, 596, 601.

[157] Zur AG: *Schröer*, in: MK zum AktG², § 136, Rdnr. 8 f.; *Hüffer*, AktG⁷, § 136, Rdnr. 20 f.; enger *Butzke*, in: Obermüller/Werner/Winden⁴, I, Rdnr. 32; noch enger *J. Semler*, FS Zöllner, Bd. I, S. 553, 561 ff.; Zur GmbH: *Priester*, FS Rowedder, S. 369, 376; *Hüffer*, in: Hachenburg, GmbHG⁸, § 47, Rdnr. 145; *ders.*, in: Ulmer/Habersack/Winter, Großkommentar GmbHG, § 47, Rn. 147; vgl. i.ü. BGHZ 97, 28, 33 f.; *BGH*, GmbHR 2003, 712, 714.

[158] *Mülbert*, in: Großkommentar AktG⁴, § 120, Rdnr. 113; vgl. ferner *Hügel/Klepsch*, NZG 2005, 905, 908, sowie *U.H. Schneider*, FS Raiser, S. 341, 355.

[159] *Zöllner*, in: KK zum AktG, § 120, Rdnr. 13; § 136, Rdnr. 8 f.; *ders.*, Schranken, S. 201 ff.; *Barner*, S. 38; *Schmeling*, S. 73 f.

[160] Vgl. dazu *G. Bezzenberger*, in: Großkommentar AktG⁴, § 120, Rdnr. 31; *Schröer*, in: MK zum AktG², § 142, Rdnr. 37.

che richten. Im Gegenteil handelt es sich hierbei wegen der Funktionstrennung zwischen Vorstand und Aufsichtsrat[161] im Ausgangspunkt um jeweils fremde Sachen.[162] Dies bringt gerade § 120 Abs. 1 Satz 1 AktG sehr deutlich zum Ausdruck, der im Gegensatz zu § 260 Abs. 1 des Handelsgesetzbuchs vom 10. Mai 1897 und zu § 104 Abs. 1 Satz 1 AktG 1937 nicht mehr von der Entlastung von Vorstand und Aufsichtsrat spricht, sondern zwischen der Entlastung der Mitglieder des Vorstands zum einen und der Entlastung der Mitglieder des Aufsichtsrats zum anderen differenziert. Erst wenn Tatsachen behauptet werden, aus denen sich eine Mitwirkung an einer Pflichtverletzung ergibt, handelt es sich um eine gleichsam eigene Sache, über die zu richten den Anteilseignern verwehrt ist.

bb) Einzelentlastung

Kommt es zu einer Einzelentlastung, so steht dem Anteile haltenden Organmitglied, über dessen Handeln gesondert abzustimmen ist, unstreitig kein Stimmrecht zu.
Für seine Organkollegen kann sich indes eine Frage stellen, die im Rahmen der Blockabstimmung nicht auftreten konnte: Können sie bei der Einzelentlastung ihres Kollegen mitstimmen oder haben auch sie sich, wie das betroffene Organmitglied, der Stimme zu enthalten? Die hierzu geäußerten Ansichten entsprechen im Wesentlichen den zur Frage eines organübergreifend geltenden Stimmverbots vertretenen. Während eine Meinung ein Stimmverbot wiederum nur ausnahmsweise in Fällen annimmt, in denen die konkrete Möglichkeit besteht, dass der zugleich als Organmitglied tätige Anteilseigner an einem Vorgang mitgewirkt hat, der dem Organkollegen, um dessen Entlastung es geht, als Pflichtverletzung vorgeworfen wird,[163] treten an-

---

[161] Vgl. insbesondere §§ 105 Abs. 1 1.Fall, 111 Abs. 4 Satz 1 AktG, sowie zur Funktionstrennung *Butzke*, in: Obermüller/Werner/Winden[4], I, Rdnr. 32; *J. Semler*, FS Zöllner, Bd. I, S. 553, 561; *Groß*, GmbHR 1994, 596, 601.

[162] Vgl. *J. Semler*, FS Zöllner, Bd. I, S. 553, 561.

[163] Zur AG: *Hüffer*, AktG[7], § 136, Rdnr. 20; *Schröer*, in: MK zum AktG[2], § 136, Rdnr. 8; *OLG München*, AG 1995, 381, 382, m. Anm. *Dreher/Neumann*, EWiR § 136 AktG 1/95, 527 f.; enger *J. Semler*, FS Zöllner, Bd. I, S. 553, 557, 561 ff. Zur GmbH: *Hüffer*, in: Ulmer/Habersack/Winter, Großkommentar GmbHG, § 47, Rn. 146; *Priester*, FS Rowedder, S. 369, 373 ff.; enger *Groß*, GmbHR 1994, 596, 600 f. Vgl. ferner BGHZ 97, 28, 33 f.; BGHZ 108, 21, 25.

dere auch organintern für ein umfassendes Stimmverbot ein.[164] Eine weitere Ansicht will indes danach differenzieren, ob das gesondert zu entlastende Organmitglied ebenfalls Anteile hält.[165] Ist dies der Fall, stehe ein „Entlastungskartell" zu befürchten und seinen Kollegen ebenso kein Stimmrecht zu. Hält er hingegen keine Anteile, könnten die Kollegen über die Entlastung des „reinen" Organmitglieds befinden.
Wie zuvor streiten auch hier die gewichtigeren Argumente für die erstgenannte Meinung. Erneut kann auf den Wortlaut des § 136 Abs. 1 Satz 1 AktG verwiesen werden, sowie die Tatsache, dass allein die erstgenannte Ansicht sich nicht in offenen Widerspruch zu § 142 Abs. 1 Satz 2 und 3 AktG setzt. Überdies vermag nur sie der hinter § 120 Abs. 1 Satz 2 AktG stehenden gesetzgeberischen Wertung Rechnung zu tragen, dass trotz des Prinzips der Gesamtverantwortung der tatsächliche Verantwortungsbeitrag einzelner Organmitglieder – gerade bei der in der Praxis häufig vorkommenden ressortmäßigen Aufteilung – höchst unterschiedlich und gesonderter Beurteilung zugänglich sein kann.[166] Soll die Regelung somit gerade helfen, unterschiedliche Verantwortlichkeiten zu dokumentieren, ist nicht einzusehen, weshalb es einem nicht verantwortlichen Organmitglied verwehrt sein soll, über Verantwortlichkeiten eines Kollegen zu richten. Bei Gesellschaften mbH gilt es noch einen weiteren Punkt zu bedenken: Wegen der überaus hohen Zahl an Gesellschafter-Geschäftsführern würde die Entlastung, wenn man einer der beiden anderen Ansichten folgt, de facto zu einem reinen Minderheitenrecht, obwohl sich hierzu im Gesetz keinerlei Anhaltspunkte finden.

Auch bei einer Einzelentlastung kann sich wie bei einer Gesamtentlastung die Frage stellen, ob das Stimmverbot organübergreifend gilt. Sowohl was das Spektrum der vertretenen Meinungen als auch das Ergebnis anbelangt, kann auf die dortigen Ausführungen verwiesen werden, d.h. ein Stimmverbot ist nur ausnahmsweise in Fällen anzunehmen, in denen die konkrete Möglichkeit besteht, dass der Anteilseigner an einem Vorgang mitgewirkt hat, der einem Organmitglied, über dessen Entlastung im

---

[164] *Zöllner*, in: KK zum AktG, § 120, Rdnr. 18, sowie § 136, Rdnr. 8 f.; *ders.*, Schranken, S. 201 ff.; *Barner*, S. 37; *Schmeling*, S. 64 ff.; BGHZ 108, 21, 25 f. Zu Recht kritisch hierzu *Groß*, GmbHR 1994, 596, 600. Vgl. ferner *J. Semler*, FS Kropff, S. 301, 308 f.

[165] *Mülbert*, in: Großkommentar AktG[4], § 120, Rdnr. 112 f. Zu Recht kritisch hierzu *Butzke*, in: Obermüller/Werner/Winden[4], I, Fn. 38.

[166] *Mülbert*, in: Großkommentar AktG[4], § 120, Rdnr. 8; *Groß*, GmbHR 1994, 596, 600.

Wege der Einzelabstimmung zu entscheiden ist, als Pflichtverletzung vorgeworfen wird.

c) Entlastungsentscheidung

Im Rahmen der Entlastungsentscheidung muss jeder stimmberechtigte Anteilseigner, der sich seiner Stimme nicht enthalten will, sodann bekennen, ob er für die Entlastung votiert und damit die Gesamtheit der getätigten Handlungen letztlich billigt oder ob er gegen die Entlastung stimmt und die Handlungen damit letzten Endes missbilligt. Der genaue Gehalt der Billigung respektive Missbilligung ist jedoch umstritten. So wird zum Teil die Meinung vertreten, mit der Billigung werde allein die unternehmerische Zweckmäßigkeit des Handelns bescheinigt.[167] Demgegenüber treten andere dafür ein, dass zusätzlich bekundet werde, die Verwaltung habe aus Sicht der Anteilseigner im Großen und Ganzen gesetzes- und satzungsmäßig gehandelt.[168]
Auch wenn die erstgenannte Sicht in stärkerem Maße der auf Zweckmäßigkeitskontrolle ausgerichteten Entlastungsfunktion Rechnung trägt, streiten die gewichtigeren Argumente für die zweite Meinung. So ist zunächst zu berücksichtigen, dass der Billigungsbegriff im AktG noch an anderer Stelle verwendet wird und sich auch dort sowohl Rechtsmäßigkeits- als auch Zweckmäßigkeitselemente finden. Blickt man auf § 171 AktG, so zeigt sich, dass sich der Aufsichtsrat nach Prüfung der in Abs. 1 Satz 1 genannten Gegenstände im Rahmen seines Berichts an die Hauptversammlung insbesondere darüber zu erklären hat, ob er den vom Vorstand aufgestellten Jahresabschluss *billigt*. Dabei äußert sich der Aufsichtsrat – dem Maßstab der vorangegange-

---

[167] *Mülbert*, in: Großkommentar AktG[4], § 120, Rdnr. 25; *Kubis*, in: MK zum AktG[2], § 120, Rdnr. 15.

[168] Zur AG: BGHZ 153, 47, 51; *OLG München*, AG 2001, 197, 198; *Hüffer*, AktG[7], § 120, Rdnr. 12; *Volhard*, in: Semler/Volhard, Arbeitshandbuch für die Hauptversammlung[2], § 18, Rdnr. 2; *Sethe*, ZIP 1996, 1321, 1323 f.; *Henze*, BB 2005, 165, 168 f. Zur GmbH: BGHZ 94, 324, 326 f.; *OLG Hamm*, GmbHR 1992, 802, 803; *Hüffer*, in: Hachenburg, GmbHG[8], § 46, Rdnr. 55; anderer Ansicht für die GmbH nunmehr *ders.*, in: Ulmer/Habersack/Winter, Großkommentar GmbHG, § 46, Rn. 61 („Testat gesetzes- und satzungskonformen Verhaltens", da nur daran ein Anspruch bestehen kann, „den der Geschäftsführer haben muss, wenn er nicht diskreditierenden Gesellschafterbeschlüssen ausgeliefert sein soll"). Vgl. zum „doppelten Inhalt" zudem *Weitemeyer*, ZGR 2005, 280, 290 ff.; *dies.*, NZG 2005, 341 f.

nen Prüfung folgend –[169] sowohl zur Recht- als auch zur Zweckmäßigkeit des Jahresabschlus
ses. Trotz der nicht zu verkennenden Unterschiede, legt die einheitliche Terminologie einen in etwa gleichen Erklärungsinhalt nahe. Dies gilt insbesondere mit Blick darauf, dass sich der zu Recht- und Zweckmäßigkeit erklärende Bericht des Aufsichtsrats gerade an die Hauptversammlung richtet und letztlich die Informationsgrundlage für die Entscheidung der Hauptversammlung über die Entlastung des Aufsichtsrats bildet.[170] Daneben gilt es zu beachten, dass die Bestimmung des Entlastungsinhalts nicht folgenloser Selbstzweck ist, sondern von ihr abhängt, inwieweit Entlastungsbeschlüsse wegen Inhaltsfehlern angefochten werden können.[171] Würde man der erstgenannten Meinung folgen und Rechtmäßigkeitsgesichtspunkte gänzlich ausblenden, könnte eine zur Billigung rechtsbrechenden Verhaltens entschlossene Mehrheit gegen den Widerstand einer gesetzes- und satzungstreuen Minderheit eine Entlastung jederzeit durchsetzen.[172] Die rechtstreue Minderheit gegenüber der Mehrheit rechtsschutzlos zu stellen, erscheint jedoch rechtspolitisch wenig überzeugend.[173]

C. Entlastungserteilung

Die Entlastung ist erteilt, wenn der vom Versammlungsleiter zur Abstimmung gestellte, auf Entlastungserteilung gerichtete Beschlussantrag die erforderliche Mehrheit auf sich vereinen kann. In der Regel ist dies der Fall, wenn er die Mehrheit der abgegebenen Stimmen erhält.[174]

---

[169] *Hüffer*, AktG[7], § 171, Rdnr. 4 ff; *Kropff*, in: MK zum AktG[2], § 171, Rdnr. 23 ff. Vgl. allgemein zur Überwachung auf Recht- und Zweckmäßigkeit *BGH*, ZIP 1991, 653, 654; *OLG Düsseldorf*, ZIP 1995, 1183, 1190; *H.-J. Mertens*, in: KK zum AktG[2], § 111, Rdnr. 11; *Dreher*, ZHR 158 (1994), 614, 620, 623; *Kling*, DZWiR 2005, 45, 49.

[170] *Kiethe*, NZG 2006, 888.

[171] *Hüffer*, AktG[7], § 120, Rdnr. 11; *Kubis*, in: MK zum AktG[2], § 120, Rdnr. 15.

[172] BGHZ 153, 47, 51; *Volhard*, in: Semler/Volhard, Arbeitshandbuch für die Hauptversammlung[2], § 18, Rdnr. 4; *ders./Weber*, NZG 2003, 351, 352; *Henze*, BB 2005, 165, 169.

[173] So auch *K. Schmidt*, NZG 2003, 601, 605.

[174] § 133 Abs. 1 AktG bzw. § 47 Abs. 1 GmbHG.

I. Inhalt

Wird die Entlastung erteilt, lassen sich inhaltlich zwei Elemente unterscheiden: Die vergangenheitsbezogene Billigung und der zukunftsgerichtete Vertrauensausspruch. Wie aus § 120 Abs. 2 Satz 1 AktG ersichtlich, billigt die Hauptversammlung in diesem Fall die zurückliegende Verwaltungstätigkeit. Dem jeweiligen Verwaltungsmitglied wird somit bescheinigt, unternehmerisch zweckmäßig sowie im Großen und Ganzen gesetzes- und satzungskonform gehandelt zu haben.
Neben der Billigung vergangener Handlungen beinhaltet die Entlastungserteilung typischer-, wenn auch nicht notwendigerweise[175] eine Vertrauenskundgabe für die künftige Verwaltung der Gesellschaft. Billigung und Vertrauensbekundung stehen jedoch nicht unverbunden nebeneinander. Denn das Vertrauen in die künftige Verwaltung der Gesellschaft leitet sich gerade aus der Billigung des Verwaltungshandelns in der Vergangenheit ab.[176] Dieser Gedanke kommt sehr deutlich in der in diesem Zusammenhang oftmals gebrauchten Wendung zum Ausdruck, die Vertrauensbekundung sei als Bestätigung aufzufassen, den bisher eingeschlagenen Kurs *weiter* zu verfolgen bzw. *fort*zuführen.[177]

II. Rechtsfolgen

1. Ansprüche der Gesellschaft

Bei Aktiengesellschaften ist die Rechtslage seit der Aktienrechtsreform im Jahre 1965 vergleichsweise klar. Denn nach § 120 Abs. 2 Satz 2 AktG hat die Entlastungserteilung keinen Verzicht auf Ersatzansprüche zur Folge. Auch alle sonstigen Ansprüche, die der Gesellschaft aus pflichtwidrigem Organhandeln während der Entlastungsperiode zustehen, existieren trotz der erteilten Entlastung unverändert fort.[178]

---

[175] Vgl. zu Ausnahmefällen *Mülbert*, in: Großkommentar AktG^4, § 120, Rdnr. 23, 25.

[176] *Tellis*, S. 30, 50, 81; *Schmeling*, S. 43, 106; *Schuricht*, S. 103; *Buchner*, GmbHR 1988. 9, 13; vgl. ferner *Barner*, S. 108, 137; *Boesebeck*, JW 1935, 921, 922.

[177] *Schuricht*, S. 22 f.; *Barner*, S. 86, 138, 157; *J. Semler*, AG 2005, 321, 333.

[178] *Schmeling*, S. 145; *Mülbert*, in: Großkommentar AktG^4, § 120, Rdnr. 33.

Anders ist die Lage im GmbH-Recht. Dort geraten mit der Entlastung grundsätzlich alle Ersatz- und sonstigen Ansprüche[179] in Wegfall, die während der Entlastungsperiode entstanden sind und deren Existenz[180] den an der Gesellschafterversammlung teilnehmenden Gesellschaftern aufgrund der schriftlich wie mündlich erteilten Informationen bei sorgfältiger Prüfung zumindest erkennbar ist oder von deren Existenz alle Gesellschafter[181] privat positive Kenntnis haben.[182] Ausnahmen sind in zweierlei Hinsicht möglich: Zum einen scheidet eine Anspruchspräklusion in Fällen aus, in denen die Entlastungserteilung durch Irreführung oder Verschleierung erschlichen wurde.[183] Zum anderen sind auch im Rahmen der Entlastung all jene Vorschriften zu beachten, die Ansprüche der Gesellschaft, insbesondere unter Gläubigerschutzgesichtspunkten[184] der Dispositionsbefugnis der Gesellschafterversammlung entziehen.

---

[179] Vgl. zu letzteren *Schmeling*, S. 142; *Hüffer*, in: Hachenburg, GmbHG[8], § 46, Rdnr. 62; *ders.*, in: Ulmer/Habersack/Winter, Großkommentar GmbHG, § 46, Rn. 65; *K. Schmidt*, in: Scholz, GmbHG[9], § 46, Rdnr. 94; *Sigle*, DStR 1992, 469, 471 f.

[180] A.A. *Tellis*, S. 101 ff., der auf die Erkennbarkeit respektive Kenntnis in die Entlastungsperiode fallender Pflichtwidrigkeiten abstellt. Dagegen zu Recht *Schmeling*, S. 127 f., 135 f.

[181] *BGH*, NJW 1959, 192, 194; *Hüffer*, in: Hachenburg, GmbHG[8], § 46, Rdnr. 63; *ders.*, in: Ulmer/Habersack/Winter, Großkommentar GmbHG, § 46, Rn. 66; *K. Schmidt*, in: Scholz, GmbHG[9], § 46, Rdnr. 94; *Zöllner*, in: Baumbach/Hueck, GmbHG[18], § 46, Rdnr. 41; *Altmeppen*, in: Roth/Altmeppen, GmbHG[5], § 43, Rdnr. 86; *Schmeling*, S. 121 f. A.A. *Tellis*, S. 104 ff., *ders.*, ZHR 156 (1992), 256, 257, der allein auf die an der Versammlung teilnehmenden Gesellschafter abstellt.

[182] Vgl. statt nahezu aller BGHZ 94, 324, 326. A.A. nur *Barner*, S. 85 f., der dem die These vom "Verzicht auf den Verzicht" entgegensetzt.

[183] Vgl. dazu *Hüffer*, in: Hachenburg, GmbHG[8], § 46, Rdnr. 62; *ders.*, in: Ulmer/Habersack/Winter, Großkommentar GmbHG, § 46, Rn. 65; *K. Schmidt*, in: Scholz, GmbHG[9], § 46, Rdnr. 94; *Koppensteiner*, in: Rowedder/Schmidt-Leithoff, GmbHG[4], § 46, Rdnr. 27; *Roth*, in: Roth/Altmeppen, GmbHG[5], § 46, Rdnr. 32; *RG*, DR 1941, 506, 508.

[184] Vgl. § 9 b Abs. 1 ggf. i.V.m. §§ 30, 43 Abs. 3 Satz 1 und 2, §§ 33, 43 Abs. 3 Satz 1 und 2, § 57 Abs. 4 oder §§ 64 Abs. 2 Satz 3, 43 Abs. 3 Satz 2 GmbHG zum einen sowie § 80 Abs. 1 InsO zum anderen. Bei Verstößen gegen § 30 bzw. § 33 GmbHG scheidet eine Anspruchspräklusion somit nicht schlechterdings aus, sondern de lege lata nur in Fällen, in denen der Ersatz zur Befriedigung der Gesellschaftsgläubiger erforderlich ist: *BGH*, GmbHR 2002, 1197, 1198 f.; *Hüffer*, in: Hachenburg, GmbHG[8], § 46, Rdnr. 64; *ders.*, in: Ulmer/Habersack/Winter, Großkommentar GmbHG, § 46, Rn. 67; *Schmeling*, S. 152; *Zöllner*, in: Baumbach/Hueck, GmbHG[18], § 46, Rdnr. 41; *Hueck*, GmbHR 1959, 189, 193; *K. Schmidt*, ZGR 1978, 425, 426 f. Nunmehr A.A. *ders.*, in: Scholz, GmbHG[9], § 46, Rdnr. 95, sowie noch *BGH*, NJW 1959, 192, 194.

Mit Gläubigerschutzaspekten nichts zu tun hat indes § 93 Abs. 4 Satz 3 (i.V.m. § 116) AktG, der für Aufsichtsratsmitglieder von Gesellschaften mbH, auf die das DrittelbG, das MitbestG, das Montan-

Über diese Ansprüche kann die Gesellschafterversammlung auch im Wege der Entlastung nicht „verfügen".
Geraten im konkreten Falle vormals bestehende Ansprüche tatsächlich in Fortfall, gründet sich dies auf das § 242 BGB entspringende Verbot widersprüchlichen Verhaltens, mithin auf ein unzulässiges „venire contra factum proprium".[185] Denn die Gesellschaft verhält sich unzweifelhaft widersprüchlich, wenn sie ein Handeln, aus dem erkennbar Ansprüche resultieren, einerseits billigt, aus diesem Handeln andererseits aber Ansprüche ableiten will.

2. Organstellung/ Anstellung

Auf vor der Beschlussfassung bestehende Bestellungs- und Anstellungsverhältnisse der Geschäftsleiter[186] sowie die Bestellungsverhältnisse von Aufsichtsräten wirkt sich die Entlastungserteilung nicht unmittelbar aus, sie bestehen unverändert fort.

a) AG

Die Entlastung erteilende Hauptversammlung kann jedoch in Zukunft wegen ihr zum Zeitpunkt der Entlastungserteilung erkennbarer Vorgänge Vorstandsmitgliedern nicht gemäß § 84 Abs. 3 Satz 2 3.Alt. AktG das Vertrauen entziehen.[187] Auch in diesem

---

MitbestG oder das Montan-MitbestErgG Anwendung findet, gilt und Ansprüche zumindest zeitlich beschränkt der Dispositionsbefugnis der Gesellschafterversammlung entzieht (vgl. dazu *Barner*, S. 93 ff.).

[185] *K. Schmidt*, in: Scholz, GmbHG[9], § 46, Rdnr. 89; *Priester*, FS Rowedder, S. 369, 371 f.; *Weitemeyer*, ZGR 2005, 280, 287 f.; *Tellis*, S. 86 ff.; *Schmeling*, S. 109 ff., 124 ff. A.A. *Barner*, S. 71 ff.; *Flume*, AT des Bürgerlichen Rechts, I/2, S. 353.

[186] Vgl. zu der in § 84 Abs. 1 und 3 (jeweils Sätze 1 bis 4 und Satz 5) AktG und § 38 Abs. 1 GmbHG zum Ausdruck kommenden Trennung zwischen korporationsrechtlichem und schuldvertraglichem Verhältnis, sprich zur sogenannten „Trennungstheorie" *Hüffer*, AktG[7], § 84, Rdnr. 2; *Flume*, AT des Bürgerlichen Rechts, I/2, S. 345 ff.; *Hockemeier*, S. 22.

[187] *Mülbert*, in: Großkommentar AktG[4], § 120, Rdnr. 43, 78; *Zöllner*, in: KK zum AktG, § 120, Rdnr. 24; *F.-J. Semler*, Münchener Handbuch des Gesellschaftsrechts, Band 4[2], § 34, Rdnr. 28; *Barner*, S. 106.

Fall würden sich die Anteilseigner in offenen Widerspruch zu der vorangegangenen Billigung setzen.[188]

Der zur Abberufung von Vorstandsmitgliedern befugte Aufsichtsrat ist durch die Vertrauensbekundung indes allein gehindert, einen Bestellungswiderruf auf einen Vertrauensentzug durch die Hauptversammlung zu stützen. Ihm ist hingegen nicht verwehrt, Mitglieder des Vorstands aus einem anderen wichtigen Grund i.S.d. § 84 Abs. 3 AktG abzuberufen bzw. deren – fast ausnahmslos befristet geschlossene –[189] Anstellungsverträge wegen des Vorliegens eines wichtigen Grundes i.S.d. § 626 Abs. 1 BGB zu kündigen.[190] Die Beurteilung der Anteilseigner vermag die des Aufsichtsrats nicht in dem Sinne zu präjudizieren, von einer Abberufung respektive Kündigung abzusehen.

b) GmbH

Ob der Widerruf der Geschäftsleiterbestellung eines wichtigen Grundes bedarf, hängt bei einer GmbH von den jeweils anwendbaren gesetzlichen Regelungen[191] sowie den Bestimmungen des Gesellschaftsvertrages[192] ab. Ist in Gesetz oder Satzung ein entsprechender Passus enthalten, kann die positive Bewertung der Geschäftsführungstätigkeit derlei Gründe sowohl in Fällen, in denen die Gesellschafterversammlung auch zur Beendigung des Organschaftsverhältnisses berufen ist, als auch in Fällen, in denen diese Kompetenz einem Aufsichtsgremium zusteht, in Fortfall bringen.[193] Voraussetzung ist auch hier, dass der zum Widerruf berechtigende Grund für die Anteilseigner zur Zeit der Entlastungsentscheidung zumindest erkennbar war.

---

[188] Entsprechendes gilt für von der Hauptversammlung gewählte Aufsichtsratsmitglieder, wenn die Satzung als weiteres Erfordernis für deren Abberufung das Vorliegen eines wichtigen Grundes fordert, § 103 Abs. 1 Satz 3 AktG.

[189] Vgl. § 84 Abs. 1 Satz 1 und Satz 5, 1. Hs. AktG, sowie *Grobys/Littger*, BB 2002, 2292, 2293; *Buchner/Schlobach*, GmbHR 2004, 1, 6; *Barner*, S. 109; *Hockemeier*, S. 59, 128; *Röder/Lingemann*, DB 1993, 1341, 1345, 1346; *Veil*, S. 220.

[190] *Mülbert*, in: Großkommentar AktG[4], § 120, Rdnr. 41; *Zöllner*, in: KK zum AktG, § 120, Rdnr. 28; *Schmeling*, S. 162 f.

[191] Vgl. § 31 Abs. 1 Satz 1 MitbestG, § 12 Montan-MitbestG bzw. § 13 Satz 1 Montan-MitBestErgG, die allesamt auch auf § 84 Abs. 3 AktG verweisen.

[192] Vgl. § 38 Abs. 2 GmbHG.

[193] *Schmeling*, S. 162; *Barner*, S. 118 ff. Vgl. ferner *K. Schmidt*, ZGR 1978, 425, 427, Fn. 14.

Auch zur Kündigung des Anstellungsverhältnisses berechtigende Gründe, die den Gesellschaftern bei der Entlastungserteilung erkennbar waren, gehen mit ihrem positiven Votum verloren.[194]

D. Entlastungsverweigerung

In der Praxis ist die Entlastung verweigert, wenn der auf Entlastungserteilung gerichtete Beschlussantrag die erforderliche Mehrheit nicht enthält.[195]

I. Inhalt

Inhaltlich bringt die Entlastungsverweigerung in Anlehnung an § 120 Abs. 2 Satz 1 AktG zunächst nur die Missbilligung der Amtsführung während der Entlastungsperiode zum Ausdruck.[196] An einem einzig aus der Billigung vergangener Handlungen ableitbaren Vertrauensausspruch fehlt es daher.

II. Rechtsfolgen

Da die Amtsführung missbilligt wird, treten zu Gunsten des jeweiligen Organmitglieds auch keine der zuvor beschriebenen Rechtsfolgen ein. Ansprüche einer GmbH bestehen in diesem Falle ebenso unverändert fort, wie wichtige Gründe weiterhin zur Abberufung aus der Organstellung respektive zur fristlosen Kündigung des Anstellungsverhältnisses berechtigen.

1. Ansprüche der Gesellschaft

Die Missbilligungsbekundung trifft jedoch keine Aussage über die Geltendmachung von Ersatzansprüchen i.S.v. § 147 Abs. 1 Satz 1 AktG bzw. § 46 Nr. 8 GmbHG. Dies legt bereits die gesetzliche Trennung zwischen der Entlastung und der Geltendma-

---

[194] *Schmeling*, S. 162; *Barner*, S. 118 ff.; ohne Einschränkung auch BGHZ 94, 324, 326.

[195] *Mülbert*, in: Großkommentar AktG[4], § 120, Rdnr. 44, 82, 110.

[196] *Schmeling*, S. 183; *Schuricht*, S. 22; *K. Schmidt*, ZGR 1978, 425, 438; *ders.*, in: Scholz, GmbHG[9], § 46, Rdnr. 100.

chung von Ersatzansprüchen nahe, ergibt sich indes zwingend daraus, dass die Anteilseigner im Rahmen der Entlastungsentscheidung mitnichten nur die Rechtmäßigkeitsfrage des Bestehens oder Nichtbestehens von Ersatzansprüchen, sondern auch und gerade die unternehmerische Zweckmäßigkeit des Verwaltungshandelns bewerten.

2. Organstellung/ Anstellung

a) AG

Auch für vor der Beschlussfassung bestehende Bestellungs- und Anstellungsverhältnisse zeitigt die Entlastungsverweigerung keine unmittelbaren Rechtsfolgen. Organstellung wie Anstellung bleiben trotz der verweigerten Entlastung unverändert bestehen.[197]

Die Entlastungsverweigerung als solche schafft auch keinen wichtigen Grund i.S.v. § 84 Abs. 3 Satz 2 3.Alt. AktG, der den Aufsichtsrat berechtigt, die Bestellung zum Vorstandsmitglied zu widerrufen.[198] Denn die Tatsache, dass die Tätigkeit in der Vergangenheit nicht die Billigung der Anteilseigner findet, trägt nicht zwingend den Schluss, dass die Anteilseigner dem betroffenen Organmitglied für die Zukunft das Vertrauen entziehen wollen.[199] So ist etwa nicht ausgeschlossen, dass unternehmerische Entscheidungen während der jüngeren Vergangenheit das Unternehmen zwar in die Krise geführt haben, von denselben Personen initiierte Sanierungsbemühungen jedoch die Zustimmung der Anteilseigner finden. Wie dieses Beispiel verdeutlicht, handelt es sich bei der Entlastung und dem Vertrauensentzug der Hauptversammlung um unterschiedliche Gegenstände, die als separate Tagesordnungspunk-

---

[197] Dies gilt unabhängig von dem Quorum, mit dem die Entlastung verweigert wird, auch für Aufsichtsratsmitglieder, die von der Hauptversammlung gewählt worden sind, vgl. zu § 103 Abs. 1 AktG *Barner*, S. 126; *Butzke*, in: Obermüller/Werner/Winden[4], I, Rdnr. 42 (m.w.N.).

[198] *Zöllner*, in: KK zum AktG, § 120, Rdnr. 41 f.; *Arnold*, AG 2005, R 8 ff.; *Mülbert*, in: Großkommentar AktG[4], § 120, Rdnr. 45; *Zimmermann*, FS Rowedder, S. 593, 594 f.; *Messer*, FS Nirk, S. 681, 684 f. A.A. *Lutter*, Mitbestimmung im Konzern, S. 31 f. In der Tendenz auch *H.-J. Mertens*, in: KK zum AktG[2], § 84, Rdnr. 105.

[199] *Hüffer*, AktG[7], § 84, Rdnr. 30; *Zimmermann*, FS Rowedder, S. 593, 594 f.; BGHZ 153, 47, 52.

te bekannt zu machen sind[200] sowie gesonderter Beschlussanträge und einer gesonderten Beschlussfassung bedürfen.[201]

Die Versagung der Entlastung stellt auch keinen wichtigen Grund i.S.d. § 626 Abs. 1 BGB dar, der eine außerordentlichen Kündigung von Anstellungsverhältnissen der Geschäftsleiter zu rechtfertigen vermag.[202] Dem steht bereits entgegen, dass der Gesellschaft ansonsten ermöglicht würde, einen Kündigungsgrund nicht nur selbst,[203] sondern gänzlich unabhängig vom Verhalten des betroffenen Vorstandsmitglied zu schaffen, obwohl für eine außerordentliche Kündigung des Dienstvertrages im Wesentlichen nur solche Gründe in Betracht kommen, die in der Person des Organmitglieds selbst liegen.[204]

Auch für den betroffenen Vorstand eröffnet die Versagung allein keinerlei neue Handlungsmöglichkeiten: In Ansehung der Organstellung ist es ihm – unabhängig vom Beschlussergebnis – ohnehin jederzeit möglich, sein Amt mit sofortiger Wirkung niederzulegen.[205]

---

[200] *LG München*, ZIP 2005, 1598 f.; *Kubis*, in: MK zum AktG², § 120, Rdnr. 35; *Arnold*, AG 2005, R 8 ff. A.A. *Zöllner*, in: KK zum AktG, § 120, Rdnr. 42, sowie § 124, Rdnr. 15; *Hüffer*, AktG⁷, § 124, Rdnr. 19.

[201] *Zöllner*, in: KK zum AktG, § 120, Rdnr. 41; *Arnold*, AG 2005, R 8 ff.; *Mülbert*, in: Großkommentar AktG⁴, § 120, Rdnr. 45. A.A. *Mertens*, in: KK zum AktG², § 84, Rdnr. 105. Ebenso weniger formalistisch und für eine Auslegung des Inhalts des Entlastungsbeschlusses: *F.-J. Semler*, Münchener Handbuch des Gesellschaftsrechts, Band 4², § 34, Rdnr. 29; *Butzke*, in: Obermüller/Werner/Winden⁴, I, Rdnr. 43; *Hüffer*, AktG⁷, § 84, Rdnr. 30.

[202] *Schmeling*, S. 189 f.; *BGH*, WM 1978, 109, 110.

[203] Vgl. dazu *Röder/Lingemann*, DB 1993, 1341, 1346; *Hockemeier*, S. 132; *Buchner/Schlobach*, GmbHR 2004, 1, 7.

[204] *Bauer*, Arbeitsrechtliche Aufhebungsverträge⁷, S. 209 ff.; *Schmeling*, S. 190.

[205] Zum GmbH-Geschäftsführer BGHZ 121, 257, 260 ff.; BGHZ 78, 82, 85 ff. Zu Recht für eine Übertragung auf die Vorstände einer AG *Hüffer*, AktG⁷, § 84, Rdnr. 36; *Grobys/Littger*, BB 2002, 2292; *Röder/Lingemann*, DB 1993, 1341, 1343. So zuvor bereits *H.-J. Mertens*, in: KK zum AktG², § 84, Rdnr. 163.

Die Umstände der Entlastungsverweigerung können jedoch in Fällen, in denen die verweigerte Entlastung zum Anlass genommen wird, das Amt niederzulegen, insbesondere Bedeutung für die Frage gewinnen, ob das Vorstandsmitglied der Gesellschaft wegen einer ohne wichtigen Grund erklärten Amtsniederlegung zum Schadensersatz verpflichtet ist. Nach richtiger Ansicht ist von einem wichtigen Grund zur Amtsniederlegung nur auszugehen, wenn die Entlastung *unberechtigt*, sprich willkürlich *oder ohne Begründung* verweigert wurde. So *Butzke*, in: Obermüller/Werner/Winden⁴, I, Rdnr. 44; *Hüffer*, AktG⁷, § 120, Rdnr. 16; vgl. zur Amtsniederlegung nach einer willkürlichen Entscheidung be-

Das missbilligende Votum allein vermag auch keinen wichtigen Grund im Sinne des § 626 Abs. 1 BGB zu schaffen, der dem Vorstandsmitglied ermöglicht, seinen Anstellungsvertrag fristlos zu kündigen.[206] Wie vorstehend zu § 84 Abs. 3 Satz 2 3.Alt. AktG ausgeführt, kann die bloße Entlastungsverweigerung einem Vertrauensentzug nicht gleichgestellt werden und allein keinen Widerruf der Bestellung seitens der Gesellschaft rechtfertigen. Auch wenn hierbei nun das Anstellungsverhältnis und dessen außerordentliche Beendigung seitens des Organmitglieds in Frage steht, kann die Entlastungsverweigerung als solche auch nicht die Vertrauensgrundlage des Anstellungsvertrages zerstören,[207] welche notwendige Basis eines jeden Dauerschuldverhältnisses ist. Sähe man in der Entlastungsverweigerung per se einen zur Kündigung des Anstellungsvertrages berechtigenden Grund, wäre dies zudem mit der „breiten Spanne des Ermessens", die den Anteilseignern bei Bewertung der unternehmerischen Zweckmäßigkeit des Handelns zugebilligt wird, nur schwer zu vereinbaren. Denn Anteilseigner, die mit den Leistungen in der Vergangenheit unzufrieden sind, aber dennoch – etwa mangels geeigneter personeller Alternativen oder wegen laufenden Umstrukturierungen –[208] an dem Vorstandsmitglied festhalten wollen, dürften trotz der Unzufriedenheit für die Entlastung stimmen, um einen zur Kündigung des Dienstvertrages berechtigenden Grund gar nicht erst entstehen zu lassen.[209] Von einem solchen Grund ist daher erst dann auszugehen, wenn die Anteilseigner die Entlastung unberechtigt, sprich willkürlich[210] oder ohne Begründung[211] verwei-

---

reits BGHZ 94, 324, 327. Den Willkürgesichtspunkt außer Acht lassend und deshalb zu eng *Schmeling*, S. 191 f. Demgegenüber zu weit *Kubis*, in: MK zum AktG², § 120, Rdnr. 35.

Bei der Amtsniederlegung seitens eines Aufsichtsratsmitglieds kommt es auf das Vorliegen eines wichtigen Grundes nicht einmal auf der „Sekundärebene" an. Vgl. dazu m.w.N. *Hüffer*, AktG⁷, § 103, Rdnr. 17.

[206] *Mülbert*, in: Großkommentar AktG⁴, § 120, Rdnr. 46. A.A. *K. Schmidt*, ZGR 1978, 425, 439; *Barner*, S. 131 f.; *Kubis*, in: MK zum AktG², § 120, Rdnr. 35.

[207] A.A. *Schmeling*, S. 192.; *K. Schmidt*, ZGR 1978, 425, 439.

[208] Vgl. zum Problem eines Mangels an geeigneten personellen Alternativen FAZ vom 8.11.2006, S. 13 (Volkswagen AG) bzw. zum Problem laufender Umstrukturierungen FAZ vom 10.02.2005, S. 16 (Borussia Dortmund GmbH & Co. KGaA); FAZ vom 7.04.2005, S. 16 (Karstadt Quelle AG).

[209] *Mülbert*, in: Großkommentar AktG⁴, § 120, Rdnr. 46; *Zöllner*, in: KK zum AktG, § 120, Rdnr. 44.

[210] *Volhard/Weber*, NZG 2003, 351, 352; *Weitemeyer*, ZGR 2005, 280, 304. Vgl. allein zu dieser, aus der Weite des Entlastungsermessens zu erklärenden Gleichsetzung *Kubis*, in: MK zum AktG², § 120, Rdnr. 35 a.E. und *LG Düsseldorf*, AG 1995, 237, 238, sowie zum Gesichtspunkt einer fristlosen Kündigung bei einer willkürlichen Entlastungsverweigerung bereits BGHZ 94, 324, 327.

gern. Letzterenfalls wird dem betroffenen Organmitglied nicht einmal die Möglichkeit gegeben, etwaige Mängel zu beseitigen. In Zukunft an dieses Vertragsverhältnis gebunden zu sein, ist dem betroffenen Vorstandsmitglied auch in diesem Falle nicht zuzumuten.[212]

b) GmbH

Auch im GmbH-Recht begründet die Entlastungsverweigerung selbst keine neuen Handlungsmöglichkeiten.

Dies gilt zunächst für die Gesellschafter: Besitzt eine GmbH, auf die weder die Vorschriften des MitbestG, des Montan-MitbestG noch die des Montan-MitBestErgG Anwendung finden, ein gesetzliches Normalstatut, können die Geschäftsführer nach § 38 Abs. 1 GmbHG ohnehin jederzeit abberufen werden. In allen anderen Fällen, in denen der Bestellungswiderruf auf Grund Gesetzes oder der Satzung eines wichtigen Grundes bedarf, schafft die Verweigerung selbst noch keinen solchen Grund.[213] Auch wenn einer Entlastung wie einem Widerruf aus wichtigem Grund eine Abwägung vorausgehen sollte,[214] sich somit beide als Abwägungsentscheidung umschreiben lassen, sind in beiden Fällen gänzlich andere Gesichtspunkte maßgebend. Während sich im einen Fall jeder Gesellschafter bei der Abwägung der positiven und der negativen Elemente des Handelns weitestgehend von eigenen Interessen leiten lassen kann, sind bei der Frage der Abberufung die Interessen der Gesellschaft gegen die des Geschäftsführers abzuwägen. Allein auf Grund dieser gänzlich anderen Ausgangslage kann in der Entlastungsverweigerung per se kein wichtiger Grund zur Abberufung gesehen werden. Bei einer statutarischen Regelung kommt hinzu, dass die Satzungsklausel im Sinne des § 38 Abs. 2 GmbHG durch einen – in aller Regel nur einfache Mehrheit erfordernden – Entlastungsbeschluss andernfalls überspielt würde.

---

[211] *Mülbert*, in: Großkommentar AktG[4], § 120, Rdnr. 46; *Zöllner*, in: KK zum AktG, § 120, Rdnr. 44.

[212] *Mülbert*, in: Großkommentar AktG[4], § 120, Rdnr. 46; i.E. ebenso *Schmeling*, S. 192.

[213] *Hüffer*, in: Hachenburg, GmbHG[8], § 46, Rdnr. 71; *Zöllner*, in: Baumbach/Hueck, GmbHG[18], § 46, Rdnr. 48; *Roth*, in: Roth/Altmeppen, GmbHG[5], § 46, Rdnr. 42.

[214] Vgl. zur Entlastung *Tellis*, S. 88, 106; *Barner*, S. 102, und zum Widerruf *Altmeppen*, in: Roth/Altmeppen, GmbHG[5], § 38, Rdnr. 33.

Aus den vorstehend zur AG genannten Gründen berechtigt die Versagung als solche nicht zur Kündigung fortwährender Anstellungsverträge von Geschäftsführern.
Aber auch für den betroffenen Geschäftsführer liegt in der Verweigerung per se kein wichtiger Grund, der zur sanktionslosen Amtsniederlegung[215] bzw. zur fristlosen Kündigung des Anstellungsvertrages[216] berechtigt. Von beidem ist – wie bei den Vorstandsmitgliedern einer AG – nur in Fällen auszugehen, in denen die Entlastung unberechtigt, sprich willkürlich[217] oder ohne Begründung[218] verweigert wird.

III. Rechtsschutz

Führt man sich neben den versagten positiven Rechtsfolgen die mitunter schwerwiegenden außerrechtlichen Konsequenzen vor Augen, insbesondere den mit der Entlastungsverweigerung einhergehenden Verlust an Reputation,[219] der das weitere berufliche Fortkommen behindern kann,[220] wird das Interesse des betroffenen Organmitglieds greifbar, sich gegen das Missbilligungsvotum zur Wehr zu setzen. Da auf eine erfolgreiche Beschlussmängelklage hin der Beschluss, mit dem die Entlastung verweigert wurde, lediglich mit ex tunc Wirkung für nichtig erklärt[221] bzw. die von Anfang an bestehende Nichtigkeit des Beschlusses festgestellt wird,[222] vermag dieser Weg ein billigendes Votum samt der damit verbundenen positiven Rechtsfolgen nicht

---

[215] A.A. *K. Schmidt*, in: Scholz, GmbHG[9], § 46, Rdnr. 100.

[216] A.A. *K. Schmidt*, in: Scholz, GmbHG[9], § 46, Rdnr. 100; *ders.*, ZGR 1978, 425, 439; *Schuricht*, S. 35 f.

[217] *Lutter/Hommelhoff*, in: Lutter/Hommelhoff, GmbHG[16], § 46, Rdnr. 15; *Roth*, in: Roth/Altmeppen, GmbHG[5], § 46, Rdnr. 42; *Weitemeyer*, ZGR 2005, 280, 304. In diese Richtung bereits BGHZ 94, 324, 327. A.A. *Schmeling*, S. 191.

[218] *Lutter/Hommelhoff*, in: Lutter/Hommelhoff, GmbHG[16], § 46, Rdnr. 15; *Hüffer*, in: Hachenburg, GmbHG[8], § 46, Rdnr. 71; *ders.*, in: Ulmer/Habersack/Winter, Großkommentar GmbHG, § 46, Rn. 74; *Zöllner*, in: Baumbach/Hueck, GmbHG[17], § 46, Rdnr. 30; *Sigle*, DStR 1992, 469, 472.

[219] *Barner*, S. 102; *Schmeling*, S. 7; *Mülbert*, in: Großkommentar AktG[4], § 120, Rdnr. 11; *Ahrens*, ZGR 1987, 129, 131 f.

[220] *Schuricht*, S. 1; *Barner*, S. 12.

[221] So im Falle der Anfechtungsklage. Vgl. § 248 Abs. 1 Satz 1 AktG, der im GmbH-Recht entsprechend gilt.

[222] So im Falle der Nichtigkeitsklage. Vgl. § 249 Abs. 1 Satz 1 AktG, der im GmbH-Recht entsprechend gilt.

herbeizuführen.[223] Es ist deshalb seit jeher fraglich, ob betroffenen Organmitgliedern nicht eine „Entlastungsklage“ offen steht, mittels derer die Entlastungserteilung klageweise durchgesetzt werden kann.

1. Leistungsklage auf Entlastungserteilung

Eine auf Entlastungserteilung gerichtete Leistungsklage scheidet jedoch sowohl bei Aktiengesellschaften als auch bei Gesellschaften mbH aus. Bei Aktiengesellschaften ergibt sich dies bereits aus der Begründung des Regierungsentwurfs zum AktG 1965.[224] Denn dort heißt es ausdrücklich, dass eine Klage der Mitglieder des Vorstands oder des Aufsichtsrats auf Erteilung der Entlastung – mangels Anspruchs – künftig nicht mehr „zulässig“ sei.[225] Auch im GmbH-Recht ist nunmehr weit überwiegend anerkannt, dass eine auf Entlastungserteilung gerichtete Leistungsklage nicht zur Verfügung steht.[226] Maßgeblich ist auch hier der bereits in der Regierungsbegründung zum AktG genannte Gesichtspunkt, dass die Gesellschafter im Rahmen der vergangenheitsbezogenen Billigung zumindest bei der Bewertung der unternehmerischen Zweckmäßigkeit des Handelns über ein nahezu freies Ermessen verfügen.[227] Wegen der Vielzahl anderer Handlungen, die während der Entlastungsperiode hätten ergriffen werden können, sowie der stets subjektiven, mitunter erheblich

---

[223] *Schmeling*, S. 193; *Schuricht*, S. 112 f. Dies gilt ungeachtet des Problems, ob die Geschäftsführer einer GmbH überhaupt zur Erhebung einer Beschlussmängelklage befugt sind. Vgl. dazu *K. Schmidt*, in: Scholz, GmbHG^{9}, § 45, Rdnr. 134 f.; *ders.*, ZGR 1978, 425, 438.

[224] Begründung RegE. bei Kropff, S. 167.

[225] Ebenso *Tellis*, S. 123 ff.; *Hommelhoff*, ZHR 143 (1979), 288, 309. Dennoch z.T. a.A. *Mülbert*, in: Großkommentar AktG^{4}, § 120, Rdnr. 49 f.; *Weitemeyer*, ZGR 2005, 280, 305.

[226] BGHZ 94, 324, 325 ff.; *K. Schmidt*, in: Scholz, GmbHG^{9}, § 46, Rdnr. 102; *Tellis*, S. 123 ff., 149 f.; *ders.*, ZHR 156 (1992), 256, 260; *Barner*, S. 133 ff.; *Schmeling*, S. 193 ff.; *Ahrens*, ZGR 1987, 129, 132; *Lutter/Hommelhoff*, in: Lutter/Hommelhoff, GmbHG^{16}, § 46, Rdnr. 15; *Römermann*, in: Michalski, GmbHG, § 46, Rdnr. 307 ff. A.A. *Zöllner*, in: Baumbach/Hueck, GmbHG^{18}, § 46, Rdnr. 46; *Hüffer*, in: Hachenburg, GmbHG^{8}, § 46, Rdnr. 68 f.; *ders.*, in: Ulmer/Habersack/Winter, Großkommentar GmbHG, § 46, Rn. 71; *Buchner*, GmbHR 1988, 9, 14; *Flume*, AT des Bürgerlichen Rechts, I/2, S. 354 f.; *Schuricht*, S. 79.

[227] Dies verkennt *Buchner*, GmbHR 1988, 9, 14, der den Gehalt der Entlastung zu Unrecht auf die Rechtmäßigkeit (der Geschäftsführung) verkürzt.

divergierenden Bewertung[228] vorgenommener und alternativer Taten, ist eine Ermessensreduzierung auf Null dergestalt, dass nur die ergriffenen Handlungen als unternehmerisch zweckmäßig bewertet und gebilligt werden müssten, schlicht nicht denkbar.[229] Eine gleichwohl erhobene Leistungsklage wäre daher mangels materiellen Anspruchs unbegründet.

2. Negative Feststellungsklage

Wenn sich betroffene Organmitglieder auch nicht der Versagung erwehren und ein billigendes Votum im Wege der Leistungsklage durchzusetzen vermögen, besteht unter bestimmten Voraussetzungen zumindest die Gelegenheit, eine negative Feststellungsklage zu erheben. Zulässig ist dieses Vorgehen aber nur in Fällen, in denen sich die Gesellschaft (bei Gelegenheit der Entlastungsverweigerung) konkreter Ansprüche gegen Organmitglieder berühmt. Erst die Anspruchsberühmung begründet deren rechtliches Interesse an alsbaldiger Feststellung im Sinne des § 256 Abs. 1 ZPO,[230] nicht bereits die Entlastungsverweigerung als solche.[231] Dass es in aller Regel einer Anspruchsberühmung bedarf, um einer negativen Feststellungsklage zur Zulässigkeit zu verhelfen, erklärt ein Blick auf die hierbei einschlägige Beweislastverteilung: Denn die Beweislast trägt bei einer negativen Feststellungsklage derjenige, der sie auch bei einer korrespondierenden Leistungsklage trüge.[232] Nicht der Kläger, sondern der Beklagte hat somit im Grundsatz[233] alle anspruchsbegründenden Voraussetzungen zu beweisen. Das Risiko, die Anspruchsvoraussetzungen beweisen zu müssen und im Falle eines non liquet den Prozess zu verlieren, ist aber nur gerecht-

---

[228] Vgl. *Mülbert*, in: Großkommentar AktG[4], § 120, Rdnr. 45; *Zöllner*, in: KK zum AktG, § 120, Rdnr. 41; *Tellis*, S. 124; *Barner*, S. 134 f.

[229] Ähnlich *Römermann*, in: Michalski, GmbHG, § 46, Rdnr. 309.

[230] *Schmeling*, S. 198 ff.; *Mülbert*, in: Großkommentar AktG[4], § 120, Rdnr. 51; *Kubis*, in: MK zum AktG[2], § 120, Rdnr. 39; *Zöllner*, in: KK zum AktG, § 120, Rdnr. 46; *ders.*, in: Baumbach/Hueck, GmbHG[18], § 46, Rdnr. 47; *Römermann*, in: Michalski, GmbHG, § 46, Rdnr. 312.

[231] So aber *K. Schmidt*, in: Scholz, GmbHG[9], § 46, Rdnr. 102; *Koppensteiner*, in: Rowedder/Schmidt–Leithoff, GmbHG[4], § 46, Rdnr. 31. I.E. ebenso, in der Begründung aber auf Diskriminierung und Imageverlust abstellend *Weitemeyer*, ZGR 2005, 280, 306. In der Tendenz ähnlich *Flume*, AT des Bürgerlichen Rechts, I/2, S. 356; *Lutter/Hommelhoff*, in: Lutter/Hommelhoff, GmbHG[16], § 46, Rdnr. 15.

[232] *K. Schmidt*, ZGR 1978, 425, 443; *Greger*, in: Zöller, ZPO[23], § 256, Rdnr. 18.

[233] Vgl. i.v.F. aber § 93 Abs. 2 Satz 2 (ggf. i.V.m. § 116 Satz 1) AktG, der auch im GmbH-Recht gilt.

fertigt, wenn die jeweilige Person zuvor deutlich gemacht hat, den Anspruch verfolgen zu wollen,[234] sie mit anderen Worten im Wege der Anspruchberühmung eine Angriffsposition eingenommen hat.[235] Ein solcher Angriff kann in der Entlastungsverweigerung als solcher nicht gesehen werden. Denn die Motive, die Entlastung zu verweigern, können unterschiedlichster Art sein, exemplarisch sei auf die Unzufriedenheit mit der geschäftlichen Entwicklung der Gesellschaft oder die Unzufriedenheit mit der Personal- und Vergütungspolitik des Aufsichtsrats verwiesen.[236] Überdies wird die Motivation der einzelnen Anteilseigner, die Entlastung zu versagen, in vielerlei Hinsicht differieren.[237] Die Entlastung wird also mitnichten nur wegen des Bestehens konkreter Ansprüche verweigert,[238] eine Gleichsetzung von Versagung und Anspruchsberühmung scheidet daher aus.

Die erforderliche Anspruchsberühmung lässt sich auch nicht über den Umweg eines klagbaren Auskunftsanspruchs erreichen, der es betroffenen Organmitgliedern ermöglichen soll zu erfahren, ob die Entlastungsverweigerung mit dem Bestehen von Ersatzansprüchen begründet wird und wenn ja, mit welchen Ansprüchen konkret.[239] Denn mit Blick auf die mannigfachen Ausweichmöglichkeiten, die den Gesellschaftern verbleiben, ihre wahren Motive zu verdecken, ist die praktische Tauglichkeit dieses Ansatzes äußerst zweifelhaft.[240] Überdies besteht die Gefahr, dass die Entscheidungsfreiheit der Anteilseigner durch die Möglichkeit eingeschränkt wird, die Grund-

---

[234] *Ahrens*, ZGR 1987, 129, 141.

[235] *K. Schmidt*, ZGR 1978, 425, 443.

[236] Vgl. zum ersten *Schmeling*, S. 18, 31, 43; FAZ vom 24.05.2005, S. 18 (Karstadt Quelle AG), sowie S. 3 der DSW-Abstimmungsgrundsätze und Hauptversammlungsthemen 2005, verfügbar unter: http://www.dsw-info.de/DSW-Abstimmungsgrundsaetze_und.495.98.html, und zu letzterem FAZ vom 5.04.2004, S. 15 (Daimler Chrysler AG); FAZ vom 24.05.2005, S. 18 (Karstadt Quelle AG), sowie S. 4 der DSW-Abstimmungsgrundsätze.

[237] *Zöllner*, in: KK zum AktG, § 120, Rdnr. 41; *Mülbert*, in: Großkommentar AktG[4], § 120, Rdnr. 45. Vgl. ferner *Hüffer*, FS Raiser, S. 163, 175.

[238] *Tellis*, S. 132.

[239] So aber *Ahrens*, ZGR 1987, 129, 135. In BGHZ 94, 324, 330 anerkennt der *Bundesgerichtshof* zumindest das Interesse eines GmbH-Geschäftsführers, darüber aufgeklärt zu werden, ob die Entlastung wegen vermeintlicher Schadensersatzansprüche versagt wird und (wenn ja,) um welche es sich konkret handelt.

[240] Dies erkennt auch *Ahrens*, ZGR 1987, 129, 136 f. an. Wie hier *Barner*, S. 153; *Tellis*, S. 141 f.; *K. Schmidt*, in: Scholz, GmbHG[9], § 46, Fn. 356, sowie im Ergebnis auch *Zöllner*, in: Baumbach/Hueck, GmbHG[18], § 46, Rdnr. 46.

lagen der Entscheidungsfindung – notfalls gar infolge gerichtlichen Zwangs –[241] offen legen zu müssen.[242]

Es besteht auch kein Anlass, vom Erfordernis einer Anspruchsberühmung im Falle der Entlastungsverweigerung Abstand zu nehmen und eine „negative Feststellungsklage unter erleichterten Voraussetzungen"[243] zuzulassen. Zum einen bleibt völlig unklar, worin die prozessuale Besserstellung nicht entlasteter Organmitglieder gegenüber ihren entlasteten Kollegen sowie allen sonstigen potentiellen Gesellschaftsschuldnern, die bis zum Ablauf der Verjährungsfrist mit der Geltendmachung einer dem Grund und der Höhe nach ungewissen Forderung rechnen müssen, ihre innere Rechtfertigung findet.[244] Zum anderen gilt es zu berücksichtigen, dass zumindest ein Teil derjenigen, die für eine negative Feststellungsklage unter prozessual geminderten Voraussetzungen eintreten, dem stattgebenden Urteil gar eine weitergehendere Aussage beimessen will als der freiwillig erteilten Entlastung und die Feststellung auf das Nichtbestehen sämtlicher, auch zum Zeitpunkt der Beschlussfassung nicht erkennbarer Ansprüche erstrecken will.[245] Unter prozessual erleichterten Voraussetzungen einem Vorgang größere Bedeutung zu verleihen, als es den zu seiner Verrichtung Berufenen im Wege der Entlastung je möglich wäre, erscheint gerade unter dem prozessökonomischen Ziel, keine unnötigen Anreize für gerichtliche Auseinandersetzungen zu schaffen, nicht angängig.[246] Nicht entlastete Organmitglieder können somit lediglich im Fall der Anspruchsberühmung beantragen festzustellen, dass

---

[241] Vgl. die in § 888 Abs. 1 Satz 1 ZPO vorgesehene Möglichkeit, Zwangshaft anzuordnen. Diese wäre an den Gesellschaftern zu vollziehen *Ahrens*, ZGR 1987, 129, 136.

[242] *Barner*, S. 153, 159.

[243] So aber *K. Schmidt*, ZGR 1978, 425, 444; *Breit*, JW 1917, 657, 658. I.E. ebenso *Koppensteiner*, in: Rowedder/Schmidt-Leithoff, GmbHG[4], § 46, Rdnr. 31.

[244] I.E. ebenso *Barner*, S. 146 f., 150; *Schmeling*, S. 205; *Ahrens*, ZGR 1987, 129, 141; *Schuricht*, S. 107. Der Verweis *K. Schmidts* (ZGR 1978, 425, 443) auf die Sonderrechtsbeziehung zwischen der Gesellschaft und dem potentiellem Schuldner geht fehl, da alle amtierenden, nicht nur nicht entlastete Organmitglieder in eine solches Rechtsverhältnis eingebunden sind und folgerichtig losgelöst von der Frage der Entlastung jederzeit in der Lage wären, eine negative Feststellungsklage zu erheben. Bei zwischenzeitlich ausgeschiedenen Organmitgliedern müsste sich die Gesellschaft aber wohl konkreter Ansprüche berühmen.

[245] *K. Schmidt*, ZGR 1978, 425, 444 unter Verweis auf RGZ 89, 396, 397; *Weitemeyer*, ZGR 2005, 280, 306. Insoweit a.A. *Koppensteiner*, in: Rowedder/Schmidt-Leithoff, GmbHG[4], § 46, Rdnr. 31; vgl. ferner *Hüffer*, in: Ulmer/Habersack/Winter, Großkommentar GmbHG, § 46, Rn. 73.

[246] Vgl. *Barner*, S. 144 f.; *Ahrens*, ZGR 1987, 129, 133 („merkwürdige Diskrepanz").

der konkrete Anspruch nicht besteht. Die weitergehende Feststellung, dass der Gesellschaft keinerlei Ansprüche aus der Tätigkeit während der Entlastungsperiode zustehen, kann indes – mangels Feststellungsinteresse – nicht verlangt werden.

E. Zusammenfassung

Die Entlastung ist ein spezifisch gesellschaftsrechtliches Institut. Sie ermöglicht den Anteilseignern nahezu jedwedes Handeln der Organmitglieder während eines bestimmten zurückliegenden Zeitraums, der Entlastungsperiode, retrospektiv zu überprüfen und durch die Entlastungserteilung zu dokumentieren, dass sie die Handlungen während der Entlastungsperiode letztlich billigen, oder durch die Entlastungsverweigerung zum Ausdruck zu bringen, dass sie die Handlungen während der Entlastungsperiode letztlich missbilligen.

Billigen die Anteilseigner das Organhandeln, so beinhaltet dies nicht nur die Erklärung, das Handeln sei unternehmerisch zweckmäßig. Die Anteilseigner bekunden damit zugleich, das Organhandeln sei – aus ihrer Sicht – im Großen und Ganzen gesetzes- und satzungskonform. Die Billigung der Anteilseigner hat nur bei Gesellschaften mit beschränkter Haftung zur Folge, dass grundsätzlich alle Ersatz- und sonstigen Ansprüche in Wegfall geraten, die während der Entlastungsperiode entstanden sind und deren Existenz den an der Gesellschafterversammlung teilnehmenden Gesellschaftern aufgrund der schriftlich wie mündlich erteilten Informationen bei sorgfältiger Prüfung zumindest erkennbar ist oder von deren Existenz alle Gesellschafter privat positive Kenntnis haben. Bei Aktiengesellschaften und Gesellschaften mbH gleichermaßen leitet sich aus der Billigung des Handelns in der Vergangenheit in der Regel eine Vertrauensbekundung in die künftige Verwaltung der Gesellschaft ab.

Missbilligen die Anteilseigner demgegenüber das Organhandeln, treten zu Gunsten des Organmitglieds keine der zuvor beschriebenen Rechtsfolgen ein. Auch an einem Vertrauensausspruch in die künftige Verwaltung der Gesellschaft fehlt es. Die Organmitglieder können die Entlastungserteilung nicht auf dem Klageweg erreichen. Eine auf Entlastungserteilung gerichtete Leistungsklage scheidet mangels materiellen Anspruchs auf Entlastungserteilung aus.

2.Kapitel. Die Verschmelzung

Die Verschmelzung stellt neben der Spaltung (Aufspaltung, Abspaltung und Ausgliederung), der Vermögensübertragung und dem Formwechsel eine der insgesamt vier Umwandlungsarten dar, die das Umwandlungsgesetz bereit hält, um Strukturveränderungen[247] vorzunehmen. Sie zeichnet sich – wie eingangs bereits erwähnt – insbesondere dadurch aus, dass mindestens ein Rechtsträger sein gesamtes Vermögen einschließlich der Verbindlichkeiten auf einen anderen Rechtsträger überträgt, der übertragende Rechtsträger ohne Liquidation erlischt und einzig der andere Rechtsträger fortbesteht. Damit ist indes allein eine Aussage über die vom übertragenden Rechtsträger zu erbringende Leistung sowie die Fortexistenz der beteiligten Rechtsträger getroffen, nicht aber über die seitens des anderen Rechtsträgers zu erbringende Gegenleistung. Als solche hat der andere Rechtsträger den Anteilseignern des übertragenden Rechtsträgers eigene Anteile zu gewähren, so dass der mit dem Erlöschen des übertragenden Rechtsträgers einhergehende Verlust der Anteile an dieser Gesellschaft durch Anteile am anderen Rechtsträger ausgeglichen werden soll.

A. Arten der Verschmelzung

Nach § 2 UmwG gibt es zwei Arten der Verschmelzung: Die *Verschmelzung durch Aufnahme* und die *Verschmelzung durch Neugründung*. Sie unterscheiden sich dadurch, dass bei der Verschmelzung durch Aufnahme stets mindestens ein Rechtsträger sein gesamtes Vermögen auf eine bereits bestehende, übernehmende Gesellschaft überträgt, während bei der Verschmelzung durch Neugründung stets mindestens zwei Rechtsträger ihr ganzes Vermögen auf eine erst im Zuge der Verschmelzung neu gegründete Gesellschaft überführen. Nicht nur in der Gesetzesfassung,[248] auch in der Praxis bildet die Verschmelzung durch Aufnahme den Grund- und die

[247] § 4 Abs. 2 Satz 2 Nr. 3 i.V.m. § 1 Nr. 4 Spruchverfahrensgesetz (SpruchG).

[248] Vgl. die §§ 4 – 35 UmwG zum einen, sowie § 36 Abs. 1 Satz 1 UmwG zum anderen.

Verschmelzung durch Neugründung den Sonderfall.[249] Dies erklärt sich zum einen aus der höheren Komplexität einer Verschmelzung durch Neugründung, bei der zu dem Verschmelzungsvorgang als solchem noch die Errichtung des neuen Rechtsträgers hinzukommt,[250] zum anderen aus höheren finanziellen Lasten, die daraus resultieren, dass stets zwei oder mehr Rechtsträger ihr Vermögen übertragen und sich infolgedessen die Notargebühren für die Beurkundung des Verschmelzungsvertrages[251] nach dem Wert des Aktivvermögens zweier oder mehrerer Rechtsträger richten bzw. die Grunderwerbsteuer für die Übertragung sämtlicher Grundstücke anfällt.[252] Zudem wurde mittlerweile erkannt, dass die Möglichkeit, unter Ausnutzung des § 14 Abs. 2 UmwG Anfechtungsrisiken zu reduzieren, nicht zwingend eine Verschmelzung durch Neugründung erfordert. Denn es ist ebenso gut möglich, eine Verschmelzung auf eine zuvor eigens zu diesem Zweck gegründete Gesellschaft („NewCo") vorzunehmen,[253] um sämtliche Anteilseigner der übertragenden Rechtsträger mit der Rüge, das Umtauschverhältnis der Anteile sei zu niedrig bemessen, auf das Spruchverfahren zu verweisen.

---

[249] *Sagasser/Ködderitzsch*, in: Sagasser/Bula/Brünger, Umwandlungen[3], S. 143 f.; *Heckschen*, WM 1990, 377, 379; *Marsch-Barner*, in: Kallmeyer, UmwG[3], § 2, Rdnr. 7; *Priester*, in: Lutter, UmwG[3], § 24, Rdnr. 21 ff.; *Budde/Zerwas*, in: Budde/Förschle, Sonderbilanzen[3], F Anm. 11, 14; *Nonnenmacher*, AG 1982, 153. Anders aber *Veil*, FS Raiser, S. 453, 460, sowie in der Tendenz auch *Martens*, AG 2000, 301, 307.

[250] *Sagasser/Ködderitzsch*, in: Sagasser/Bula/Brünger, Umwandlungen[3], S. 144.

[251] Vgl. § 6 (ggf. i.V.m. § 36 Abs. 1 Satz 1) UmwG.

[252] *Sagasser/Ködderitzsch*, in: Sagasser/Bula/Brünger, Umwandlungen[3], S. 144; *Marsch-Barner*, in: Kallmeyer, UmwG[3], § 2, Rdnr. 7; *Lutter*, in: Lutter, UmwG[3], § 2, Rdnr. 19; *Heckschen*, WM 1990, 377, 379; *Stratz*, in: Schmitt/Hörtnagl/Stratz, UmwG/UmwStG[4], § 2 UmwG, Rdnr. 13; Vor §§ 36–38 UmwG, Rdnr.7; *Hirte*, ZInsO 2004, 353, 355; *Martens*, AG 2000, 301, 307, insbesondere Fn. 34; *OLG Düsseldorf*, ZIP 1999, 793, 795.

[253] *Baums*, FS Zöllner, Bd. I, S. 65, 83; *Wunsch*, S. 134; *Hirte*, ZInsO 2004, 353, 362; *Bungert*, BB 2003, 699, 700; *J. Vetter*, ZHR 168 (2004), 8, 24 f. Vgl. exemplarisch zum Zusammenschluss der Daimler Benz AG und der Chrysler Corporation zur DaimlerChrysler AG *Hüffer/Schmidt-Assmann*, in: Hüffer/Schmidt-Assmann/Weber, S. 12, sowie *Decher*, FS Lutter, S. 1209, 1214 ff., insbesondere 1217 ff.

B. Verschmelzungsverfahren

Das Verschmelzungsverfahren lässt sich in chronologischer Reihenfolge in vier Phasen unterteilen: in die Planungsphase, die Vorbereitungsphase, die Beschlussphase und die Vollzugsphase.[254]

Der Eintritt in die Planungsphase setzt den Entschluss voraus, eine Verschmelzung durchführen zu wollen. In der Mehrzahl der Fälle wird dieser Entschluss originär auf Anteilseignerebene von einem Großanteilseigner gefasst, praktisch seltener seitens der Geschäftsleitung.[255] Aus der Vielzahl unterschiedlichster *Verschmelzungsmotive* gilt es zunächst einige darzustellen, auf die sich ein entsprechender Entschluss gründen kann:

Eine Verschmelzung führt zur Unternehmenskonzentration und somit zur Bündelung vorhandener Ressourcen.[256] Aus dieser Bündelung können sich die Initiatoren der Verschmelzung insbesondere produkt-, markt- und finanzbezogene Synergien versprechen:

So eröffnet der umfassende Know-how-Transfer die Möglichkeit, die vorhandenen Produktreihen zu ergänzen und aufeinander abzustimmen.[257] Dadurch kann jedoch nicht nur das jeweilige Leistungsangebot komplettiert werden.[258] Derlei Maßnahmen können überdies Umsatzsteigerungen im Wege des „bundling" zeitigen, wenn vormals separate Einzelleistungen der verschmelzenden Gesellschaften zu einem attraktiven Leistungspaket zusammengestellt werden.[259]

---

[254] *Lutter/Drygala*, in: Lutter, UmwG[3], § 2, Rdnr. 24 ff.; *Sagasser/Ködderitzsch*, in: Sagasser/Bula/Brünger, Umwandlungen[3], S. 145; *Paura*, in: Triebel, Mergers & Acquisitions, Rdnr. 501; ähnlich *Leinekugel*, S. 9; *Funke*, Checkbuch Umwandlungen, passim.

[255] Vgl. *Mutschler/Mersmann*, DB 2003, 79, 82; *Steck*, AG 1998, 460, 465 f.; *Bungert*, BB 2003, 699, 700, sowie ferner *H.-J. Mertens*, AG 1990, 20, 25.

[256] *Hirte*, ZInsO 2004, 353, 355; *Sagasser/Ködderitzsch*, in: Sagasser/Bula/Brünger, Umwandlungen[3], S. 131.

[257] *Hansen*, AG 1999, R 4; *Sagasser/Ködderitzsch*, in: Sagasser/Bula/Brünger, Umwandlungen[3], S. 131; *Hügel*, Verschmelzung und Einbringung, S. 25 f.; *Homburg/Bucerius*, Marktorientierte Post Merger Integration, S. 6 f.

[258] *Lutter/Drygala*, in: Lutter, UmwG[3], Einl., Rdnr. 3.

[259] *Homburg/Bucerius*, S. 15. Siehe etwa die Double-Play und Triple-Play-Angebote „aus einer Hand", die laut III. des Verschmelzungsberichts durch die Verschmelzung der T-Online International AG auf die Deutsche Telekom AG ermöglicht werden sollen.

Außerdem kann eine Verschmelzung dazu beitragen, die Stellung auf Absatz- und Beschaffungsmärkten zu stärken.[260] So ist es nicht selten Ziel einer Verschmelzung, sich durch die Ausschaltung konkurrierender Anbieter Vorteile auf den Absatzmärkten zu verschaffen.[261] Ein möglicher Vorteil kann etwa darin bestehen, künftig höhere Preise für die eigenen Leistungen zu verlangen.[262] Andererseits kann die ob der gesteigerten Nachfrage verbesserte Verhandlungsposition dazu genutzt werden, auf den Beschaffungsmärkten bessere Einkaufskonditionen zu erzielen.[263] Im Zweifel lassen sich auf diesem Wege günstigere Preisgestaltungen und bessere Serviceleistungen realisieren.
Zudem kann gerade die Schaffung einer größeren Finanzkraft im unternehmerischen Interesse liegen.[264] Diese kann beispielsweise dazu genutzt werden, sich stärker als dies den Einzelunternehmen möglich gewesen wäre, an Wachstumsmärkten zu beteiligen.[265] Oder das Interesse an einer gesteigerten Kapitalkraft gründet sich auf das Bestreben, geänderten Rahmenbedingungen zu entsprechen. So können Verschmelzungen von Kreditinstituten ganz aktuell dadurch motiviert sein, die Summe des verfügbaren Eigenkapitals zu mehren, um schon jetzt den künftig geltenden, verschärften Vorgaben der Neuen Baseler Eigenkapitalvereinbarung („Basel II") Rechnung zu tragen.[266] Nach deren Inkrafttreten in den Jahren 2007 und 2008 vermag die höhere Eigenkapitalunterlegung die vereinbarungskonforme Ausreichung bestimmter Kredite überhaupt erst zu ermöglichen.

Weiterhin kann es Motiv für eine Verschmelzung sein, ein „going private", sprich ein vollständiges Delisting „auf kaltem Wege" durchzuführen. Dieses zielt auf einen Totalrückzug von der Börse ab, so dass künftig keine Aktien des Unternehmens mehr an irgendeinem Finanzplatz notiert werden.[267] Zu diesem Zweck wird eine börsenno-

---

[260] *Sagasser/Ködderitzsch*, in: Sagasser/Bula/Brünger, Umwandlungen^3, S. 131; *Hansen*, AG 1999, R 4; *Bergau*, Die Sanierungsfusion im europäischen Kartellrecht, S. 12.

[261] *Hügel*, S. 26; *Schilling*, in: Großkommentar AktG^3, § 341, Anm. 4.

[262] *Hügel*, S. 26; *Wirtz*, Mergers & Acquisitions Management, S. 61.

[263] FAZ vom 29.12.2004, S. 17 (Phoenix AG/Conti-Tech AG).

[264] *Hansen*, AG 1999, R 4.

[265] *Hockemeier*, S. 15.

[266] *Kraus/Traßl*, in: Engl, Formularbuch Umwandlungen, A 5, Rdnr. 4; FAZ vom 19.01.2004, S. 12.

[267] *Wirth/Arnold*, ZIP 2000, 111, 112; *Richard/Weinheimer*, BB 1999, 1613, Fn. 1; *Steck*, AG 1998, 460; *Even/Vera*, DStR 2002, 1315; *Pfüller/Anders*, NZG 2003, 459.

tierte Aktiengesellschaft auf eine nicht börsennotierte Gesellschaft verschmolzen, so dass mit der übertragenden Aktiengesellschaft auch deren Börsennotierung erlischt.[268] Dieser Schritt ermöglicht es insbesondere, mit der Börsennotiz verbundene, durch das Inkrafttreten des Anlegerschutzverbesserungsgesetzes (AnSVG) und des Transparenzrichtlinie-Umsetzungsgesetzes (TUG) neuerlich gestiegene Kosten einzusparen[269] und sich der Vielzahl kapitalmarktrechtlicher Publizitätspflichten, etwa der Pflicht zur Veröffentlichung von Insiderinformationen nach § 15 WpHG, zu entziehen.[270]

Daneben kann die Verschmelzung auch als Sanierungsmaßnahme eingesetzt werden, wenn im Rahmen einer sogenannten Sanierungsfusion ein Krisenunternehmen mit einem gesunden Unternehmen verschmolzen wird.[271] Im Stadium vor der Insolvenzeröffnung kann eine (Konzern-)Gesellschaft auf diesem Wege nicht nur schnell und kostengünstig,[272] sondern vor allem still und damit weniger imageschädlich „li-

---

[268] *Sagasser/Ködderitzsch*, in: Sagasser/Bula/Brünger, Umwandlungen[3], S. 132; *Schlitt*, ZIP 2004, 533, 540; *Grunewald*, ZIP 2004, 542; *Richard/Weinheimer*, BB 1999, 1613, 1615; *Hüffer*, AktG[7], § 119, Rdnr. 21; *Even/Vera*, DStR 2002, 1315, 1318; *Habetha*, in: Triebel, Mergers & Acquisitions, Rdnr. 914 ff.

[269] *Richard/Weinheimer*, BB 1999, 1613, 1620; *Steck*, AG 1998, 460; *Pfüller/Anders*, NZG 2003, 459, 461; FASZ vom 10.10.2004, S. 35 (T-Online International AG/Deutsche Telekom AG). Vgl. ferner FAZ vom 22.11.2005, S. 14 (Scholz & Friends), sowie FAZ vom 29.11.2004, S. 22; FAZ vom 19.02.2005, S. 19; FAZ vom 15.04.2005, S. 21 und FAZ vom 17.09.2005, S. 25; FAZ vom 5.07.2006, S. 14.

[270] *Pfüller/Anders*, NZG 2003, 459, 460 f.

[271] *Limmer*, Kölner Schrift zur Insolvenzordnung[2], S. 1219, 1224; *Heckschen*, FS Widmann, S. 31, 35; *ders.*, in: Danko/Heckschen/Plesterninks, S. 234; *Wunsch*, S. 131, 134; *K. Schmidt*, Gesellschaftsrecht[4], S. 334; *Hennrichs*, S. 14; *Ossadnik/Maus*, DB 1995, 105, 109; *Hansen*, AG 1999, R 4, sowie *OLG Stuttgart*, ZIP 2005, 2066 f.

[272] Vgl. zu diesen beiden sukzessionsrechtlichen Vorteilen einer jeden Verschmelzung *Voigt*, Umwandlung und Schuldverhältnis, S. 15 f.; *K. Mertens*, S. 291; *EuGH*, NJW 2006, 425, 426 (*SEVIC Systems AG*) bzw. *Even/Vera*, DStR 2002, 1315, 1319; *L. Claussen*, S. 109; *Hennrichs*, S. 15, 28; *K. Mertens*, S. 69, 79, 158, 290 f; *Meilicke*, in: Böttcher/Meilicke, Umwandlung und Verschmelzung von Kapitalgesellschaften[5], § 2 UmwG, Rdnr. 12; *EuGH*, a.a.O. Darüber hinaus ermöglicht die Gesamtnachfolge insbesondere einzelne Verbindlichkeiten übertragender Rechtsträger unter Befreiung von den §§ 414, 415 BGB ohne Zustimmung der Gläubiger zu übertragen sowie ganze Schuldverhältnisse übertragender Rechtsträger ohne Zustimmung des anderen Teils zu transferieren. Vgl. dazu *K. Mertens*, S. 68 f., 290 f.; *Hennrichs*, S. 15, 46 f.

quidiert" werden.[273] Zugleich kann gerade eine Sanierungsfusion unter steuerlichen Aspekten vorteilhaft sein, wenn bei Beachtung der Vorgaben des § 12 Abs. 3 Satz 2 UmwStG bestehende Verlustvorträge der notleidenden Gesellschaft seitens der übernehmenden Gesellschaft genutzt werden.[274]

Im Konzern können auch unternehmensorganisatorische Gründe dazu motivieren, eine Verschmelzung durchzuführen. Dabei kann insbesondere ein up-stream-merger, d.h. die Verschmelzung einer Tochtergesellschaft auf deren Mutter, eingesetzt werden, um die Organisations- und Führungsstruktur zu straffen[275] und den Abschluss interner Entscheidungsprozesse zu beschleunigen.
Diese Strukturbereinigung kann außerdem – auch außerhalb eines bestehenden Konzerns – dazu beitragen, die Verwaltungskosten, insbesondere Jahresabschluss- und Managementkosten zu reduzieren.[276] Letzteres zeigt sich insbesondere anhand der Verschmelzungen von VEBA und VIAG zur Eon AG sowie der Bayerischen Hypotheken- und Wechsel-Bank AG und der Bayerischen Vereinsbank AG zur Hypo- und Vereinsbank AG. Während im ersten Falle 8 der vormals zusammen 14 Vorstandsposten wegfielen, waren es im zweiten Fall gar 15 von vormals 21 Vorstandsposten.[277]

---

[273] *Wunsch*, S. 134; *Heckschen*, FS Widmann, S. 31, 32; *ders.*, in: Danko/Heckschen/Plesterninks, S. 135, 232.

[274] *Wunsch*, S. 134; *Bergau*, S. 13; *Limmer*, Kölner Schrift zur Insolvenzordnung^2, S. 1219, 1227. Vgl. allgemein zur Verlustnutzung bei der Verschmelzung von Kapitalgesellschaften, unabhängig von der Frage der Sanierung *Hörger/Endres*, DB 1998, 388 ff.; FAZ vom 7.03.2005, S. 17 und vom 9.03.2005, S. 14 (Mobilcom AG/Freenet AG), sowie jüngst, wenn auch zu § 12 Abs. 3 Satz 2 UmwStG a.F. *BFH*, Der Konzern 2005, 530 ff. mit krit. Anm. *Dötsch*, Der Konzern 2005, 511 ff.

[275] *Kraus*, in: Engl, Formularbuch Umwandlungen, A. 1, Rdnr. 10; FAZ vom 20.08.2004, S. 15 und vom 21.04.2005, S. 17 (WCM Beteiligungs- und Grundbesitz AG/Klöckner-Werke AG).

[276] *Sagasser/Ködderitzsch*, in: Sagasser/Bula/Brünger, Umwandlungen^3, S. 131; *Bergau*, S. 11; *OLG Düsseldorf*, ZIP 1999, 793, 798; *Kraus*, in: Engl, Formularbuch Umwandlungen, A. 1, Rdnr. 10. Vgl. zu dem letztgenannten Gesichtspunkt ferner FAZ vom 3.12.2004, S. 16 (Deutsche Bahn AG); FAZ vom 24.05.2004, S. 18, sowie S. 6 der Booz Allen Hamilton study CEO SUCCESSION 2003, verfügbar unter: http://www.boozallen.de/content/downloads/5h_ceo_2004.pdf.

[277] FAZ vom 28.06.2004, S. 18.

I. Planungsphase

Wenn aus vorgenannten oder anderen Gründen heraus der Entschluss gefasst wurde, eine Verschmelzung durchführen zu wollen, müssen die Leitungsorgane zunächst den Verschmelzungsablauf planen. Dabei gibt § 17 Abs. 2 Satz 4 UmwG den zeitlichen Rahmen vor.[278] Hiernach muss die der Handelsregisteranmeldung beizufügende Schlussbilanz des übertragenden Rechtsträgers auf einen höchstens acht Monate vor der Handelsregisteranmeldung liegenden Stichtag aufgestellt sein.[279] Geht man davon aus, dass das Geschäftsjahr des übertragenden Rechtsträgers dem Kalenderjahr entspricht und, wie in der Praxis aus Kostengründen üblich,[280] als Schlussbilanz die Bilanz aus dem Jahresabschluss des vergangenen Geschäftsjahrs verwendet wird, verbleibt nur bis zum 31. August des Folgejahres Zeit, um die Vielzahl der bis zur Registeranmeldung nötigen Handlungen selbst vorzunehmen, vornehmen zu lassen oder vorzubereiten. Dies macht es erforderlich, einen *Ablaufplan* für die Verschmelzung zu entwerfen, in den möglichst alle im Rahmen des weiteren Verschmelzungsverfahrens beteiligten Personen[281] und Stellen[282] einzubeziehen sind.[283]

---

[278] *Kiem*, ZIP 1999, 173, 177.

[279] Andernfalls besteht ein Eintragungshindernis.

[280] *Kraus*, in: Engl, A. 1, Formularbuch Umwandlungen, Rdnr. 43; *Paura*, in: Triebel, Mergers & Acquisitions, Rdnr. 502; *Hoffmann-Becking*, FS Fleck, S. 105, 108; *Priester*, in: Lutter, UmwG[3], § 24, Rdnr. 13; *Kiem*, ZIP 1999, 173, 177; *Budde/Zerwas*, in: Budde/Förschle, Sonderbilanzen[3], F Anm. 45; *Müller*, WPg 1996, 857, 859, 860; *Tischer*, WPg 1996, 745. Vgl. aber bei einer Verschmelzung unter Beteiligung von Aktiengesellschaften § 63 Abs. 1 Nr. 3 UmwG, der die Aufstellung einer Zwischenbilanz im Sinne von § 63 Abs. 2 UmwG erforderlich machen kann.

[281] Dies sind insbesondere Wirtschaftsprüfer, denen in praxi üblicherweise die Aufgabe zukommt, die zur Ermittlung des Umtauschverhältnisses erforderlichen Unternehmensbewertungen vorzunehmen, Rechtsanwälte, Steuerberater und Notare.

[282] Dies sind insbesondere zuständige Betriebsräte (vgl. §§ 5 Abs. 3, 17 Abs. 1 UmwG) sowie in Fällen, in denen die Verschmelzung der Zusammenschlusskontrolle unterliegt, entweder das Bundeskartellamt oder die Kommission der Europäischen Gemeinschaften.

[283] *Sagasser/Ködderitzsch*, in: Sagasser/Bula/Brünger, Umwandlungen[3], S. 145 f.; *Paura*, in: Triebel, Mergers & Acquisitions, Rdnr. 502.

II. Vorbereitungsphase

Diese Phase dient nun der Vorbereitung des Verschmelzungsbeschlusses. Da die Anteilsinhaber im Rahmen des Verschmelzungsbeschlusses ihre Zustimmung zu dem *Verschmelzungsvertrag* erklären,[284] steht dieser Vertrag auch im Mittelpunkt der Vorbereitungsphase. Neben dem Verschmelzungsvertrag dienen auch der *Verschmelzungsbericht* und der die Verschmelzungsprüfung abschließende *Prüfungsbericht* der Vorbereitung des Verschmelzungsbeschlusses. Beide Berichte beziehen sich inhaltlich auf den Verschmelzungsvertrag und bezwecken, diesen zu erklären bzw. zu überprüfen. Dabei eint all diese Dokumente, Verschmelzungsvertrag, Verschmelzungsbericht und Prüfungsbericht der gemeinsame Zweck, die Anteilseigner bereits im Vorfeld der Eigentümerversammlung über die geplante Strukturmaßnahme zu informieren, um ihnen in der Anteilseignerversammlung eine rationale Entscheidung zu ermöglichen.[285]

1. Verschmelzungsvertrag

a) Rechtsnatur

Der Verschmelzungsvertrag ist in erster Linie Teil eines gesellschaftsrechtlichen *Organisationsaktes.*[286] Er bildet die Grundlage des gesamten Verschmelzungsvorgangs, der darauf abzielt, die Strukturen der beteiligten Rechtsträger neu zu ordnen.[287]

Daneben begründet der Verschmelzungsvertrag aber auch *schuldrechtliche Bindungen,*[288] denn die vertragschließenden Rechtsträger verpflichten sich gegenseitig zur

---

[284] § 13 Abs. 1 Satz 1 (ggf. i.V.m. § 36 Abs. 1) UmwG.

[285] *Riesenhuber*, NZG 2004, 15, 21; *Austmann/Frost*, ZHR 169 (2005), 431, 452; *Zimmermann*, FS Brandner, S. 167, 176.

[286] *Stratz*, in: Schmitt/Hörtnagl/Stratz, UmwG/UmwStG[4], § 4 UmwG, Rdnr. 7; *Lutter/Drygala*, in: Lutter, UmwG[3], § 4, Rdnr. 4; *Marsch-Barner*, in: Kallmeyer, UmwG[3], § 4, Rdnr. 2; *Körner/Rodewald*, BB 1999, 853; *Priester*, BB 1992, 1594, 1596; *Kraft*, in: KK zum AktG[2], § 340, Rdnr. 7.

[287] Vgl. § 4 Abs. 2 Satz 2 Nr. 3 i.V.m. § 1 Nr. 4 SpruchG („Strukturmaßnahme"). *Stratz*, in: Schmitt/Hörtnagl/Stratz, UmwG/UmwStG[4], § 4 UmwG, Rdnr. 7; *Marsch-Barner*, in: Kallmeyer, UmwG[3], § 4 Rdnr. 10; *Lutter/Drygala*, in: Lutter, UmwG[3], § 4, Rdnr. 4.

[288] *Kraft*, in: KK zum AktG[2], § 340, Rdnr. 8 ff.; *Marsch-Barner*, in: Kallmeyer, UmwG[3], § 4, Rdnr. 2.

Durchführung der Verschmelzung.[289] Die übertragende Gesellschaft verpflichtet sich dabei insbesondere, ihr Vermögen als Ganzes zu übertragen. Die andere Gesellschaft verpflichtet sich demgegenüber im Rahmen eines Vertrages zugunsten Dritter[290] namentlich dazu, den Anteilseignern des übertragenden Rechtsträgers Anteile zu gewähren. Da Vermögensübergang wie Anteilsgewährung erst mit der Handelsregistereintragung eintreten,[291] sind die genannten Pflichten letztlich darauf gerichtet, die Eintragung herbeizuführen. Daher müssen die Gesellschaften für eine Anmeldung sorgen, die den gesetzlichen Anforderungen entspricht, und etwaige Eintragungshindernisse beseitigen.

b) Vertragsabschluss[292]

Der Abschluss des notariell zu beurkundenden Verschmelzungsvertrages obliegt nach § 4 Abs. 1 Satz 1 (ggf. i.V.m. § 36 Abs. 1 Satz 1) UmwG den Vertretungsorganen der an der Verschmelzung beteiligten Rechtsträger, so dass bei Gesellschaften mbH und Aktiengesellschaften mit mehrköpfiger Geschäftsleitung – vorbehaltlich besonderer Bestimmungen des Gesellschaftsvertrages oder der Satzung – sämtliche Geschäftsführer oder Vorstandsmitglieder nur gemeinschaftlich befugt sind, den Vertrag abzuschließen.[293]

Auch wenn dies die Vertretungsbefugnis der Geschäftsleitung zum Abschluss des Verschmelzungsvertrages im Außenverhältnis nicht berührt, entspricht es gängiger Praxis, den Vertragsschluss intern nach § 111 Abs. 4 Satz 2 AktG (ggf. i.V.m. § 52 Abs. 1 GmbHG, § 1 Abs. 1 Nr. 3 DrittelbG oder § 25 Abs. 1 Satz 1 Nr. 2 MitbestG)

---

[289] *Lutter/Drygala*, in: Lutter, UmwG³, § 4, Rdnr. 5; *Ihrig*, GmbHR 1995, 622, 633.

[290] RGZ 124, 355, 361; *Hügel*, S. 158 f.; *Marsch-Barner*, in: Kallmeyer, UmwG³, § 4, Rdnr. 3; *Schütz/Fett*, DB 2002, 2696, 2699. Insoweit a.A. *Kraft*, in: KK zum AktG², § 340, Rdnr. 10.

[291] § 20 Abs. 1 Nr. 1 und Nr. 3 UmwG.

[292] Wie aus § 4 Abs. 2 UmwG hervorgeht, muss zum Zeitpunkt der Verschmelzungsbeschlüsse nicht zwingend ein bereits abgeschlossener Verschmelzungsvertrag vorliegen. Es genügt, dass vor der Beschlussfassung ein schriftlicher Entwurf des Vertrages aufgestellt wurde, über den die Anteilseigner entscheiden. Der Verschmelzungsvertrag wird in diesem Fall erst nach dem Verschmelzungsbeschluss geschlossen. Der begrifflichen Einfachheit halber wird dennoch darauf verzichtet, nachfolgend stets von Vertrag oder Entwurf zu sprechen.

[293] Vgl. § 35 Abs. 2 Satz 2 GmbHG und § 78 Abs. 2 Satz 1 AktG.

unter den Vorbehalt der Zustimmung etwaiger Aufsichtsgremien zu stellen.[294] Diese Praxis erklärt sich hinsichtlich der Aufsichtsgremien übertragender Rechtsträger insbesondere bei einem Blick auf § 25 Abs. 1 Satz 1 UmwG. Denn obwohl der Abschluss des Verschmelzungsvertrags allein dem Vertretungsorgan obliegt, droht auch den Mitgliedern beaufsichtigender Gremien, die beim Abschluss des Verschmelzungsvertrages ihre Sorgfaltspflichten nicht beachten,[295] die Verpflichtung, dem übertragenden Rechtsträger, dessen Anteilseignern oder Gläubigern *Verschmelzungsschäden*[296] zu ersetzen.

c) Vertragsinhalt

Über den materiellen Mindestinhalt des Verschmelzungsvertrages gibt in erster Linie § 5 Abs. 1 Nr. 1 – 9 UmwG Aufschluss. Von grundlegender Bedeutung für die Anteilseigner sind insbesondere die Angaben über die seitens der Vertretungsorgane ausgehandelte,[297] vom übernehmenden oder neuen Rechtsträger zu gewährende Gegenleistung:

Dabei ist nach § 5 Abs. 1 Nr. 3 UmwG zunächst das *Umtauschverhältnis der Anteile* anzugeben, d.h. der Vertrag hat zu benennen, wie viele Anteile des aufnehmenden Rechtsträgers auf einen oder mehrere Anteile des übertragenden Rechtsträgers ent-

---

[294] *Mutschler/Mersmann*, DB 2003, 79 und 82; *Middelmann*, in: Picot/Nordmeyer/Pribilla, Management von Akquisitionen, S. 105, 117; *Sagasser/Ködderitzsch*, in: Sagasser/Bula/Brünger, Umwandlungen^3, S. 152; *Happ*, in: Happ, Aktienrecht^2, 8.01, § 8 Abs. 1 c); vgl. auch *Hockemeier*, S. 27. Siehe etwa zur Verschmelzung der T-Online International AG auf die Deutschen Telekom AG C. I. 8. der Grundsatzvereinbarung vom 8.11.2004, sowie die FAZ vom 9.03.2005, S. 17.

[295] § 25 Abs. 1 Satz 2 UmwG.

[296] Vgl. dazu *Schnorbus*, ZHR 167 (2003), 666, 691 f.; *Vossius*, in: Widmann/Mayer, Umwandlungsrecht, § 25 UmwG, Rdnr. 1, 17 ff.

[297] *Lutter/Drygala*, in: Lutter, UmwG^3, § 5, Rdnr. 18; *Mayer*, in: Widmann/Mayer, Umwandlungsrecht, § 5 UmwG, Rdnr. 95; *Stratz*, in: Schmitt/Hörtnagl/Stratz, UmwG/UmwStG^4, § 5 UmwG, Rdnr. 5; *Bermel/Hannappel*, in: Goutier/Knopf/Tulloch, Umwandlungsrecht, § 5 UmwG, Rdnr. 11; *Hügel*, S. 160 ff.; *Nonnenmacher*, AG 1982, 153, 156; *Ossadnik*, DB 1985, 1953, 1954; *Martens*, AG 2000, 301, 304, *Schnorbus*, ZHR 167 (2003), 666, 674, 675 f.; *Clemm/Dürrschmidt*, FS Widmann, S. 3, 10, 14; *J. Vetter*, ZHR 168 (2004), 8, 26 f., insbes. Fn. 58; *Austmann/Frost*, ZHR 169 (2005), 430, 444. Zu eng dagegen *Veil*, FS Raiser, S. 453, 457.

fallen (z.B. 4:1, 1:2).[298] Die Einzelheiten für die Übertragung der Anteile sind ebenso zu nennen wie der Zeitpunkt festzulegen ist, von dem an die Aktien oder Geschäftsanteile einen Anspruch auf einen Anteil am Bilanzgewinn des aufnehmenden Rechtsträgers gewähren.[299]
Daneben ist gegebenenfalls die Höhe einer *baren Zuzahlung* anzugeben, die insbesondere in Fällen zu leisten ist, in denen beim Umtauschverhältnis, auf das sich die Geschäftsleitungen eingangs geeinigt haben, zu Lasten der Anteilseigner des übertragenden Rechtsträgers aufgerundet wurde. Soll etwa nicht für 1,95 Aktien des übertragenden Rechtsträgers 1 Aktie des anderen Rechtsträgers gewährt werden, sondern der Praktikabilität halber auf 2 Aktien 1 Aktie entfallen, kann das Umtauschverhältnis entsprechend angepasst und verbleibende Spitzenbeträge – in begrenztem Umfang –[300] durch bare Zuzahlungen ausgeglichen werden.[301]
Liegt eine Mischverschmelzung vor oder sind bei einer Verschmelzung von Rechtsträgern derselben Rechtsform die Anteile an dem aufnehmenden Rechtsträger, etwa auf Grund einer gesellschaftsvertraglichen Vinkulierung,[302] Verfügungsbeschränkungen unterworfen, hat der Verschmelzungsvertrag zusätzlich ein Angebot des übernehmenden Rechtsträgers an die Anteilseigner des übertragenden Rechtsträgers zu enthalten, im Zuge der Verschmelzung zunächst zu gewährende Anteile am aufnehmenden Rechtsträger gegen eine *angemessene Barabfindung* zu erwerben.[303]

Wurde die Variante der Verschmelzung zur Neugründung gewählt, muss auch das ebenfalls von den Vertretungsorganen der übertragenden Rechtsträger festgestellte Statut (Gesellschaftsvertrag oder Satzung) des neu zu gründenden Rechtsträgers im Verschmelzungsvertrag enthalten sein.

---

[298] *Mayer*, in: Widmann/Mayer, Umwandlungsrecht, § 5 UmwG, Rdnr. 95; *Zimmermann*, FS Brandner, S. 167; *Bermel/Hannappel*, in: Goutier/Knopf/Tulloch, Umwandlungsrecht, § 5 UmwG, Rdnr. 7; *Nonnenmacher*, AG 1982, 153; *Ossadnik*, DB 1985, 1953. Fungiert als übernehmender (oder neuer) Rechtsträger eine GmbH, ist zudem § 46 Abs. 1 (ggf. i.V.m. § 56) UmwG zu beachten.

[299] § 5 Abs. 1 Nr. 4 und 5 (ggf. i.V.m. § 36 Abs. 1 Satz 1) UmwG.

[300] Siehe §§ 54 Abs. 4, 68 Abs. 3 UmwG.

[301] *Nonnenmacher*, AG 1982, 153, 156.

[302] Vgl. § 68 Abs. 2 AktG und § 15 Abs. 5 GmbHG.

[303] §§ 29 Abs. 1 Satz 1, 29 Abs. 1 Satz 2 UmwG.

Bei Aktiengesellschaften ist der wesentliche Inhalt des Verschmelzungsvertrages bei der Einberufung der Hauptversammlung in den Geschäftsblättern bekannt zu machen.[304] Vom gesamten Inhalt des Verschmelzungsvertrages können die Anteilseigner u.a.[305] dadurch Kenntnis nehmen, dass sie ihn im Geschäftsraum der Gesellschaft, d.h. am Hauptverwaltungssitz, einsehen oder eine Abschrift des Vertrages verlangen.[306] Bei Gesellschaften mbH ist der Verschmelzungsvertrag demgegenüber auch ohne gesondertes Verlangen zu übersenden.[307]

2. Verschmelzungsbericht

Der Verschmelzungsbericht dient, wie bereits erwähnt, der Vorabinformation der Anteilseigner. Genauer besehen besteht die Funktion des Berichts darin, den Verschmelzungsvorgang und seine Hintergründe für die Anteilseigner transparent zu gestalten, damit sie sich ein Bild darüber machen können, ob die Verschmelzung wirtschaftlich zweckmäßig ist und den gesetzlichen Anforderungen genügt.[308] Die Anteilseigner sollen dadurch in die Lage versetzt werden, die Erwägungen der beteiligten Unternehmensleitungen nachzuvollziehen und auf ihre Plausibilität hin zu kontrollieren.[309] Der Bericht soll somit Grundlage für die sachgerechte Entscheidung der Anteilseigner sein, sie mithin in die Lage versetzen, selbst darüber zu entscheiden, ob sie die Fusion mittragen wollen oder nicht.

Die grundsätzlich[310] bestehende Pflicht, einen Verschmelzungsbericht zu erstellen, trifft die Gesamtheit der Vorstandsmitglieder oder Geschäftsführer einer jeden an der Verschmelzung beteiligten Gesellschaft.[311] Ihnen steht es jedoch frei, je nach Anzahl

---

[304] §§ 124 Abs. 2 Satz 2 2.Alt., 124 Abs. 1 Satz 1, 25 AktG.

[305] Vgl. § 61 (ggf. i.V.m. § 73) UmwG, 9 Abs. 1 HGB.

[306] § 63 Abs. 1 Nr. 1 bzw. Abs. 3 (ggf. i.V.m. § 73) UmwG.

[307] § 47 (ggf. i.V.m. § 56) UmwG.

[308] *OLG Hamm*, ZIP 1999, 798, 801; *OLG Düsseldorf*, ZIP 1999, 793, 794; BGHZ 107, 296, 303; *BGH*, ZIP 1990, 168, 169.

[309] *Lutter/Drygala*, in: Lutter, UmwG[3], § 8, Rdnr. 14; *OLG Hamm*, ZIP 1999, 798, 801; *OLG Düsseldorf*, ZIP 1999, 793, 794 f., 797; *Heckschen*, WM 1990, 377, 382.

[310] Zu den beiden Ausnahmen siehe § 8 Abs. 3 UmwG.

[311] *Marsch-Barner*, in: Kallmeyer, UmwG[3], § 8, Rdnr. 2; *Limmer*, in: Neye/Limmer/Frenz/Harnacke, Handbuch der Unternehmensumwandlung, S. 77.

der beteiligten Rechtsträger zwei oder mehr Einzelberichte zu erstellen oder aber – in aller Regel zweckmäßiger –[312] einen gemeinsamen Bericht zu erstatten.[313] Inhaltlich ist ein ausführlicher Bericht zu erstatten, in dem die Verschmelzung, der Verschmelzungsvertrag und insbesondere das Umtauschverhältnis der Anteile rechtlich und wirtschaftlich erläutert und begründet werden.

a) Verschmelzung

Die Anteilseigner sind somit zunächst über die Verschmelzung als solche rechtlich wie wirtschaftlich zu informieren. Darzulegen ist, welche Gründe die Verschmelzung als das geeignete Mittel zur weiteren Verfolgung des Unternehmenszwecks erscheinen lassen.[314] Dabei ist jedoch nicht nur auf alle wesentlichen für die Verschmelzung sprechenden Gesichtspunkte, etwa die Realisierung von Synergieeffekten einzugehen, sondern auch auf wesentliche gegen die Strukturveränderung sprechende Punkte, insbesondere die damit verbundenen Kosten. Die Geschäftsleitungen müssen hierbei darlegen, warum bei einer Abwägung der Vor- und Nachteile erstere überwiegen und die Anteilseigner veranlassen sollten, für die Verschmelzung zu stimmen.[315]

b) Verschmelzungsvertrag

Daneben ist der Verschmelzungsvertrag zu erläutern. Der Schwerpunkt liegt hierbei ausweislich § 8 Abs. 1 Satz 1 1.Hs. UmwG auf der Erläuterung des Umtauschverhältnisses. Denn für die Anteilsinhaber aller an der Verschmelzung beteiligten Gesellschaften ist das zuvor ausgehandelte Umtauschverhältnis von unmittelbarem wirtschaftlichen Interesse und somit mitentscheidend dafür, ob sie dem Verschmelzungsvertrag zustimmen oder ihre Zustimmung verweigern. Anteilseigner übertra-

---

[312] *Marsch-Barner*, in: Kallmeyer, UmwG[3], § 8, Rdnr. 4.

[313] § 8 Abs. 1 Satz 1 Hs. 2 UmwG.

[314] *Lutter/Drygala*, in: Lutter, UmwG[3], § 8, Rdnr. 15.

[315] *Lutter/Drygala*, in: Lutter, UmwG[3], § 8, Rdnr. 18. Dies darf jedoch nicht dahingehend missverstanden werden, dass das Verschmelzungsvorhaben sachlicher Rechtfertigung bedarf und ein gleichwohl gefasster Verschmelzungsbeschluss anfechtbar wäre, vgl. dazu *Grunewald*, FS Röhricht, S. 129 f.; *Marsch-Barner*, in: Kallmeyer, UmwG[3], § 8, Rdnr. 8; *Hofmann/Krolop*, AG 2005, 866, 868 ff.; *OLG Frankfurt*, AG 2006, 249, 252.

gender Rechtsträger, die im Zuge der Verschmelzung zu Anteilseignern des übernehmenden oder neuen Rechtsträgers werden, sind daran interessiert, den Wert ihrer Anteile innerhalb der anderen Gesellschaft zu erhalten.[316] Das Interesse der Anteilseigner einer übernehmenden Gesellschaft ist demgegenüber darauf gerichtet, dass das Umtauschverhältnis nicht zugunsten der Eigner der übertragenden Gesellschaft(en) zu hoch bemessen wurde. Denn in diesem Falle droht eine Verwässerung ihrer Beteiligung.[317]

Während der Verschmelzungsvertrag als solcher nur Aufschluss über das letztlich ausgehandelte Umtauschverhältnis der Anteile gibt, ist es Aufgabe des Verschmelzungsberichts, den Anteilseignern dieses Umtauschverhältnis rechtlich und wirtschaftlich zu erläutern und zu begründen.

aa) Unternehmenswerte

Grundlage für das Umtauschverhältnis der Anteile ist die Ermittlung des Unternehmenswertes einer jeden an der Verschmelzung beteiligten Gesellschaft.[318] In der Praxis erfolgt die Ermittlung der Unternehmenswerte regelmäßig durch Wirtschaftsprüfer,[319] die sich hierbei an den vom Institut der Wirtschaftsprüfer aufgestellten Grundsätzen zur Durchführung von Unternehmensbewertungen (IDW S 1)[320] orientieren.

Der Verschmelzungsbericht hat zunächst die angewandte *Bewertungsmethode* anzugeben. Dies ist in aller Regel die in der Betriebswirtschaftslehre, Rechtsprechung und Bewertungspraxis allgemein anerkannte *Ertragswertmethode*.[321] Sie bestimmt den Wert eines Unternehmens in erster Linie danach, welche Erträge die Unternehmung in Zukunft voraussichtlich erwirtschaften kann.[322] Maßgeblich sind somit insbe-

---

[316] *Riesenhuber*, NZG 2004, 15, 18 f.

[317] *Riesenhuber*, NZG 2004, 15, 19; *Schnorbus*, ZHR 167 (2003), 666, 675 f.; *Clemm/Dürrschmidt*, FS Widmann, S. 3, 8, 15.

[318] Statt aller *Mayer*, in: Widmann/Mayer, Umwandlungsrecht, § 5 UmwG, Rdnr. 96.

[319] *Veil*, FS Raiser, S. 453, 455; *Gude*, Strukturänderungen und Unternehmensbewertung zum Börsenkurs, S. 21.

[320] Abgedruckt in WPg 2005, 1303 ff.

[321] *BayObLG*, AG 2003, 569, 570; *Bermel/Hannappel*, in: Goutier/Knopf/Tulloch, Umwandlungsgesetz, § 5 UmwG, Rdnr. 20; *Schwenzer*, S. 32; *Clemm/Dürrschmidt*, FS Widmann, S. 3, 12.

[322] *Hülsmann*, ZIP 2001, 450, 451; *BayObLG*, AG 2003, 569, 570.

sondere die künftig nachhaltig erzielbaren Überschüsse der Einnahmen über die Ausgaben.[323] Auf den Börsenkurs an der Verschmelzung beteiligter Gesellschaften kommt es jedenfalls bei einer Verschmelzung „gleichberechtigter Partner", einem sogenannten „merger of equals", nicht an.[324]

Daneben hat der Verschmelzungsbericht den *Bewertungsstichtag* auszuweisen, sprich den Tag, auf den die Unternehmensbewertung erfolgt ist. Mangels gesetzlicher Vorgaben sind die Parteien des Verschmelzungsvertrages bei der Bestimmung dieses Stichtags jedoch weitgehend frei.[325]

Neben der Bewertungsmethode und dem Bewertungsstichtag hat der Verschmelzungsbericht die *wesentlichen Zahlen* zu nennen, die in die Unternehmensbewertung nach der Ertragswertmethode einflossen sind.[326] Ausgangspunkt sind die in der näheren Vergangenheit[327] erzielten, um außergewöhnliche Erträge und Aufwendungen bereinigten[328] ausschüttungsfähigen Gewinne. Diese sind nun in die Zukunft fortzuschreiben.[329] Dabei können die in der Vergangenheit erzielten Gewinne aber nicht ohne weiteres auf die Zukunft übertragen werden. Sie bilden lediglich eine Orientierungshilfe für die Beurteilung künftiger Ertragserwartungen.[330] Daher ist stets zu prognostizieren, welche Erträge (auch bzw. allein) in Zukunft realistischerweise er-

---

[323] *Mayer*, in: Widmann/Mayer, Umwandlungsrecht, § 5 UmwG, Rdnr. 102; *BGH*, WM 2003, 437, 439; *Hülsmann*, ZIP 2001, 450, 451.

[324] *BayObLG*, AG 2003, 569, 570 ff. Zustimmend *Bungert*, BB 2003, 699 ff.; *Lutter/Drygala*, in: Lutter, UmwG[3], § 5, Rdnr. 24; *Schnorbus*, ZHR 167 (2003), 666, 687; *Paschos*, ZIP 2003, 1017, 1023; *Hüffer/Schmidt-Assmann*, in: Hüffer/Schmidt-Assmann/Weber, S. 126 ff. Darüber hinausgehend gegen eine Berücksichtigung des Börsenkurses bei Konzernverschmelzungen *Bungert*, BB 2003, 699, 703 f.; *Hüffer/Schmidt-Assmann*, in: Hüffer/Schmidt-Assmann/Weber, S. 106 ff.; 122; 146 f. Unter Berufung auf die DAT/Altana-Rechtsprechung des Bundesverfassungsgerichts (BVerfGE 100, 289 ff.) insoweit zum Teil a.A. *Lutter/Drygala*, in: Lutter, UmwG[3], § 5, Rdnr. 25 ff. Für eine noch weitergehendere Berücksichtigung des Börsenkurses *Paschos*, ZIP 2003, 1017, 1023 f.; *Martens*, FS Röhricht, S. 987, 988 ff.

[325] Insoweit zutreffend *Lutter/Drygala*, in: Lutter, UmwG[3], § 5, Rdnr. 21.

[326] *Lutter/Drygala*, in: Lutter, UmwG[3], § 8, Rdnr. 22.

[327] *Lutter/Drygala*, in: Lutter, UmwG[3], § 5, Rdnr. 30 (3-5 Jahre); *Mayer*, in: Widmann/Mayer, Umwandlungsrecht, § 5 UmwG, Rdnr. 103 (ca. 3-4 Jahre).

[328] *Mayer*, in: Widmann/Mayer, Umwandlungsrecht, § 5 UmwG, Rdnr. 103; *H.-J. Mertens*, AG 1990, 20, 28; IDW S 1, Nr. 112.

[329] *Hülsmann*, ZIP 2001, 450, 452.

[330] *Stratz*, in: Schmitt/Hörtnagl/Stratz, UmwG/UmwStG[4], § 5 UmwG, Rdnr. 14.

zielt werden können. Chancen und Risiken der künftigen Geschäftsentwicklung sind hierbei in gleicher Weise zu würdigen. Um die auch dieser Prognoseentscheidung naturgemäß anhaftenden Unsicherheiten abzumildern, dürfen zukünftige Ertragsentwicklungen jedoch nur berücksichtigt werden, sofern sie in ihren Ursprüngen bereits am Bewertungsstichtag angelegt und erkennbar waren (sog. „Wurzeltheorie").[331] Dies gilt jedoch nicht uneingeschränkt. Denn gerade der am Bewertungsstichtag angelegte wirtschaftliche Nutzen der Verschmelzung hat an dieser Stelle des Berichts unberücksichtigt zu bleiben. Auf Synergieeffekte ist somit allein im Rahmen der Angaben zur Verschmelzung einzugehen, nicht aber im Rahmen der Angaben zum Verschmelzungsvertrag.[332] Für die Ertragsprognose ist vielmehr von der Annahme auszugehen, dass die an der Verschmelzung beteiligten Rechtsträger selbständig weiterarbeiten (sog. „stand-alone-Prinzip").[333]

Besondere Bedeutung bei der Errechnung des Ertragswerts kommt der jeweiligen Höhe des *Kapitalisierungszinssatzes* zu.[334] Da die Erträge auf einen längeren Zeitraum in der Zukunft prognostiziert werden, hilft der Kapitalisierungszinssatz, sie auf den Bewertungsstichtag abzuzinsen.[335] Dabei verhält sich die jeweilige Höhe des Kapitalisierungszinssatzes umgekehrt proportional zum Ertragswert.[336] So wie Zuschläge beim Zinssatz den Ertragswert vermindern, erhöhen Abschläge beim Zinssatz den Ertragswert. Im Ergebnis steht somit nur ein einziger Gesamtertragswert für jedes an der Verschmelzung beteiligte Unternehmen.

In den Unternehmenswert ist außerdem der *Wert des nicht betriebsnotwendigen Vermögens* einzubeziehen. Da hierunter all die Vermögensgegenstände fallen, die ohne eine Schmälerung des Unternehmensertrags veräußerbar sind,[337] wird klar,

---

[331] *Hülsmann*, ZIP 2001, 450, 452 f.; *Marsch-Barner*, in: Kallmeyer, UmwG[3], § 8, Rdnr.16; IDW S 1, Nr. 42.

[332] Str., wie hier *Lutter/Drygala*, in: Lutter, UmwG[3], § 8, Rdnr. 23; *Marsch-Barner*, in: Kallmeyer, UmwG[3], § 8, Rdnr. 17. A.A. *Mayer*, in: Widmann/Mayer, Umwandlungsrecht, § 5 UmwG, Rdnr. 107.

[333] *Lutter/Drygala*, in: Lutter, UmwG[3], § 8, Rdnr. 23.

[334] *Lutter/Drygala*, in: Lutter, UmwG[3], § 8, Rdnr. 27; *Hülsmann*, ZIP 2001, 450, 453. Vgl. zu den einzelnen Komponenten des Zinssatzes *Hülsmann*, a.a.O., 453 f.; IDW S 1 (Nr. 120 ff.), sowie zur – jüngst vollzogenen – Weiterentwicklung des IDW S 1 hinsichtlich des Kapitalisierungszinsfußes *Wagner/Jonas/Ballwieser/Tschöpel*, WPg 2004, 889, 890 ff.

[335] *Lutter/Drygala*, in: Lutter, UmwG[3], § 8, Rdnr. 27.

[336] *Steck*, AG 1998, 460, 465; *Hülsmann*, ZIP 2001, 450, 453.

[337] *Lutter/Drygala*, in: Lutter, UmwG[3], § 8, Rdnr. 26.

dass sie den Unternehmensertrag unberührt lassen und deshalb im Rahmen des künftigen Ertragswerts unberücksichtigt bleiben mussten. Um jedoch den gesamten Unternehmenswert abzubilden, muss der Wert des nicht betriebsnotwendigen Vermögens zum Ertragswert hinzuaddiert werden.[338]

Als Ergebnis der Unternehmensbewertung sind die Unternehmenswerte der an der Verschmelzung beteiligten Rechtsträger anzugeben, die bloße Angabe der Wertrelation genügt nicht.[339]

bb) Umtauschverhältnis

Die so ermittelten Unternehmenswerte bilden die Grundlage für die Festlegung des Umtauschverhältnisses. In einem ersten Schritt wird der Wert eines jeden Unternehmens durch die Anzahl der von ihm ausgegebenen Anteile geteilt, wobei unterschiedliche Nennbeträge zu berücksichtigen sind.[340] Hieraus ergibt sich dann der innere Wert, den ein Anteil z.B. mit einem Nennbetrag von € 50 besitzt. Es wird also errechnet, welchen Wert eine Aktie bzw. ein Geschäftsanteil repräsentiert.[341]

In einem zweiten Schritt werden die zuvor isoliert für jedes Unternehmen berechneten Werte, die eine Aktie bzw. ein Geschäftsanteil repräsentiert, zueinander ins Verhältnis gesetzt. Aus der Wertrelation der auf den gleichen Nennbetrag berechneten Anteile ergibt sich sodann das Umtauschverhältnis.[342] Verbleibende Spitzenbeträge

---

[338] *Marsch-Barner*, in: Kallmeyer, UmwG[3], § 8, Rdnr. 19; *Lutter/Drygala*, in: Lutter, UmwG[3], § 5, Rdnr. 33; *Mayer*, in: Widmann/Mayer, Umwandlungsrecht, § 5 UmwG, Rdnr. 105. Nach IDW S 1, Nr. 68 kommt es bei der Bewertung des nicht betriebsnotwendigen Vermögens auf die „bestmögliche Verwertung" an.

[339] *Marsch-Barner*, in: Kallmeyer, UmwG[3], § 8, Rdnr. 20.

[340] Vgl. *Lutter/Drygala*, in: Lutter, UmwG[3], § 5, Rdnr. 36, sowie exemplarisch zur Berechnung des Umtauschverhältnisses im Rahmen der Fusion von VIAG und VEBA S. 191 des Verschmelzungsberichts: http://www.eon-ag.com/onlineres/common/download/VerschmelzungsberichtVEBAVIAG.pdf. bzw. im Rahmen der Verschmelzung der T-Online International AG auf die Deutsche Telekom AG VIII.6. des dortigen, ebenfalls gemeinsamen Verschmelzungsberichts.

[341] *Lutter/Drygala*, in: Lutter, UmwG[3], § 5, Rdnr. 36.

[342] Vgl. *Lutter/Drygala*, in: Lutter, UmwG[3], § 5, Rdnr. 36; *Bula/Schlösser*, in: Sagasser/Bula/Brünger, Umwandlungen[3], S. 169 f.

können, wie bereits ausgeführt,[343] in begrenztem Umfang durch bare Zuzahlungen ausgeglichen werden.

Ist eine Aktiengesellschaft an der Verschmelzung beteiligt, sind neben dem Verschmelzungsvertrag auch die Verschmelzungsberichte aller beteiligten Rechtsträger von der Einberufung der Hauptversammlung an zur Einsicht der Aktionäre auszulegen.[344] Auf Verlangen sind auch hiervon Abschriften zu erteilen.[345] Bei Gesellschaften mbH ist auch der Verschmelzungsbericht ohne gesondertes Verlangen zu übersenden.[346]

3. Verschmelzungsprüfung und Prüfungsbericht

Während Verschmelzungsvertrag und Verschmelzungsbericht von den Geschäftsleitungen herrühren, die sich dazu entschlossen haben, die Verschmelzung durchzuführen, obliegt die Verschmelzungsprüfung, die bei Aktiengesellschaften grundsätzlich,[347] bei Gesellschaften mbH hingegen nur auf Verlangen eines Gesellschafters[348] stattfindet, sowie die Erstattung des sie abschließenden Prüfungsberichts unabhängigen Sachverständigen, den Verschmelzungsprüfern. Als Verschmelzungsprüfer fungieren grundsätzlich Wirtschaftsprüfer oder Wirtschaftsprüfungsgesellschaften.[349] Nur bei einer kleinen oder mittelgroßen Gesellschaft mbH können, ein vorheriges Prüfungsverlangen unterstellt, auch vereidigte Buchprüfer oder Buchprüfungsgesellschaften als Verschmelzungsprüfer tätig werden.[350]

---

[343] Siehe oben: 1. Teil, 2.Kapitel, B. II. 1. c).

[344] § 63 Abs. 1 Nr. 4 (ggf. i.V.m. § 73) UmwG.

[345] § 63 Abs. 3 (ggf. i.V.m. § 73) UmwG.

[346] § 47 (ggf. i.V.m. § 56) UmwG.

[347] § 60 UmwG. Vgl. zu den Ausnahmen: § 9 Abs. 2 sowie § 8 Abs. 3 i.V.m. § 9 Abs. 3 UmwG.

[348] § 48 Satz 1 UmwG. In den Fällen des § 29 UmwG ist aber zumindest die Angemessenheit der Barabfindung im Grundsatz auch bei Gesellschaften mbH zu prüfen, § 30 Abs. 2 UmwG.

[349] § 319 Abs. 1 Satz 1 HGB i.V.m. § 11 Abs. 1 Satz 1 bis 3 UmwG. Zur Behandlung einer im Sinne des § 267 Abs. 1 HGB kleinen AG *Lutter/Drygala*, in Lutter: UmwG[3], § 11, Rdnr. 5.

[350] §§ 319 Abs. 1 Satz 2 HGB i.V.m. 11 Abs. 1 Satz 1 bis 3 UmwG. Zur Behandlung einer im Sinne des § 267 Abs. 1 HGB kleinen GmbH *Lutter/Drygala*, in Lutter: UmwG[3], § 11, Rdnr. 5; *Zimmermann*, FS Brandner, S. 167, 181.

Inhaltlich erfolgt eine Prüfung des Verschmelzungsvertrages.[351] Verschmelzungsprüfer haben hierbei insbesondere zu überprüfen, ob der Verschmelzungsvertrag vollständig ist, die in ihm enthaltenen Angaben richtig sind und – vor allem – das Umtauschverhältnis der Anteile angemessen ist.[352] Den Schwerpunkt bildet folglich, wie bereits im Rahmen des Verschmelzungsberichts, das Umtauschverhältnis der Anteile. Während es dort aber allein auf eine plausible Darstellung des Umtauschverhältnisses ankommt,[353] wird die tatsächliche Angemessenheit des Umtauschverhältnisses erst im Rahmen der Verschmelzungsprüfung kontrolliert.[354] Hierbei haben die Verschmelzungsprüfer die beteiligten Gesellschaften jedoch mitnichten selbst zu bewerten, sie können sich vielmehr darauf beschränken, die bereits vorliegenden Unternehmensbewertungen sowie das daraus abgeleitete Umtauschverhältnis anhand des konkreten Zahlenmaterials zu überprüfen.[355] Prüfungsmaßstab ist dabei ausweislich § 12 Abs. 2 Satz 1 UmwG die Angemessenheit der Gegenleistung. Der Gesetzgeber ist hier der Erkenntnis gefolgt, dass es insbesondere wegen des prognostischen, erhebliche Bewertungs- und Beurteilungsspielräume[356] eröffnenden Charakters der Unternehmensbewertung nicht einen einzig richtigen Unternehmenswert gibt und es deshalb ausreicht, wenn das auf Grundlage der Unternehmensbewertungen ausgehandelte Umtauschverhältnis innerhalb angemessener Bandbreite liegt.[357] Ob dies der Fall ist, lässt sich dem Prüfungsbericht entnehmen, der mit der Erklärung darüber abzuschließen hat, ob das vorgeschlagene Umtauschverhältnis der Anteile und gegebenenfalls die Höhe der baren Zuzahlung angemessen ist.[358]

Bei einer Aktiengesellschaft sind die Prüfungsberichte aller an der Verschmelzung beteiligten Rechtsträger zur Einsicht der Aktionäre auszulegen.[359] Auf Verlangen sind

---

[351] § 9 Abs. 1 UmwG.

[352] BGHZ 107, 296, 303; *BGH*, ZIP 1990, 168, 169; *Müller*, in: Kallmeyer, UmwG^3, § 9, Rdnr. 16 ff.

[353] Siehe oben: 1. Teil, 2.Kapitel, B. II. 2.

[354] *Lutter/Drygala*, in: Lutter, UmwG^3, § 8, Rdnr. 20; *OLG Hamm*, ZIP 1999, 798, 801, 802.

[355] *Lutter/Drygala*, in: Lutter, UmwG^3, § 9, Rdnr. 11; *Müller*, in: Kallmeyer, UmwG^3, § 9, Rdnr. 22; *Zimmermann*, FS Brandner, S. 167, 181.

[356] *Philipp*, AG 1998, 264, 270; *Gude*, S. 429. Vgl. ferner: *Martens*, FS Röhricht, S. 987 f.

[357] *Bula/Schlösser*, in: Sagasser/Bula/Brünger, Umwandlungen^3, S. 156; *Müller*, in: Kallmeyer, UmwG^3, § 9, Rdnr. 31; *Mertens*, AG 1990, 20, 26.

[358] § 12 Abs. 2 Satz 1 UmwG.

[359] § 63 Abs. 1 Nr. 5 (ggf. i.V.m. § 73) UmwG.

Abschriften zu erteilen.[360] Bei Gesellschaften mbH fehlt es indes an einer gesetzlichen Vorschrift, die die Offenlegung eines etwaigen Prüfungsberichts regelt. In analoger Anwendung des § 47 UmwG ist den Gesellschaftern auch ein Prüfungsbericht zu übersenden.[361] Denn Verschmelzungsbericht und Prüfungsbericht bilden dem gleichen Zweck, der Information der Anteilseigner dienende, einander ergänzende Maßnahmen,[362] so dass gerade der von sachverständiger dritter Seite erstellte Prüfungsbericht gegenüber den Gesellschaftern in gleicher Weise wie der von den Organmitgliedern erstattete Verschmelzungsbericht offen zu legen ist.

III. Beschlussphase

Auf Grundlage der ihnen vor wie in der Anteilseignerversammlung, insbesondere[363] auf entsprechende Auskunftsverlangen hin[364] erteilten Informationen beschließen die Anteilsinhaber eines jeden an der Verschmelzung beteiligten Rechtsträgers[365] sodann über ihre Zustimmung zu der organisations- und schuldrechtliche Grundlage der Umstrukturierung, dem Verschmelzungsvertrag. Dieser ist vor dem letzten zustimmenden Beschluss schwebend unwirksam.[366] Denn ausweislich § 13 Abs. 1 Satz 1 UmwG wird der Verschmelzungsvertrag erst wirksam, wenn die Anteilsinhaber der beteiligten Rechtsträger ihm durch (Verschmelzungs-) Beschluss zustimmen.

Dabei bedarf jeder einzelne Verschmelzungsbeschluss einer qualifizierten Mehrheit. Bei einer Gesellschaft mit beschränkter Haftung ist jedenfalls[367] eine Dreiviertelmehrheit der abgegebenen Stimmen erforderlich.[368] Eine qualifizierte Kapitalmehrheit

---

[360] § 63 Abs. 3 (ggf. i.V.m. § 73) UmwG.

[361] *Zimmermann*, FS Brandner, S. 167, 176 f.; *Kallmeyer*, in: Kallmeyer, UmwG[3], § 47, Rdnr. 1; *Stratz*, in: Schmitt/Hörtnagl/Stratz, UmwG/UmwStG[4], § 47 UmwG, Rdnr. 1; *Winter*, in: Lutter, UmwG[3], § 47, Rdnr.7. A.A. *Mayer*, in: Widmann/Mayer, Umwandlungsrecht, § 47 UmwG, Rdnr. 4.

[362] BGHZ 107, 296, 303; *BGH*, ZIP 1990, 168, 169; *OLG Hamm*, ZIP 1999, 798, 802; *Lutter/Drygala*, in: Lutter, UmwG[3], § 9, Rdnr. 10.

[363] Vgl. überdies § 64 Abs. 1 Satz 2 UmwG.

[364] Zur AG: §§ 131 AktG, 64 Abs. 2 UmwG, sowie zur GmbH: §§ 51 a GmbHG, 49 Abs. 3 UmwG.

[365] Eine Ausnahme ist im Falle des § 62 Abs. 1 Satz 1 UmwG möglich. Vgl. dazu jüngst *Habersack*, FS Horn, 337 ff.

[366] Statt aller *Lutter/Drygala*, in: Lutter, UmwG[3], § 4, Rdnr. 11.

[367] Vgl. § 50 Abs. 1 Satz 2 UmwG.

[368] § 50 Abs. 1 Satz 1 UmwG.

verlangt das UmwG an dieser Stelle nicht. Bei einer Aktiengesellschaft bedarf der Beschluss hingegen in jedem Fall[369] einer Kapitalmehrheit von mindestens drei Vierteln[370] sowie überdies der einfachen Mehrheit der abgegebenen Stimmen.[371] Gegebenenfalls bedarf der Verschmelzungsbeschluss zusätzlich der Zustimmung einzelner Anteilseigner oder das Gesetz verlangt daneben gar die Fassung eines oder mehrerer Sonderbeschlüsse. Die Zustimmung einzelner Anteilseigner wird insbesondere[372] im Falle des § 50 Abs. 2 UmwG benötigt, da nach dem Rechtsgedanken des § 35 BGB auch eine qualifizierte Mehrheit bestehende Sonderrechte einzelner nicht ohne deren Zustimmung beeinträchtigen kann.[373] Besitzt eine Aktiengesellschaft mehrere Aktiengattungen, sind nach § 65 Abs. 2 UmwG dem Verschmelzungsbeschluss zur Wirksamkeit verhelfende Sonderbeschlüsse der Inhaber einer jeden Aktiengattung erforderlich. Eines Sonderbeschlusses der Inhaber stimmrechtsloser Vorzugsaktien bedarf es jedoch im Einklang mit dem Wortlaut des § 65 Abs. 2 Satz 1 UmwG nur ausnahmsweise in Fällen des § 140 Abs. 2 Satz 1 AktG, in denen das Stimmrecht der Vorzugsaktionäre auflebt.[374]

Im Fall der Verschmelzung durch Neugründung führt der wirksame Verschmelzungsbeschluss nicht nur dazu, dass die schwebende Unwirksamkeit des Verschmelzungsvertrages behoben und seine Wirksamkeit begründet wird. Darüber hinaus begründet derselbe Verschmelzungsbeschluss[375] die Wirksamkeit des *Gesellschaftsvertrages bzw.* der *Satzung* des neuen Rechtsträgers. Kraft eines wirksamen Statuts besteht der neue Rechtsträger sodann als Vorgesellschaft.[376]

---

[369] Vgl. § 65 Abs. 1 Satz 2 UmwG.

[370] § 65 Abs. 1 Satz 1 UmwG.

[371] § 133 Abs. 1 AktG. Statt aller *Zimmermann*, in: Kallmeyer, UmwG[3], § 65, Rdnr. 5.

[372] Vgl. auch §§ 13 Abs. 2, 51 Abs. 1, 51 Abs. 2 UmwG.

[373] *K. Schmidt*, Gesellschaftsrecht[4], S. 471; *Heinrichs*, in: Palandt, BGB[65], § 35, Rdnr. 4.

[374] *Grunewald*, in: Lutter, UmwG[3], § 65, Rdnr. 8.

[375] § 59 Satz 1 bzw. § 76 Abs. 2 Satz 1 UmwG.

[376] *Zimmermann*, in: Kallmeyer, UmwG[3], § 59, Rdnr. 3; *K. Schmidt*, in: Scholz, GmbHG[9], § 11, Rdnr. 22, 100; *Ihrig*, GmbHR 1995, 622, 633 f.; *Lutter/Drygala*, in: Lutter, UmwG[3], § 4, Rdnr. 17; *Winter*, in: Lutter, UmwG[3], § 56, Rdnr. 7; missverständlich, da noch die mittlerweile überkommene Terminologie benutzend *Roth*, in: Roth/Altmeppen, GmbHG[5], § 11, Rdnr. 38.

IV. Vollzugsphase

Die Vollzugsphase zielt nun darauf ab, die Verschmelzung mit der Eintragung in das Handelsregister am Sitz des übernehmenden oder neuen Rechtsträgers wirksam werden zu lassen. Aus Sicht der Verwaltungen sowie der Anteilseigner, die das Verschmelzungsvorhaben tragen, erfolgt der Vollzug der Verschmelzung idealiter in folgendem raschen Dreischritt: Anmeldung – Prüfung – Eintragung, d.h. nach Anmeldung der Verschmelzung, die im Falle der Verschmelzung durch Neugründung von der Anmeldung des neuen Rechtsträgers begleitet wird[377] und anschließender registerrichterlicher[378] Prüfung folgen die Eintragungen zügig und ohne wesentliche zeitliche Verzögerung. Bei der Verschmelzung durch Aufnahme folgt der Eintragung der Verschmelzung in das Register am Sitz des übertragenden Rechtsträgers die Eintragung der Verschmelzung in das Handelsregister am Sitz des übernehmenden Rechtsträgers.[379] Mit diesem Akt ist die Verschmelzung durch Aufnahme vollzogen.[380] Bei der Verschmelzung durch Neugründung folgt der Eintragung der Verschmelzung in die Register am Sitze der übertragenden Rechtsträger die Eintragung des neuen Rechtsträgers an dessen Sitz.[381] Mit dieser ist die Verschmelzung durch Neugründung vollzogen.

Erhebliche Abweichungen von einem derart zügigen Vollzug können sich aber daraus ergeben, dass binnen der Monatsfrist des § 14 Abs. 1 UmwG Anfechtungs-, Nichtigkeits- oder allgemeine Feststellungsklage[382] gegen die Wirksamkeit des Verschmelzungsbeschlusses erhoben wurde. Denn in diesem Fall können die Vertretungsorgane nicht, wie dies § 16 Abs. 2 Satz 1 1.Hs. UmwG vorschreibt, bei der Anmeldung erklären, dass eine Klage gegen die Wirksamkeit des Verschmelzungsbeschlusses nicht erhoben wurde. Ohne diese „Negativerklärung" darf die Verschmel-

---

[377] § 38 Abs. 2 UmwG.

[378] § 17 Nr. 1 c) RPflG.

[379] § 19 Abs. 1 Satz 1 UmwG.

[380] § 20 Abs. 1 UmwG.

[381] §§ 19 Abs. 1 Satz 1, 36 Abs. 1 UmwG.

[382] Letzteres ist streitig. Für eine Einbeziehung der allgemeinen Feststellungsklage: BegrRegE zum UmwG, BT-Drucks. 12/6699, S. 87; *Bork*, in: Lutter, UmwG[3], § 14, Rdnr. 5; *Marsch-Barner*, in: Kallmeyer, UmwG[3], § 14, Rdnr. 6; *Volhard*, in: Semler/Stengel, UmwG, § 16, Rdnr. 15. A.A. *K. Schmidt*, DB 1995, 1849, 1850; *Heckschen*, in: Widmann/Mayer, Umwandlungsrecht, § 14 UmwG, Rdnr. 18.

zung grundsätzlich nicht in das Handelsregister eingetragen werden,[383] die Unwirksamkeitsklage begründet somit ein Eintragungsverbot, die sogenannte Registersperre. Diese für den weiteren Vollzug der Verschmelzung sehr weitreichende Rechtsfolge erklärt sich bei einem Blick auf § 20 Abs. 2 UmwG. Hiernach ist die Verschmelzung nach erfolgter Eintragung irreversibel. Eine Entschmelzung findet unter keinen Umständen statt. Die Registersperre soll daher verhindern, dass eine auf unwirksamer Grundlage beruhende Verschmelzung in das Handelsregister eingetragen wird und auf diesem Wege zu Lasten der Anteilseigner vollendete Tatsachen geschaffen werden.[384]

In Fällen, in denen eine Unwirksamkeitsklage tatsächlich erhoben wurde, sieht das UmwG aber eine Möglichkeit vor, die bestehende Registersperre ausnahmsweise zu überwinden. Denn nach § 16 Abs. 3 UmwG kann die beklagte Gesellschaft beim Prozessgericht des Klageverfahrens beantragen festzustellen, dass die Erhebung der Klage der Eintragung des Verschmelzungsbeschlusses nicht entgegensteht. Dieser Gesellschaft steht es somit offen, das als Eilverfahren ausgestaltete *Freigabe- oder Unbedenklichkeitsverfahren*[385] anzustrengen. Ob das Gericht nun auf dem Beschlusswege eine entsprechende Feststellung trifft, hängt davon ab, ob es zumindest eine der drei in § 16 Abs. 3 Satz 2 UmwG genannten Voraussetzungen für gegeben hält. Das Gericht muss somit zu der Überzeugung gelangt sein, dass die erhobene Beschlussmängelklage unzulässig[386] oder offensichtlich unbegründet[387] ist oder das alsbaldige Wirksamwerden der Verschmelzung vorrangig erscheint.[388] In der Praxis

---

[383] § 16 Abs. 2 Satz 2 UmwG.

[384] *Bork*, in: Lutter, UmwG^3, § 16, Rdnr. 9; *Schwenzer*, S. 53.

[385] Nach S. 59 des Regierungsentwurfs zum UMAG dient u.a. das „bewährte" Verfahren nach § 16 Abs. 3 UmwG als Vorbild für das jüngst eingeführte aktienrechtliche Freigabeverfahren nach § 246 a AktG. Vgl. dazu *Büchel*, FS Happ, S. 1 ff.; *Faßbender*, AG 2006, 872 ff.; *K. Schmidt*, FS Happ, S. 259 ff.

[386] Vgl. dazu *Schwarz*, in: Widmann/Mayer, Umwandlungsrecht, § 16 UmwG, Rdnr. 22; *Bork*, in: Lutter, UmwG^3, § 16, Rdnr. 18; *Marsch-Barner*, in: Kallmeyer, UmwG^3, § 16, Rdnr. 40; *Volhard*, in: Semler/Stengel, UmwG, § 16, Rdnr. 27 f.

[387] Vgl. dazu *Schwarz*, in: Widmann/Mayer, Umwandlungsrecht, § 16 UmwG, Rdnr. 23 ff.; *Bork*, in: Lutter, UmwG^3, § 16, Rdnr. 19 ff.; *Marsch-Barner*, in: Kallmeyer, UmwG^3, § 16, Rdnr. 41; *Volhard*, in: Semler/Stengel, UmwG, § 16, Rdnr. 27 ff.; *OLG Hamm*, ZIP 1999, 798 ff.; *OLG München*, ZIP 2005, 615, 616 f.; *OLG Hamm*, AG 2005, 361 ff.; *OLG Frankfurt*, AG 2006, 249 f.

[388] Vgl. dazu *Schwarz*, in: Widmann/Mayer, Umwandlungsrecht, § 16 UmwG, Rdnr. 24 ff.; *Bork*, in: Lutter, UmwG^3, § 16, Rdnr. 20 ff.; *Marsch-Barner*, in: Kallmeyer, UmwG^3, § 16, Rdnr. 42 ff.; *Volhard*,

liegt der Schwerpunkt auf der letztgenannten Alternative.[389] Das Gericht hat hierbei eine Abwägungsentscheidung zu treffen, in die es auf Seite des Antragsgegners die Schwere der mit der Klage geltend gemachten und soweit nicht offensichtlich nicht gegeben,[390] als einschlägig zu unterstellenden[391] Rechtsverletzungen einzustellen und diese zu den wesentlichen Nachteilen ins Verhältnis zu setzen hat, die den beteiligten Rechtsträgern und deren übrigen, nicht klagenden Anteilsinhabern drohen, wenn die Eintragung der Verschmelzung erst nach einer rechtskräftigen Entscheidung des Klageverfahrens, mithin erst in drei bis fünf Jahren,[392] erfolgt. Nur wenn das erkennende Gericht nach freier Überzeugung die Erkenntnis gewonnen hat, dass die Interessen der beteiligten Rechtsträger und ihrer übrigen Anteilseigner am sofortigen Vollzug der Verschmelzung die Schwere der geltend gemachten Rechtsverletzungen des Klägers überwiegen, wird es einen entsprechenden Beschluss erlassen.

Soweit der freigebende Beschluss ergangen, der unterlegene Antragsgegner nicht fristgerecht sofortige Beschwerde gegen den Beschluss einreicht bzw. seine sofortige Beschwerde[393] zurückgewiesen wird, ist der Registerrichter hinsichtlich all der Punkte, die bereits Gegenstand des Unbedenklichkeitsverfahrens waren, an die rechtskräftige prozessgerichtliche Entscheidung gebunden.[394] Wenn auch im übrigen keine Eintragungshindernisse (mehr) bestehen, ist die Verschmelzung sodann in die Handelsregister am Sitz der beteiligten Rechtsträger einzutragen. Bei der Verschmelzung durch Neugründung gilt dies – nach entsprechender registerrichterlicher Prüfung – auch für die Eintragung des neuen Rechtsträgers.

---

in: Semler/Stengel, UmwG, § 16, Rdnr. 32 ff.; *OLG Düsseldorf*, ZIP 1999, 793 ff.; *OLG München*, ZIP 2005, 615, 617; *OLG Hamm*, AG 2005, 361, 364; *OLG Frankfurt*, AG 2006, 249, 250 ff.

389 *Krieger*, BB 2002, 53, 60; *Marsch-Barner*, in: Kallmeyer, UmwG[3], § 16, Rdnr. 42.

390 *OLG Düsseldorf*, ZIP 1999, 793; *OLG Hamm*, AG 2005, 361, 364; *OLG Frankfurt*, AG 2006, 249, 250.

391 *Schwarz*, in: Widmann/Mayer, Umwandlungsrecht, § 16 UmwG, Rdnr. 25.1; *Bork*, in: Lutter, UmwG[3], § 16, Rdnr. 20; *OLG Frankfurt*, AG 2006, 249, 257.

392 *Martens*, AG 2000, 301, 307; *Kiem*, ZIP 1999, 173 ff., passim; *Götz*, DB 1992, 2432; *OLG Frankfurt*, AG 2006, 249, 256.

393 Die Rechtsbeschwerde ist im Freigabeverfahren nach § 16 Abs. 3 UmwG ausgeschlossen *BGH*, BB 2006, 1584 ff m. Anm. *Gehrlein*.

394 *Bork*, in: Lutter, UmwG[3], § 16, Rdnr. 30 f.; *Volhard*, in: Semler/Stengel, UmwG, § 16, Rdnr. 45.

C. Rechtswirkungen des Verschmelzungsvollzugs

Die Eintragung der Verschmelzung in das Register am Sitz des übernehmenden Rechtsträgers bzw. die Eintragung des neuen Rechtsträgers im Falle der Verschmelzung durch Neugründung führt die in § 20 Abs. 1 (i.V.m. § 36 Abs. 1) UmwG beschriebenen Rechtswirkungen herbei: Das Vermögen übertragender Rechtsträger geht einschließlich der Verbindlichkeiten im Wege der Gesamtnachfolge auf den übernehmenden oder neuen Rechtsträger über, übertragende Rechtsträger erlöschen ohne Abwicklung und deren Anteilsinhaber werden zu Anteilseignern des übernehmenden oder neuen Rechtsträgers.

Teil 2. Die Entlastung nach dem Vollzug der Verschmelzung

A. Keine Schließung von Entlastungslücken vor der Verschmelzung

Im Rahmen der Einführung wurde bereits darauf hingewiesen, dass nach dem Verschmelzungsvollzug stets bestimmte vor diesem Zeitpunkt liegende Handlungen für den übertragenden Rechtsträger weder die Billigung noch die Missbilligung der Anteilseigner dieses Rechtsträgers gefunden haben und somit zwangsläufig „Entlastungslücken" bestehen. Wie groß die jeweilige Lücke ist, hängt insbesondere davon ab, wann es zum Vollzug der Verschmelzung kommt: Wird die Verschmelzung nach Ablauf des Geschäftsjahres, aber noch vor der Anteilseignerversammlung des übertragenden Rechtsträgers, auf der über die Entlastung für das vergangene Geschäftsjahr Beschluss gefasst werden sollte, wirksam, klafft eine Lücke sowohl für das gesamte vergangene Geschäftsjahr als auch für den Teil des laufenden Geschäftsjahrs, der bis zum Verschmelzungsvollzug verstrichen ist. Wird die Verschmelzung erst nach der Anteilseignerversammlung des übertragenden Rechtsträgers, auf der über die Entlastung für das vergangene Geschäftsjahr Beschluss gefasst wurde, wirksam, besteht eine „Entlastungslücke" zumindest für den Zeitraum vom Beginn des neuen Geschäftsjahres bis zum Wirksamwerden der Verschmelzung.

Diese Lücken können auch nicht dadurch geschlossen werden, dass die Anteilseigner eines jeden übertragenden Rechtsträgers unmittelbar vor der Eintragung der Verschmelzung bzw. des neuen Rechtsträgers über die Frage der Entlastung beschließen.[395] Eine solche „außerplanmäßige Entlastung"[396] wäre zwar unter be-

[395] *Seybold*, DNotZ 1934, 716, 719 f., Fn. 14 schlägt vor, die Entlastung während der Anteilseignerversammlung vorzunehmen, während der auch über die Umwandlung Beschluss gefasst wird. Damit besteht zumindest Gelegenheit, die in Ansehung des vergangenen Geschäftsjahres bestehende Entlastungslücke zu schließen. Soweit er darüber hinausgehend ausführt, zeitgleich sei auch über die Entlastung für den Zeitraum vom Beginn des laufenden Geschäftsjahrs bis zu der Anteilseignerversammlung und gar bis zur Eintragung der Umwandlung zu beschließen, kann dem nicht gefolgt werden. Denn es fehlt stets an der erforderlichen Rechnungslegung, ohne die eine Beschlussfassung keineswegs zulässig ist, wie *Seybold* meint. Für Aktiengesellschaften wie hier *Barz*, in: Großkommentar AktG^3, § 120, Anm. 4; *Eckardt*, in: Geßler/Hefermehl/Eckardt/Kropff, AktG, § 120, Rdnr. 31; RGZ, 34, 57. Für Gesellschaften mbH wie hier *Goerdeler*, JR 1959, 300; *Hüffer*, in: Ulmer/Habersack/Winter, Großkommentar GmbHG, § 46, Rn. 68.

stimmten Voraussetzungen rechtlich zulässig,[397] sie ist praktisch aber – gerade wegen diesen Voraussetzungen – schlicht nicht durchführbar.[398] Denn die Entlastungsentscheidung erfordert, wie gesehen,[399] stets eine vorherige Rechenschaftslegung,[400] so dass etwa den Anteilseignern übertragender Aktiengesellschaften im Falle einer außerplanmäßigen Entlastung ein dem Jahresabschluss gleichwertiger, ebenfalls aus Bilanz sowie Gewinn- und Verlustrechnung bestehender Abschluss nebst Lage- und Aufsichtsratsbericht vorzulegen wäre.[401] In praxi ist es aber insbesondere nicht möglich, den Anteilseignern am – ohnehin nicht im vorhinein feststehenden –[402] Tage des Verschmelzungsvollzugs eine auf diesen Tag aufgestellte, bereits geprüfte Bilanz vorzulegen, geschweige denn sie bereits bei der Einberufung, sprich mindestens einen Monat vor der Hauptversammlung zur Einsicht der Aktionäre auszulegen. Hinzu kommt, dass jede Bilanzierung allein zum Zwecke der Entlastung dem „legitimen"[403] Interesse, im Rahmen der Verschmelzung möglichst keine unnötigen Bilanzierungskosten entstehen zu lassen,[404] diametral zuwider läuft. Nichts anderes gilt in Ansehung des organisatorischen Aufwands und der, gerade bei größeren Publikumsaktiengesellschaften immensen Kosten für die Durchführung einer Hauptversammlung.[405]

---

396 *Barner*, S. 31.

397 *Barner*, S. 31; *Zöllner*, in: KK zum AktG, § 120, Rdnr. 36; *Mülbert*, in: Großkommentar AktG[4], § 120, Rdnr. 96; *Martens*, AG 1986, 57, 58, insbes. Fn. 6.

398 *Kubis*, in: MK zum AktG[2], § 120, Rdnr. 19 i.V.m. 18. Ähnlich auch *Zöllner*, in: KK zum AktG, § 120, Rdnr. 36; *Martens*, AG 1986, 57, 58; *Barner*, S. 31.

399 Siehe oben: 1.Teil, 1.Kapitel, B.I. und II.

400 *Barz*, in: Großkommentar AktG[3], § 120, Anm. 4; *Eckardt*, in: Geßler/Hefermehl/Eckardt/Kropff, AktG, § 120, Rdnr. 31; *Meier*, GmbHR 2004, 111, 112; *Hüffer*, in: Ulmer/Habersack/Winter, Großkommentar GmbHG, § 46, Rn. 68.

401 *Zöllner*, in: KK zum AktG, § 120, Rdnr. 36; *Mülbert*, in: Großkommentar AktG[4], § 120, Rdnr. 96; *Martens*, AG 1986, 57, 58, Fn. 6.

402 *Baums*, ZHR 156 (1992), 248, 250; *Hockemeier*, S. 51; *Röder/Lingemann*, DB 1993, 1341, 1348; *K. Mertens*, S. 93; *Naraschewski*, S. 137; *Budde/Zerwas*, in: Budde/Förschle, Sonderbilanzen[3], F Anm. 37.

403 BegrRegE zum UmwG, BR-Drucks. 75/94, S. 90.

404 Siehe oben: 1.Teil, 2.Kapitel, B.I.

405 *Kuhnt*, FS Lieberknecht, S. 45, 47, Fn. 5 veranschlagt bereits 1997 Beträge zwischen 4 und 7 Mio. DM. *Martens*, AG 1986, 57, 58 hält die Einberufung einer außerordentlichen Hauptversammlung zum Zwecke der Entlastung wegen der damit verbundenen Kostenbelastung für vielfach unzumutbar. Vgl.

Besteht hiernach keine Handhabe, betstehende Entlastungslücken vor dem Verschmelzungsvollzug zu schließen, fragt sich, ob dies noch nach dem Wirksamwerden der Verschmelzung möglich ist.

B. Entlastung durch Organe des übertragenden Rechtsträgers

Zunächst drängt sich die Frage auf, ob bestehende Entlastungslücken auch nach dem Verschmelzungsvollzug nicht durch das Organ geschlossen werden können, das ohne die Verschmelzung berufen wäre, über die Entlastung zu befinden. Ist also in der Mehrzahl der Fälle die Anteilseignerversammlung des übertragenden Rechtsträgers berufen, hierüber Beschluss zu fassen?[406]
Im Zuge des Verschmelzungsvollzugs erlischt jedoch nicht nur der übertragende Rechtsträger,[407] sondern mit ihm erlöschen auch all seine Organe,[408] so dass auf den ersten Blick keine Möglichkeit besteht, Entlastungslücken durch die Anteilseignerversammlung des übertragenden Rechtsträgers zu schließen.
Es ist jedoch fraglich, ob dies ausnahmslos gilt. Denn § 25 Abs. 2 Satz 1 UmwG fingiert für die darin beschriebenen Ansprüche das Fortbestehen des übertragenden Rechtsträgers. Besteht der übertragende Rechtsträger somit fiktiv fort, erscheint es gerade mit Blick auf den Schluss vom Erlöschen des Rechtsträgers auf das Erlö-

---

zur Berücksichtigung des Kostenaufwands zur Durchführung einer außerordentlichen Hauptversammlung (im Rahmen eines Einberufungsverlangens nach § 122 Abs. 1 AktG) *OLG Frankfurt*, Beschluss vom 15.02.2005, 20 W 1/05, S. 4, 6, 10.

[406] Bei Gesellschaften mbH kann die Kompetenz zur Entlastung der Geschäftsführer, wie gesehen, auch einem etwaigen Aufsichtsrat, Beirat o.ä. übertragen werden. Da von dieser Möglichkeit, soweit ersichtlich, nur sehr selten Gebrauch gemacht wird, vgl. *Theisen*, S. 99, sowie ferner *K. Schmidt*, in: Scholz, GmbHG[9], § 46, Rdnr. 88, der dies als unpraktisch bezeichnet, wird nachfolgend der begrifflichen Einfachheit halber allein von der Anteilseignerversammlung des übertragenden Rechtsträgers die Rede sein. In der Sache ergeben sich keine grundlegenden Unterschiede zwischen Fällen, in denen die Anteilseignerversammlung des übertragenden Rechtsträgers befugt war, über die Frage der Entlastung der Geschäftsführer zu richten, und Fällen, in denen diese Entscheidung einem anderen Organ oblag.

[407] § 20 Abs. 1 Nr. 2 Satz 1 UmwG.

[408] *Buchner/Schlobach*, GmbHR 2004, 1, 3 und 15; *Hoffmann-Becking*, FS Ulmer, S. 243 und 254; *K. Mertens*, AG 1994, 66, 73; *Marsch-Barner*, in: Kallmeyer, UmwG[3], § 20, Rdnr. 28; *Grunewald*, in: Lutter, UmwG[3], § 26, Rdnr. 2; *BFH*, BB 1975, 23.

schen seiner Organe nicht von vornherein ausgeschlossen, zur Herstellung seiner Handlungsfähigkeit sogar ausgesprochen naheliegend,[409] dass dieser auch noch über seine Organe verfügt. Dass es vorliegend weder um Schadensersatzansprüche im Sinne des § 25 Abs. 1 Satz 1 UmwG, noch um weitere Ansprüche geht, die sich nach den allgemeinen Vorschriften auf Grund der Verschmelzung ergeben, schließt lediglich eine unmittelbare Anwendung des § 25 Abs. 2 Satz 1 UmwG aus, beantwortet aber nicht die Frage, ob eine analoge Anwendung dieser Vorschrift ermöglicht, das Lückenproblem im Falle der Entlastung zu lösen.

I. Analogiefähigkeit des § 25 Abs. 2 Satz 1 UmwG

Voraussetzung für eine analoge Anwendung des § 25 Abs. 2 Satz 1 UmwG ist zunächst die Analogiefähigkeit dieser Vorschrift. Zweifel hieran vermag § 1 Abs. 2 UmwG zu begründen, dem nicht nur der umwandlungsrechtliche numerus clausus, sondern auch das eng damit verknüpfte umwandlungsrechtliche Analogieverbot[410] zu entnehmen ist. Nach § 1 Abs. 2 UmwG ist eine Umwandlung im Sinne des Absatzes 1, sprich eine sukzessionsrechtlich mittels Gesamtnachfolge (Verschmelzung, Spaltung, Vermögensübertragung) oder Identität (Formwechsel) privilegierte technische Umwandlung[411] außer in den im Umwandlungsgesetz geregelten Fällen nur möglich, wenn sie durch ein anderes Bundesgesetz oder ein Landesgesetz ausdrücklich vorgesehen ist. § 1 Abs. 2 UmwG bestimmt somit, dass es einen geschlossenen Kreis, einen numerus clausus, sowohl an Umwandlungsarten wie auch an umwandlungsfähigen Rechtsträgern gibt, die an der jeweiligen technischen Umwandlung beteiligt sein können.[412] Sukzessionsrechtlich begünstigte technische Umwandlungen sind

---

[409] Entschiedener zur sog. Fiktionstheorie, die juristische Personen trotz deren Löschung im Handelsregister „für den Zweck der Zuordnung nachträglich aufgefundenen Vermögens als fortbestehend fingiert" *Hüffer*, GS Schultz, S. 99, 107, der die Anwendung der organisationsverfassungsrechtlichen Vorschriften im Falle einer Fiktion als konsequent bezeichnet.

[410] Kritisch hierzu *K. Schmidt*, Gesellschaftsrecht^4, S. 363 ff.; *ders.*, FS Kropff, S. 259, 261 ff.; *ders.*, ZGR 1990, 580, 590 ff.; *K. Mertens*, AG 1994, 66, 75 f.

[411] Siehe zur Unterscheidung zwischen technischen und wirtschaftlichen Umwandlungen *Leinekugel*, S. 6 ff., 17 ff.

[412] *von Riegen*, Gesellschafterschutz bei Ausgliederungen durch Einzelrechtsnachfolge, S. 86; *J. Semler*, in: Semler/Stengel, UmwG, § 1, Rdnr. 70; *K. Schmidt*, Gesellschaftrecht^4, S. 363; *K. Mer-*

folglich nur dann möglich, wenn dies ausdrücklich in einer bundes- oder landesgesetzlichen Regelung vorgesehen ist.

Aus dem Erfordernis der ausdrücklichen Zulassung sukzessionsrechtlich privilegierter Umwandlungen ist ein Analogieverbot abzuleiten, soweit es um die Ausdehnung des numerus clausus der Umwandlungsarten sowie der umwandlungsfähigen Rechtsträger geht.[413] Daher ist es beispielsweise verboten, den Kreis der jeweils umwandlungsfähigen Rechtsträger im Wege der Analogie auszuweiten, etwa § 3 Abs. 1 Nr. 1 UmwG auf eine Gesellschaft bürgerlichen Rechts analog anzuwenden. Die Funktion des umwandlungsgesetzlichen Analogieverbots ist somit darauf beschränkt, sukzessionsrechtlich begünstigende Rechtsfortbildungen in Fällen zu verhindern, die im Gesetz nicht ausdrücklich vorgesehen sind. Im Gesetz ausdrücklich vorgesehene Fälle, um die es im Rahmen der vorliegenden Untersuchung einzig geht, werden demgegenüber vom umwandlungsrechtlichen Analogieverbot nicht erfasst. Das Analogieverbot des § 1 Abs. 2 UmwG ist daher von der Analogiefähigkeit einzelner Vorschriften innerhalb des Umwandlungsgesetzes strikt zu unterscheiden,[414] es steht der analogen Anwendung des § 25 Abs. 2 Satz 1 UmwG vorliegend nicht a priori entgegen. Dies wird durch Stimmen im Schrifttum bestätigt, die in bestimmten Konstellationen auch bei Aufspaltungen dafür eintreten, § 25 Abs. 2 UmwG analog anzuwenden.[415]

II. Analoge Anwendung des § 25 Abs. 2 Satz 1 UmwG

Eine analoge Anwendung des § 25 Abs. 2 Satz 1 UmwG scheidet jedoch aus. Dabei kann dahinstehen, ob das UmwG in Ansehung der Entlastung eine „offene" Regelungslücke[416] enthält und sich etwa mit Blick darauf, dass sich sowohl die in § 25 Abs. 2 Satz 1 UmwG in Bezug genommenen Ansprüche im Sinne des Abs. 1 wie auch die Entlastung auf die Organmitglieder übertragender Rechtsträger beziehen,

---

tens, S. 214 ff.; i.E. ebenso *Schnorbus*, Gestaltungsfreiheit im Umwandlungsrecht, S. 40; *ders.*, DB 2001, 1654, 1656.

413 *Kallmeyer*, in: Kallmeyer, UmwG³, § 1, Rdnr. 23; *von Riegen*, S. 86.

414 *Schnorbus*, S. 42; *ders.*, DB 2001, 1654, 1657; *Stratz*, in: Schmitt/Hörtnagl/Stratz, UmwG/UmwStG⁴, § 1 UmwG, Rdnr. 61; *J. Semler*, in: Semler/Stengel, UmwG, § 1, Rdnr. 74.

415 *A.Teichmann*, in: Lutter, UmwG³, § 131, Rdnr. 3; *Hörtnagl*, in: Schmitt/Hörtnagl/Stratz, UmwG/UmwStG⁴, § 132 UmwG, Rdnr. 54. A.A. dagegen *Müntefering*, S. 94 ff.

416 Vgl. dazu *Larenz/Canaris*, Methodenlehre³, S. 198 f.

die erforderliche Ähnlichkeit beider Fälle begründen lässt. Denn selbst wenn man die Lückenhaftigkeit des UmwG in dieser Frage ebenso unterstellt, wie die Wertung, die Entlastung gleiche in den für die rechtliche Bewertung maßgeblichen Hinsichten[417] den auf Grund der Verschmelzung bestehenden Ansprüchen gegen die Organmitglieder übertragender Rechtsträger, vermag dies keinen Analogieschluss zu rechtfertigen. Eine Analogie ist stets eine Methode gesetzesimmanenter Rechtsfortbildung.[418] Sie muss daher ausscheiden, wenn der vermeintlich verallgemeinerungsfähige Satz, vorliegend des Inhalts mit der Fiktion des Fortbestands übertragender Rechtsträger gehe der Fortbestand ihrer Organe einher, durch das Gesetz selbst widerlegt wird. Wie § 26 Abs. 1 Satz 1 UmwG zeigt, können die Ansprüche nach §§ 25 Abs. 1 und 2 UmwG, in Ansehung derer übertragende Rechtsträger als fortbestehend gelten, nur durch einen besonderen Vertreter geltend gemacht werden. Für Ansprüche gegen Geschäftsführer einer GmbH gilt somit nicht mehr § 46 Nr. 8 GmbHG, der die Kompetenz, über die Geltendmachung solcher Ansprüche zu bestimmen, in die Hände der Gesellschafterversammlung legt, bzw. für Ansprüche gegen Vorstandsmitglieder einer AG nicht mehr § 112 AktG, der die Kompetenz zur Geltendmachung dieser Ansprüche dem Aufsichtsrat zuweist. Auch die Tatsache, dass der besondere Vertreter abweichend von § 147 Abs. 2 Satz 1 AktG nicht durch die Hauptversammlung, sondern auf Antrag eines jeden Anteilseigners gerichtlich bestellt wird, macht deutlich, dass das UmwG im Rahmen der Fortbestehensfiktion davon ausgeht, dass die vor dem Verschmelzungsvollzug bestehende Organstruktur übertragender Rechtsträger aufgehoben ist[419] und die Aufgabe des besonderen Vertreters gerade darin besteht, der ohne Organe handlungsunfähigen Gesellschaft zur Handlungsfähigkeit zu verhelfen.[420] Somit besteht keine im Umwandlungsgesetz angelegte Regel des Inhalts, dass die Organe übertragender Rechtsträger im Falle des § 25 Abs. 2 Satz 1 UmwG fortbestehen,[421] so dass eine Einzelanalogie, sprich die

---

[417] *Larenz/Canaris*, Methodenlehre[3], S.202.

[418] *Larenz/Canaris*, Methodenlehre[3], S.187 ff.

[419] Noch auf Grundlage der §§ 349, 350 AktG a.F. bzw. der §§ 28, 29 KapErhG *H. Schmidt*, Zur Vollbeendigung juristischer Personen, S. 69 f.; 93 f; *Döss*, Die Auswirkungen von Mängeln einer Verschmelzung durch Aufnahme auf die rechtliche Stellung einer übertragenden Gesellschaft und ihrer Aktionäre, S. 103.

[420] *Grunewald*, in: Lutter, UmwG[3], § 26, Rdnr. 2; *Marsch-Barner*, in: Kallmeyer, UmwG[3], § 26, Rdnr. 2.

[421] *Hoffmann-Becking*, FS Ulmer, S. 243 f.; *Schnorbus*, ZHR 167 (2003), 666, 677; *Stratz*, in: Schmitt/Hörtnagl/Stratz, UmwG/UmwStG[4], § 25 UmwG, Rdnr. 28; *Vossius*, in: Widmann/Mayer, Um-

Übertragung der für einen Tatbestand im Gesetz gegebenen Regel auf einen vom Gesetz nicht geregelten, ihm ähnlichen Tatbestand,[422] ausscheidet.
Neben diesem grundlegenden methodischen Einwand steht einer Entlastung durch die Anteilseignerversammlung übertragender Rechtsträger entgegen, dass Verschmelzungen seit jeher darauf ausgerichtet sind, übertragende Rechtsträger ohne Abwicklung zu beenden.[423] Diesem wesentlichen, in § 2 UmwG an exponierter Stelle niedergelegten Grundgedanken des Verschmelzungsrechts[424] würde es widersprechen, die Ausnahmevorschrift des § 25 Abs. 2 Satz 1 UmwG analog anzuwenden, um die übertragende Gesellschaft in Ansehung der Entlastung abzuwickeln.
Außerdem hindern neuerlich praktische Erwägungen eine Entlastung durch die Anteilseignerversammlung übertragender Rechtsträger. Denn auch bei einer Beschlussfassung über die Frage der Entlastung nach dem Vollzug der Verschmelzung wäre eine vorherige Rechenschaftslegung für einen jeden übertragenden Rechtsträger von Nöten. Allein zum Zwecke der Entlastung müsste daher mit entsprechendem Kostenaufwand bilanziert und geprüft sowie eine Versammlung der Anteilseigner durchgeführt werden. Dies läuft jedoch nicht nur dem gesetzgeberisch anerkannten,[425] nach dem Vollzug der Verschmelzung erst recht Geltung beanspruchenden Interesse zuwider, unnötige Bilanzierungskosten zu vermeiden,[426] sondern verzögert überdies die Realisierung mit dem Vollzug der Verschmelzung angestrebter Kostensynergien.[427] Bestehende Entlastungslücken können somit auch nach dem Verschmelzungsvollzug nicht durch die Anteilseignerversammlung übertragender Rechtsträger geschlossen werden.

---

wandlungsrecht, § 25 UmwG, Rdnr. 48. Noch zu § 349 Abs. 2 Satz 1 AktG a.F. *Hönn*, ZHR 138 (1974), 50, 74; *Döss*, S. 101.

422 *Larenz/Canaris*, Methodenlehre[3], S. 202, 204.

423 *K. Schmidt*, AcP 191 (1991), 475, 503.

424 *Meilicke*, in: Böttcher/Meilicke, Umwandlung und Verschmelzung von Kapitalgesellschaften[5], § 233 AktG, Rdnr. 17 und § 2 UmwG, Rdnr. 10; *Hockemeier*, S. 15; *Budde/Zerwas*, in: Budde/Förschle, Sonderbilanzen[3], F Anm. 1.

425 BegrRegE zum UmwG, BR-Drucks. 75/94, S. 90.

426 Siehe dazu oben: 1.Teil, 2.Kapitel, B.I.

427 Siehe dazu oben: 1.Teil, 2.Kapitel, B.

C. Entlastung durch Organe des aufnehmenden Rechtsträgers

I. Entlastung durch die Anteilseignerversammlung des aufnehmenden Rechtsträgers

Können Entlastungslücken somit weder vor noch nach dem Verschmelzungsvollzug durch Organe des übertragenden Rechtsträgers geschlossen werden, drängt sich die Frage auf, ob es Organen des übernehmenden oder neuen Rechtsträgers möglich ist, noch nicht entlastete Organmitglieder übertragender Rechtsträger nach der Registereintragung zu entlasten. Weil die Anteilseigner bei Aktiengesellschaften stets und bei Gesellschaften mbH in aller Regel[428] über die Entlastung der Organmitglieder entscheiden, ist insbesondere[429] der Frage nachzugehen, ob die Anteilseignerversammlung des aufnehmenden Rechtsträgers befugt ist, vor dem Verschmelzungsvollzug entstandene Entlastungslücken zu schließen.
Da sämtliche vor dem Verschmelzungsvollzug liegende Organhandlungen, in Ansehung derer Entlastungslücken bestehen, für den oder die übertragenden Rechtsträger vorgenommen wurden, nunmehr aber eine Entlastung durch die Anteilseignerversammlung des übernehmenden oder neuen Rechtsträgers in Frage steht, ist bereits unklar, ob es sich hierbei überhaupt um Angelegenheiten der übernehmenden respektive neuen Gesellschaft im Sinne der §§ 118 Abs. 1 AktG, 45 Abs. 1 GmbHG handelt.[430]
Vor dem Verschmelzungsvollzug handelt es sich sicherlich nicht um Angelegenheiten der übernehmenden oder neuen Gesellschaft. Dies bestätigen die §§ 49 Abs. 3, 64 Abs. 2 UmwG. Sie statuieren für die Anteilseignerversammlung,[431] in der über die

---

[428] Vgl. *Theisen*, S. 99, sowie ferner *K. Schmidt*, in: Scholz, GmbHG[9], § 46, Rdnr. 88, der eine Kompetenzverlagerung als „unpraktisch" bezeichnet.

[429] In der Sache ergeben sich keine grundlegenden Unterschiede zwischen Fällen, in denen die Anteilseignerversammlung des übertragenden Rechtsträgers befugt war oder die des aufnehmenden Rechtsträgers befugt ist, über die Frage der Entlastung der GmbH-Geschäftsführer zu richten, und Fällen, in denen diese Entscheidung einem anderen Organ oblag oder obliegt.

[430] Vgl. zum Terminus der Angelegenheiten der Gesellschaft ferner die §§ 90 Abs. 3 Satz 1, 131 Abs. 1 Satz 1 AktG, sowie die §§ 47 Abs. 1, 51a Abs. 1 GmbHG.

[431] Bei Aktiengesellschaften ist die Auskunft ausweislich § 64 Abs. 2 UmwG auf Verlangen *in der Hauptversammlung* zu geben. Bei Gesellschaften mbH fehlt in § 49 Abs. 3 UmwG zwar eine entsprechende Einschränkung, vielmehr sind Auskünfte auf Verlangen *jederzeit* zu erteilen. Dennoch genügt

Zustimmung zum Verschmelzungsvertrag Beschluss gefasst wird, über § 51a Abs. 1 GmbHG bzw. § 131 Abs. 1 Satz 1 AktG hinausgehend die Pflicht, den eigenen Anteilseignern Auskunft auch über alle für die Verschmelzung wesentlichen Angelegenheiten der anderen beteiligten Rechtsträger zu geben. Das Gesetz unterscheidet somit zwischen den jeweils eigenen Angelegenheiten des einen Rechtsträgers und den jeweils fremden Angelegenheiten der anderen Rechtsträger. Eine Gleichsetzung eigener und fremder Angelegenheiten scheidet somit vor dem Verschmelzungsvollzug aus.

Fraglich und allein entscheidend ist jedoch, ob diese Differenzierung auch noch nach dem Verschmelzungsvollzug Bestand hat oder ob die Gesamtnachfolge aus den vormals fremden Angelegenheiten nicht eigene Angelegenheiten des übernehmenden oder neuen Rechtsträgers macht. Damit ist die Frage nach der Reichweite der gesellschaftsrechtlichen Gesamtnachfolge aufgeworfen, die sich zwischen übertragendem und übernehmendem respektive neuem Rechtsträger vollzieht. Diese Frage ist in Ansehung der Entlastung von besonderem Interesse, da es sich herbei, wie gesehen, um ein spezifisch gesellschaftsrechtliches Institut handelt,[432] bei dem nicht einmal klar ist, was als Anknüpfungspunkt eines Transfers vom übertragenden auf den übernehmenden oder neuen Rechtsträger dienen soll. Werden die innergesellschaftlichen Rechte im Sinne der §§ 119 Abs. 1 Nr. 3 AktG, 46 Nr. 5 GmbHG übergeleitet? Oder steht für die Gesellschaft tätig gewordenen Organmitgliedern, wenn schon kein Anspruch auf Entlastungserteilung, zumindest ein Anspruch auf Entlastungsentscheidung zu, so dass möglicherweise die damit korrespondierende Pflicht der Gesellschaft im Wege der Universalsukzession transferiert werden kann? Oder tritt die übernehmende, respektive neue Gesellschaft tatsächlich, wie der Bundesgerichtshof dies einmal formuliert hat, „in vollem Umfang", also auch in Ansehung der für den übertragenden Rechtsträger vorgenommenen Organhandlungen, an die Stelle des übertragenden Rechtsträgers?[433] Oder greift die Gesamtnachfolge, anders als der Begriff vermuten lässt und entgegen der These des Bundesgerichtshofs nicht „in vollem Umfang", so dass eine Schließung vorhandener Entlastungslücken durch die

---

nach Ansicht *Kallmeyers* eine Auskunftserteilung in der Gesellschafterversammlung, die über die Zustimmung zur Verschmelzung beschließen soll (*Kallmeyer*, in: Kallmeyer, UmwG[3], § 49, Rdnr. 3).

[432] Siehe oben: 1.Teil, 1.Kapitel, A.V.

[433] *BGH*, NJW 1980, 1841, 1842.

Anteilseignerversammlung des übernehmenden oder neuen Rechtsträgers bereits aus diesem Grunde ausscheidet?

1. Beschränkung der Gesamtnachfolge auf Rechte und Pflichten?

Ausgehend vom Wortlaut des die Gesamtnachfolge anordnenden § 20 Abs. 1 Nr. 1 (i.V.m. § 36 Abs. 1) UmwG, nach dem das Vermögen übertragender Rechtsträger einschließlich der Verbindlichkeiten auf den übernehmenden respektive neuen Rechtsträger übergeht, stellt sich die Frage, was unter dem Vermögen im umwandlungsrechtlichen Sinne zu verstehen ist. Nach einer oftmals benutzten Wendung bezeichnet der *„umwandlungsrechtliche Vermögensbegriff"* die Summe der Rechte und Pflichten eines übertragenden Rechtsträgers.[434] Legt man diese Definition zugrunde, stellt sich mit Blick auf die Entlastung die Frage, ob das Recht, über die Entlastung der Geschäftsleiter und etwaiger Aufsichtsratsmitglieder zu beschließen,[435] tatsächlich im Zuge der Gesamtnachfolge übergeht oder ob nicht eine etwaige Pflicht zur Entlastungsentscheidung stattdessen oder gar daneben Gegenstand der Universalsukzession ist. Ganz gleich, ob man nun auf das Recht zur Beschlussfassung oder die Pflicht zur Entlastungsentscheidung abstellt, es entspringen beide dem Innenrechtskreis der Gesellschaft. Wenn *Hoffmann-Becking* die für das gesamte Gesellschaftsrecht charakteristische Unterscheidung zwischen Außen- und Innenverhältnissen[436] aufgreifend nur die im Außenverhältnis begründeten Rechte und Pflichten

---

[434] *Hoffmann-Becking*, FS Ulmer, S. 243, 244; *Hennrichs*, S. 108; *Larenz/Wolf*, AT des Bürgerlichen Rechts[9], § 21, Rdnr. 12 ff.; *K. Mertens*, S. 61; *Schilling*, in: Großkommentar AktG[3], § 346, Anm. 23; *Dutti*, Die Auswirkung der Fusion von Aktiengesellschaften auf bestehende Rechtsverhältnisse, S. 3. Auf die Rechte und Pflichten „übertragender" Rechtsträger wird auch von einem Teil derer abgestellt, die nicht für eine Identität zwischen Vorgesellschaft und juristischer Person „als solcher" eintreten, sondern für eine sich auch hier vollziehende Gesamtnachfolge. Zur AG *Hüffer*, AktG[6], § 41, Rdnr. 16. Zur GmbH *Ulmer*, in: Hachenburg, GmbHG[8], § 11, Rdnr. 74.

[435] Im Aktienrecht sprich die amtliche Überschrift des § 119 AktG und somit auch in Bezug auf § 119 Nr. 3 AktG von den „Rechten der Hauptversammlung". Bei der GmbH bezeichnet § 45 Abs. 1 die Befugnis, gemäß § 46 Nr. 5 GmbHG über die Entlastung von Geschäftsführern zu bestimmen als eines der „Rechte der Gesellschafter".

[436] Vgl. dazu *Wiedemann*, Gesellschaftsrecht, Bd. I, S. 83 f.; *K. Schmidt*, Gesellschaftsrecht[4], S. 171 f., sowie zur werdenden juristischen Person *Rittner*, S. 102 ff.

dem umwandlungsrechtlichen Vermögensbegriff zuordnen will,[437] stellt sich in Ansehung des genannten Rechts und genannten Pflicht die Frage, ob diese bereits deswegen von der Gesamtnachfolge ausgenommen sind, weil sie im Innenverhältnis ihren Ursprung haben.

a) Nur im Außenverhältnis begründete Rechte und Pflichten?

Die Behauptung *Hoffmann-Beckings*, die Universalsukzession erfasse nur im Außenverhältnis begründete Rechte und Pflichten, scheint sich zu bestätigen, wenn man rekapituliert,[438] dass dem Innenrechtskreis zugehörige Stellungen der Geschäftsleiter und etwaiger Aufsichtsratsmitglieder nicht im Wege der Gesamtnachfolge übergehen, sondern mit dem Verschmelzungsvollzug erlöschen. Zudem vermag § 50 Abs. 2 2.Alt. UmwG seine These zu stützen, der davon ausgeht, dass auf den Innenrechtskreis einer übertragenden GmbH zielende statutarische Sonderrechte, etwa in der Geschäftsführung der Gesellschaft oder bei der Bestellung der Geschäftsführer, durch die Verschmelzung untergehen[439] und eine Beeinträchtigung dieser Rechte nur in Fällen ausscheidet, in denen der übernehmende Rechtsträger den Gesellschaftern der übertragenden GmbH gleichwertige Rechte einräumt.[440] Ein Transfer innerhalb der übertragenden GmbH bestehender Sonderrechte im Wege der Gesamtnachfolge findet somit nicht statt.
Dass die § 50 Abs. 2 2.Alt. UmwG zu entnehmende Aussage dennoch nicht zu der Verallgemeinerung berechtigt, dem Innenverhältnis entspringende Rechte seien per se von der Gesamtnachfolge ausgenommen, zeigt der unmittelbar folgende § 51 Abs. 1 UmwG. Denn § 51 Abs. 1 Satz 3 i.V.m. Satz 1 und 2 UmwG lässt Rückschlüsse darauf zu, wie der Gesetzgeber noch offene *Einlageverpflichtungen* innerhalb übertragender Rechtsträger nach dem Verschmelzungsvollzug und damit nach der Gesamtnachfolge behandelt.

---

[437] *Hoffmann-Becking*, FS Ulmer, S. 243, 244. Im Ansatz ähnlich *Martens*, AG 1986, 57, 58, der zwischen allen aktiven und passiven Vermögenswerten und den – dem Innenrecht entspringenden – gesellschaftsrechtlichen Tatbeständen differenziert.

[438] Siehe oben: 2. Teil, B.

[439] *Winter*, in: Lutter, UmwG[3], § 50, Rdnr. 13.

[440] *Zimmermann*, in: Kallmeyer, UmwG[3], § 50, Rdnr. 23.

Auf Tatbestandsseite setzt die Vorschrift einerseits eine Verschmelzung durch Aufnahme voraus, an der allein Gesellschaften mit beschränkter Haftung beteiligt sind und andererseits, dass auf der Seite der übertragenden GmbH nicht alle Einlagen in voller Höhe bewirkt wurden.
Auf Rechtsfolgenseite geht die Vorschrift nun davon aus, dass auf der Seite der übernehmenden GmbH ein qualifizierter Mehrheitsbeschluss im Sinne von § 50 Abs. 1 UmwG nicht ausreichend ist. Denn sie bestimmt, dass der Verschmelzungsbeschluss der übernehmenden GmbH[441] der Zustimmung sämtlicher Gesellschafter bedarf. Somit müssen sowohl die bei der Beschlussfassung anwesenden Gesellschafter ihre Zustimmung zum Verschmelzungsbeschluss erklären, als auch diejenigen Gesellschafter, die zu der Beschlussfassung nicht erschienen sind.
Das Zusammenspiel zwischen einer nicht voll einbezahlten Stammeinlage auf der Seite des übertragenden Rechtsträgers und einem verschärften Quorum auf der Seite des übernehmenden Rechtsträgers erklärt sich bei einem Blick auf die rechtlichen Folgen, die aus Sicht des Gesetzgebers nicht voll eingezahlte Stammeinlagen innerhalb der übertragenden GmbH nach dem Verschmelzungsvollzug für die Altanteilseigner der übernehmenden GmbH zeitigen können. Denn nach Ansicht des Gesetzgebers droht nach Eintragung der Verschmelzung nicht mehr nur den anderen Anteilseignern des übertragenden Rechtsträgers, die im Zuge der Verschmelzung zu Gesellschaftern des übernehmenden Rechtsträgers werden, eine Ausfallhaftung nach § 24 GmbHG, sondern auch den Altanteilseignern des übernehmenden Rechtsträgers.[442] Auch sie kann künftig – so die Vorstellung des Gesetzgebers – die Verpflichtung aus § 24 GmbHG treffen, noch offene Fehlbeträge aufzubringen. Damit diese Gesellschafter das Risiko persönlicher Haftung nicht bereits auf Grund eines Mehrheitsbeschlusses tragen müssen, normiert § 51 Abs. 1 Satz 3 i.V.m. Satz 1 und 2 UmwG, dass der Verschmelzungsbeschluss des übernehmenden Rechtsträgers der Zustimmung sämtlicher Gesellschafter bedarf.

---

[441] *Winter*, in: Lutter, UmwG[3], § 51, Rdnr. 10; *Zimmermann*, in: Kallmeyer, UmwG[3], § 51, Rdnr. 6; *Reichert*, in: Semler/Stengel, UmwG, § 51, Rdnr. 18; *Mayer*, in: Widmann/Mayer, Umwandlungsrecht, § 51 UmwG, Rdnr. 24 f. A.A. allein *Stratz*, in: Schmitt/Hörtnagl/Stratz, UmwG/UmwStG[4], § 51 UmwG, Rdnr. 10, der auf den Verschmelzungsbeschluss der übertragenden GmbH abstellt.

[442] BegrRegE zum UmwG, BR-Drucks. 75/94, S. 100; *Winter*, in: Lutter, UmwG[3], § 51, Rdnr. 9; *Grunewald*, in: Lutter, UmwG[3], § 20, Rdnr. 43.

Ganz gleich, ob man, der Sicht des Gesetzgebers folgend, eine Haftung der Altgesellschafter des übernehmenden Rechtsträgers aus § 24 GmbHG für möglich hält,[443] oder allein für eine fortdauernde Haftung der anderen Gesellschafter des übertragenden Rechtsträgers eintritt,[444] § 51 Abs. 1 UmwG ist zumindest die gesetzgeberische Wertung zu entnehmen, dass im Innenverhältnis begründete Rechte auf dem gesetzlich vorgesehenen Weg der Gesamtnachfolge auf den übernehmenden Rechtsträger übergehen können und ein Transfer nicht allein deshalb ausscheidet, weil diese dem Innenrechtskreis entspringen.

Dass es allein auf den Ursprung eines Rechts nicht ankommen kann, zeigt sich außerdem, wenn man ebenfalls im Innenverhältnis begründete *Nebenverpflichtungen von Anteilseignern* betrachtet, die gleichermaßen im Wege der Gesamtnachfolge übergehen können.[445]

Auch in Ansehung im Innenverhältnis begründeter Pflichten erweist sich die These *Hoffmann-Beckings* als zu eng. Beispielsweise ist der übernehmende Rechtsträger nach dem Vollzug der Verschmelzung der Pflicht zur Leistung einer zwar von der Hauptversammlung eines übertragenden Rechtsträgers beschlossenen, aber noch nicht zur Auszahlung gelangten Dividende nicht allein deshalb enthoben, weil diese Pflicht im Innenverhältnis ihre Grundlage hat.

Bereits an dieser Stelle wird deutlich, dass die Behauptung *Hoffmann-Beckings*, Vermögen im Sinne des § 20 Abs. 1 Nr. 1 UmwG seien nur im Außenverhältnis begründete Rechte und Pflichten, zu kurz greift. Als Zwischenergebnis lässt sich somit festhalten, dass die bloße Zuordnung eines Rechts oder einer Pflicht zum Innenverhältnis übertragender Rechtsträger nicht geeignet ist, das Recht oder die Pflicht von vornherein von der Gesamtnachfolge auszunehmen. Somit steht die bloße Zuordnung von Rechten und Pflichten zum Innenverhältnis einem Transfer auf den übernehmenden respektive neuen Rechtsträger nicht per se entgegen.[446]

---

[443] *Winter*, in: Lutter, UmwG[3], § 51, Rdnr. 9; i.E. ebenso: *Grunewald*, in: Lutter, UmwG[3], § 20, Rdnr. 43.

[444] *Stratz*, in: Schmitt/Hörtnagl/Stratz, UmwG/UmwStG[4], § 51 UmwG, Rdnr. 8 („entsprechend § 24 GmbHG"); ähnlich, indes noch zur alten Rechtslage, die keine § 51 Abs. 1 Satz 3 UmwG entsprechende Vorschrift kannte *Priester*, in: Scholz, GmbHG[7], § 25 KapErhG, Rdnr. 31 („aus § 24 GmbHG").

[445] *Grunewald*, in: Lutter, UmwG[3], § 20, Rdnr. 48; *Marsch-Barner*, in: Kallmeyer, UmwG[3], § 20, Rdnr. 8; *Kübler*, in: Semler/Stengel, UmwG, § 20, Rdnr. 65; *Dutti*, S. 73 f.; *L. Claussen*, S. 78.

[446] Im Ergebnis ebenso *Martens*, AG 1986, 57, 58.

b) Recht im Sinne der §§ 119 Abs. 1 Nr. 3 AktG, 46 Nr. 5 GmbHG?

Damit schließt sich die bereits aufgeworfene Frage an, ob auf der Seite übertragender Rechtsträger begründete Rechte der Hauptversammlung im Sinne der amtlichen Überschrift des § 119 AktG bzw. Rechte der Gesellschafter im Sinne des § 45 Abs. 1 GmbHG und damit auch das Recht, gemäß §§ 119 Abs. 1 Nr. 3 AktG, 46 Nr. 5 GmbHG über die Entlastung zu beschließen, im Wege der Gesamtnachfolge übergehen. Dies zu bejahen dürfte dem Ansatz von *Martens*[447] entsprechen, der, allein zu AG-Verschmelzungen Stellung nehmend, in Ansehung bestehender Entlastungslücken davon ausgeht, dass die Hauptversammlung der übernehmenden Gesellschaft unter kompetenzrechtlichen Aspekten die Funktion der *Organnachfolge* gegenüber der Hauptversammlung der übertragenden, nicht mehr existenten Gesellschaft erfülle. *Martens* leitet somit die Kompetenzen der Hauptversammlung der übernehmenden Gesellschaft aus den Kompetenzen der im Zuge der Verschmelzung erloschenen Hauptversammlung der übertragenden Gesellschaft ab. Als Vehikel eines solchen Transfers kommt im Falle der Verschmelzung einzig die Gesamtnachfolge in Betracht.

Ein Kompetenztransfer im Wege der Gesamtnachfolge ist jedoch im Ergebnis nicht möglich. Zweifel an der Übertragbarkeit von Zuständigkeiten regen sich bereits, wenn man § 20 Abs. 1 Nr. 1 UmwG in den Blick nimmt. Denn nach dieser Bestimmung geht das Vermögen der übertragenden Rechtsträger auf den übernehmenden Rechtsträger über. Setzt man den umwandlungsrechtlichen Vermögensbegriff mit der Gesamtheit aller Rechte und Pflichten gleich, werden somit sämtliche Rechte und Pflichten übertragender Rechtsträger auf den übernehmenden Rechtsträger transferiert. Anknüpfungspunkt für den Übergang sind folglich stets den übertragenden Rechtsträgern selbst zugeordnete Rechte und Pflichten. Da die Kompetenz, über die Entlastung zu beschließen, aber nicht dem jeweils übertragenden Rechtsträger zugewiesen ist, sondern dessen Organen,[448] die trefflich als Zuständigkeitskom-

---

[447] *Martens*, AG 1986, 57, 58 f.; sehr ähnlich *Mülbert*, in: Großkommentar AktG[4], § 120, Rdnr. 96; *Goerdeler*, JR 1959, 300 und *OLG Hamburg*, AG 2005, 355, 357.

[448] *Lewerenz*, Leistungsklagen zwischen Organen und Organmitgliedern der Aktiengesellschaft, S. 63 f.; *Beuthien/Gätsch*, ZHR 156 (1992), 459, 468; *Hauswirth*, Befugnisse und Pflichten von Organen der Aktiengesellschaft als Gegenstand von Organstreitigkeiten vor den Zivilgerichten, S. 49, 51, 53; *Bork*, ZGR 1989, 1, 17. Von der Zuweisung einer Kompetenz, auf die es vorliegend allein ankommt,

plexe bezeichnet werden,[449] dürfte bereits dies einer Kompetenzen erfassenden Sukzession entgegenstehen. Mit Blick auf die Regelung des § 20 Abs. 1 Nr. 1 UmwG können im Wege der Gesamtnachfolge nur dem übertragenden Rechtsträger selbst zugeordnete Rechte und Pflichten transferiert werden, nicht aber dessen Organen zustehende Berechtigungen und Verpflichtungen. Spiegelbildlich vermag § 20 Abs. 1 Nr. 1 UmwG nur eine Übertragung auf den übernehmenden Rechtsträger zu leisten, nicht aber einen Transfer auf dessen Organe.

Jede andere Lösung würde sich zudem in Widerspruch zu § 26 Abs. 1 Satz 1 UmwG setzen, dem, wie gesehen, zu entnehmen ist, dass die Kompetenzen innerhalb der als fortbestehend fingierten übertragenden Rechtsträger vollends erloschen sind. Geht das Gesetz somit schon im Falle des fiktiven Fortbestands übertragender Rechtsträger von einem restlosen Erlöschen vor dem Verschmelzungsvollzug bestehender Kompetenzen aus, kann im Falle des völligen Fortfalls übertragender Rechtsträger nichts anders gelten. Eine durch die Gesamtnachfolge vermittelte Fortgeltung der vormals bestehenden Kompetenzordnung innerhalb des übernehmenden Rechtsträgers scheidet somit aus.

Dass ein Kompetenztransfer im Wege der Gesamtnachfolge im Umwandlungsgesetz keine Stütze findet, lässt sich überdies aus § 202 UmwG ableiten, dem Pendant zu § 20 UmwG im Recht des Formwechsels. Wenn § 202 Abs. 1 Nr. 2 Satz 1 UmwG die Wirkung der Registereintragung dahingehend umschreibt, dass die Anteilsinhaber des formwechselnden Rechtsträgers an dem Rechtsträger *nach den für die neue Rechtsform geltenden Vorschriften* beteiligt sind, folgt daraus im Umkehrschluss, dass die für die alte Rechtsform geltenden Vorschriften – vorbehaltlich besonderer gesetzlicher Vorgaben –[450] nach dem Vollzug eines Formwechsels keine Anwendung mehr finden. Auch sämtliche kompetenzrechtlichen Vorschriften, seien sie gesetzlicher oder statutarischer Natur, sind somit fortan ohne Belang. Dass der Gesetzgeber sich beim Formwechsel nicht der Rechtstechnik der Gesamtnachfolge bedient hat,

---

ist der Gebrauch derselben zu unterscheiden, durch den Rechte und Pflichten übertragender Rechtsträger begründet werden können, die im Wege der Gesamtnachfolge auf den übernehmenden Rechtsträger übergehen.

[449] *H.J. Wolff*, Organschaft und juristische Person, 2. Bd., S. 236; *Westerhoff*, Organ und (gesetzlicher) Vertreter, S. 12 ff; *Lewerenz*, S. 63; *Hauswirth*, S. 47, 62.

[450] Vgl. insbesondere § 224 UmwG. Inwieweit über die gesetzlichen Vorgaben hinaus „Kontinuitäten" im Recht des Formwechsels erforderlich sind, ist in vielerlei Hinsicht streitig. Siehe etwa zum (institutionellen) Gläubigerschutz *Petersen*, Der Konzern 2004, 185 ff.

sondern von der Identität des Rechtsträgers alter und neuer Rechtsform ausgeht,[451] steht einer einheitlichen Behandlung der Frage nach der Fortgeltung vormals begründeter Kompetenzen nicht entgegen. Denn Identität und Gesamtnachfolge sind lediglich unterschiedliche Rechtstechniken, die der Erreichung desselben Ziels dienen, dem Erhalt der (wirtschaftlichen und rechtlichen) Kontinuität des umgewandelten Unternehmens.[452] Wenn vor der Umwandlung begründete Kompetenzen im Falle des Formwechsels nicht Teil der zu erhaltenden Kontinuität des Unternehmens sind, kann im Falle der Verschmelzung nichts anderes gelten. Im einen wie im anderen Fall sind sie Teil der Organisationsverfassung des formwechselnden bzw. übertragenden Rechtsträgers, die beim Formwechsel[453] und der Verschmelzung gleichermaßen endigt. Nicht nur bei Mischverschmelzungen, die für übertragende Rechtsträger ohnehin einen Wechsel der Rechtsform zeitigen,[454] sondern auch bei Verschmelzungen unter Beteiligung von Rechtsträgern derselben Rechtsform, endet die Organisationsverfassung übertragender Rechtsträger.[455] Diese Wertung vermag nicht nur die § 50 Abs. 2 UmwG zu entnehmende Aussage zu erklären, dass auf die Organisationsverfassung einer übertragenden GmbH zielende, statutarische Sonderrechte durch die Verschmelzung untergehen,[456] sie entspricht auch der Haltung des Bundesgerichtshofs, der jüngst zur Verschmelzung geurteilt hat, dass an die Stelle der durch den Verschmelzungsvollzug erloschenen Gesellschaft der übernehmende Rechtsträger *mit der ihm eigenen Kompetenzordnung* tritt.[457] Anders gewendet kommt es auf die vor der Verschmelzung geltende Kompetenzordnung des übertragenden Rechtsträgers auch im Falle der Verschmelzung nicht mehr an.

---

[451] BegrRegE zum UmwG, BR-Drucks. 75/94, S. 136. Kritisch *Hennrichs*, S. 33 f.

[452] *Hennrichs*, S. 87 ff.; *K. Mertens*, S. 238 f.

[453] *K. Schmidt*, AcP 191 (1991), 475, 506 f.; *ders.*, FS Ulmer, S. 557, 564 f.; *K. Mertens*, S. 231; *Veil*, S. 204.

[454] *K. Mertens*, S. 239; *Hirte*, ZInsO 2004, 353, 356.

[455] Vgl. zur Diskontinuität des „Verfassungsrechts" am Beispiel einer *übertragenden Umwandlung*, durch die das Vermögen einer Aktiengesellschaft im Wege der Gesamtnachfolge auf eine oHG übertragen wird *Hennrichs*, S. 115. Dass der Gesetzgeber hierfür ursprünglich, etwa in § 5 UmwG a.F. die Rechtstechnik der Gesamtnachfolge nutzte, nunmehr aber auf die Rechtstechnik der Identität zurückgreift, unterstreicht die „Äquivalenz von Gesamtnachfolge und Identität" (*K. Mertens*, S. 238): *Hennrichs*, S. 98, Fn. 34.

[456] *Winter*, in: Lutter, UmwG³, § 50, Rdnr. 13.

[457] *BGH*, AG 2004, 142 (Hervorhebung des Verfassers).

Einer *Organnachfolge* stehen aber nicht nur die Vorgaben des Umwandlungsgesetzes entgegen. Bei genauerer Betrachtung erweist sich eine derivative Zuweisung von Kompetenzen auch als gänzlich unpraktikabel. Praktische Schwierigkeiten träten gerade bei Mischverschmelzungen auf,[458] insbesondere in Fällen, in denen Gesellschaften mbH auf Aktiengesellschaften verschmolzen werden, da hierbei der vor dem Verschmelzungsvollzug geltende Grundsatz der Satzungsfreiheit, der es GmbH-Gesellschaftern ermöglicht, die Kompetenzordnung weitgehend flexibel auszugestalten, geradezu zwangsläufig mit dem in § 23 Abs. 5 AktG niedergelegten Grundsatz der Satzungsstrenge kollidiert, der die Zuständigkeitsordnung der Disposition der Anteilseigner vollends entzieht.[459] Doch selbst bei Gesellschaften mbH, deren Gesellschafter von den Gestaltungsmöglichkeiten, die ihnen das GmbH-Recht bietet, keinen Gebrauch gemacht haben, käme es ob der bestehenden Strukturunterschiede zu schwerwiegenden Friktionen. Beispielsweise widerspräche die nach der Verschmelzung fortgeltende Kompetenz, der Geschäftsleitung Weisungen zu erteilen, massiv § 76 Abs. 1 AktG und der darin niedergelegten Stellung des unter eigener Verantwortung handelnden Vorstands einer Aktiengesellschaft. Auch in Ansehung der Entlastung käme es zu offenen Widersprüchen zu zwingenden aktienrechtlichen Vorschriften. Denn es wäre mit § 120 Abs. 2 Satz 2 AktG und in aller Regel auch mit § 93 Abs. 4 Satz 3 AktG unvereinbar, nunmehr den Anteilseignern der übernehmenden Aktiengesellschaft die Kompetenz zuzuweisen, sämtliche erkennbaren Ansprüche, die sich aus pflichtwidrigem Organhandeln während der Entlastungsperiode ergeben, im Wege der Entlastung in Fortfall zu bringen. Dass eine derivative Zuweisung von Kompetenzen unpraktikabel ist, zeigt sich außerdem sehr deutlich am Beispiel einer Verschmelzung durch Neugründung, an der stets mindestens drei verschiedene Rechtsträger beteiligt sind. Würden innerhalb der übertragenden Rechtsträger bestehende Kompetenzen von der Gesamtnachfolge erfasst, gerieten mitunter drei oder gar noch mehr Kompetenzordnungen in Konflikt miteinander. Schwierige Fragen, etwa nach der jeweils anwendbaren Kompetenzordnung sowie der Dauer der Fortgeltung bedürften der Klärung. Dass die Schaffung derlei Probleme der

---

[458] Ähnlich *Hoffmann-Becking*, FS Ulmer, S. 243, 259.

[459] *Hüffer*, AktG[7], § 23, Rdnr. 36; *Lewerenz*, S. 55, 85; *Bork*, ZGR 1989, 1, 18.

Funktion der Gesamtnachfolge, die Verschmelzung zu vereinfachen,[460] diametral zuwider läuft, ist offenkundig.

Nach alledem bleibt festzuhalten, dass innerhalb übertragender Rechtsträger begründete Rechte im Sinne der §§ 119 Abs. 1 Nr. 3 AktG, 46 Nr. 5 GmbHG nicht im Wege der Gesamtnachfolge übergehen und eine Organnachfolge ausscheidet.[461]

c) Pflicht zur Entlastungsentscheidung?

Während mittlerweile weitgehend Einigkeit darüber besteht, dass ein auf Entlastungserteilung gerichteter Anspruch weder im Aktien-, noch im GmbH-Recht besteht,[462] stellt sich vorliegend die hiervon zu trennende Frage, ob während einer vergangenen Periode tätigen Organmitgliedern zumindest ein auf Entlastungsentscheidung gerichteter Anspruch zusteht. Ein entsprechendes Recht unterstellt, bestünde eine damit korrelierende Pflicht der Gesellschaft, die im Wege der Gesamtnachfolge auf den übernehmenden Rechtsträger transferiert werden könnte.
In der Vergangenheit wurde der Frage nach einem auf Entlastungsentscheidung gerichteten Anspruch nur geringe Aufmerksamkeit zu Teil. Dies dürfte insbesondere darauf zurückzuführen sein, dass die Entlastung in der Praxis allein um den gesetzlichen Vorgaben[463] Rechnung zu tragen, zum Gegenstand der Tagesordnung gemacht wird, über den die Anteilseigner in aller Regel sodann beschließen.[464] Dass es praktisch regelmäßig zu einer Entlastungsentscheidung kommt, bedeutet aber nicht, dass auch ein – prozessual durchsetzbarer – Anspruch auf diese Entscheidung besteht. Ob dies tatsächlich der Fall ist, wird im Schrifttum unterschiedlich beurteilt. Das

---

[460] *K. Mertens*, AG 1994, 66, 67; *ders.*, S. 65, 68, 69; *Hennrichs*, S. 96 ff.; *Voigt*, S. 15 f.; *Heidenhain*, ZHR 168 (2004), 468, 478, 480 f.; *Immenga*, BB 1970, 629.

[461] I.E. ebenso *Hoffmann-Becking*, FS Ulmer, S. 243, 244, 259, sowie zu § 46 Nr. 1 GmbHG *BFH*, BB 1975, 23, 24.

[462] Siehe oben: 1.Teil, 1.Kapitel, D.III.1.

[463] Siehe zu der aus § 120 Abs. 1 Satz 1 AktG folgenden Verpflichtung, die Entlastung auf die Tagesordnung zu setzen *Kubis*, in: MK zum AktG[2], § 120, Rdnr. 4.

[464] *Mülbert*, in: Großkommentar AktG[4], § 120, Rdnr. 9. In Fällen, in denen ausnahmsweise keine Entlastungsentscheidung getroffen wird, vgl. *BGH*, AG 2002, 676, dürfte die Tatsache, dass bestimmte Organmitglieder ohnehin jederzeit abberufen werden können, §§ 103 Abs.1 und Abs. 2 AktG, 38 Abs. 1 GmbHG, eine gerichtliche Klärung dieser Frage rein faktisch hindern.

Spektrum der hierzu vertretenen Meinungen reicht von Stimmen, die sich für das Bestehen eines solchen Anspruchs aussprechen, bis hin zu Stimmen, die dies strikt ablehnen:

Vom Bestehen eines Anspruchs auf Entlastungsentscheidung geht etwa *Barner*[465] aus, nach dem ein Organwalter die Einleitung des Entscheidungsprozesses selbst verlangen könne. Sei die notwendige Rechenschaft gelegt, dürfe sich das Entlastungsorgan nicht jeglicher Stellungnahme entziehen. Ganz in diesem Sinne hat jüngst das *OLG Hamburg*[466] entschieden, Mitglieder der Verwaltung hätten ein Recht darauf, dass über ihre Entlastung entschieden wird.

Zurückhaltender äußert *Tellis*,[467] nach dem das einzige schutzwürdige Interesse der Verbandsverwalter, das eventuell in Betracht kommen könne, darin bestehe, dass der Entlastungsprozess hinsichtlich der abgeschlossenen Verwaltungsperiode eingeleitet werde, d.h. über die Entlastung überhaupt Beschluss gefasst werde. Ähnlich verhalten geht *Schmeling*,[468] bezogen auf § 120 Abs. 1 Satz 1 AktG und die darin enthaltene Wendung, die Hauptversammlung beschließe alljährlich über die Entlastung der Mitglieder des Vorstands und über die Entlastung der Mitglieder des Aufsichtsrats, davon aus, dass höchstens ein Anspruch auf den Beschluss überhaupt bestehe.

Klar gegen einen Anspruch auf Entlastungsentscheidung spricht sich, allein zum GmbH-Recht Stellung nehmend, *Römermann*[469] aus. Dieselbe Position nimmt, bezogen auf das Aktienrecht, *Eckardt*[470] ein, nach dem ein Vorstands- oder Aufsichtsratsmitglied mangels Anspruchs nicht darauf klagen könne, dass die Hauptversammlung über die Entlastung Beschluss fasse.

Da sich nur die erstgenannte Auffassung eindeutig für ein subjektives Recht auf Entlastungsentscheidung ausspricht, bedarf der Klärung, ob dieser Ansicht im Ergebnis

---

[465] *Barner*, S. 140. Daneben setzen all diejenigen, die für einen Anspruch auf Entlastungserteilung eintreten, das Bestehen eines Anspruchs auf Entlastungsentscheidung voraus *Schuricht*, S. 79, 148; *Buchner*, GmbHR 1988, 9, 12.

[466] *OLG Hamburg*, AG 2005, 355, 357.

[467] *Tellis*, S. 125.

[468] *Schmeling*, S. 196.

[469] *Römermann*, in: Michalski, GmbHG, § 46, Rdnr. 310; wohl auch *Lutter/Hommelhoff*, in: Lutter/Hommelhoff, GmbHG[16], § 46, Rdnr. 15.

[470] *Eckardt*, in: Geßler/Hefermehl/Eckardt/Kropff, AktG, § 120, Rdnr. 41. Zweifelnd *Quack*, FS Lieberknecht, S. 99, 101 ff.

zu folgen ist. Ausgangspunkt hat dabei die Frage zu sein, was unter einem subjektiven Recht im Allgemeinen zu verstehen ist. Nach gängiger Definition ist das subjektive Recht, eine dem einzelnen durch die Rechtsordnung verliehene Rechtsmacht, die der Befriedigung von Interessen dient.[471] Auch wenn sich einige Stimmen im Schrifttum – in ihren Ausführungen zum aktienrechtlichen Organstreit – dafür aussprechen, den Begriff des subjektiven Rechts im innerorganisatorischen Bereich besser zu vermeiden,[472] wird insbesondere in Anlehnung an die Ausführungen von *Bork* und *Hauswirth*, die sich im selben Zusammenhang eingehend mit dieser Frage auseinandergesetzt haben, an der Begrifflichkeit des subjektiven Rechts festgehalten.[473] Im Hinblick auf ihre Abstraktionshöhe[474] bedarf die Definition des subjektiven Rechts jedoch der Konkretisierung, um eine verlässliche Subsumtion überhaupt erst zu ermöglichen. Im Einklang mit *Hauswirth*[475] ist ein zwingender Rechtssatz erforderlich, der einem bestimmten Rechtssubjekt eine abgeschottete Verhaltensberechtigung[476] zur Verfolgung eines individualisierten Interesses zuweist. Dass auch insoweit auf die bereits zum aktienrechtlichen Organstreit gewonnenen Erkenntnisse zurückgegriffen werden kann, liegt schlicht daran, dass auch die Frage nach dem Bestehen eines subjektiven Rechts auf Entlastungsentscheidung um innerorganisatorische Rechte und Pflichten[477] kreist und damit Gegenstand eines Organstreits sein kann.[478] Legt man diese Definition zugrunde, bedarf es zunächst eines individualisierten Interesses der Organmitglieder an der Entlastungsentscheidung.

Ob ein solches Interesse im Innenbereich einer Aktiengesellschaft überhaupt in Betracht kommt, ist jedoch mit Blick darauf fraglich, dass die Organmitglieder ihr Han-

---

[471] *Enneccerus/Nipperdey*, AT des Bürgerlichen Rechts, I/1[15], S. 428 ff., 438; vgl. auch *Bork*, ZGR 1989, 1, 6 ff., insbes. Fn. 20; *Hauswirth*, S. 65, 236.

[472] *Hommelhoff*, ZHR 143 (1979), 288, 302 f.; *Häsemeyer*, ZHR 144 (1980), 265 f.

[473] *Bork*, ZGR 1989, 1, 6 ff., 31 ff; *Hauswirth*, S. 65 ff. Vgl. auch *Lewerenz*, S. 54 ff.; *H. Westermann*, FS Bötticher, S. 369, 370.

[474] *Hauswirth*, S. 66 („nahezu vollkommen leer"). Siehe allgemein zur abstrahierendem Denken innewohnenden Tendenz zur Sinnentleerung *Larenz/Canaris*, Methodenlehre[3], S. 282 ff.

[475] *Hauswirth*, S. 78.

[476] So auch *Bork*, ZGR 1989, 1, 31 i.V.m. 10 ff.

[477] *Bork*, ZGR 1989, 1, 3; *Wellkamp*, Vorstand, Aufsichtsrat und Aktionär[2], Rdnr. 926.

[478] Die praktische Bedeutung des Organstreits wird indes „allein im Konflikt zwischen Vorstand und Aufsichtsrat bzw. deren Mitgliedern" gesehen. So *Bork*, ZGR 1989, 1, 4; *Wellkamp*[2], Rn. 922, 925; *Hauswirth*, S. 1; *Landrock*, Der Innenrechtsstreit in der Aktiengesellschaft, S. 41, 56.

deln stets am Unternehmensinteresse auszurichten haben und diese Interessensausrichtung möglicherweise jedwedes Eigeninteresse ausschließt.[479] Die Ausrichtung am Unternehmensinteresse steht der Existenz eigener Interessen indes nicht a priori entgegen. Dies lässt sich aus § 84 Abs. 3 Satz 1 AktG ableiten, der im Falle des Widerrufs der Bestellung zum Vorstandsmitglied bzw. zum Vorstandsvorsitzenden einen wichtigen Grund fordert. Da es für die Beantwortung der Frage, ob ein wichtiger Grund tatsächlich vorliegt, darauf ankommt, ob die Fortsetzung des jeweiligen Rechtsverhältnisses bis zum Ende der Amtszeit für die AG unzumutbar ist und die Feststellung der Unzumutbarkeit eine Abwägung der Interessen der AG mit denen des Vorstandsmitglieds erfordert,[480] zeigt sich, dass auch im Innenbereich individuelle Interessen von Organmitgliedern existent sind und durchaus Berücksichtigung finden können.

Ob dies auch im Rahmen eines etwaigen Anspruchs auf Entlastungsentscheidung gilt, hängt zunächst davon ab, ob sich ein solches Interesse überhaupt nachweisen lässt. Dies ist der Fall. Denn für die Gesellschaft tätig gewordene Organmitglieder haben nicht nur ein Interesse an einer positiven Entlastungsentscheidung,[481] in Ansehung des ansonsten bestehenden „Verantwortungsdefizits" sind sie bereits an der Entlastungsentscheidung als solcher interessiert.[482] Nur im Wege einer Entlastungsentscheidung lässt sich ihre unternehmenspolitische Verantwortung lückenlos dokumentieren.[483]

Die Existenz eines (individualisierten) Interesses eröffnet jedoch nicht bereits die Möglichkeit zur eigenständigen Durchsetzung dieses Interesses.[484] Zu dem Interesse der Organmitglieder an der Entlastungsentscheidung muss eine durch zwingende Rechtsnormen vermittelte abgeschottete Verhaltensberechtigung hinzutreten, eine Entscheidung der Anteilseigner einzufordern.

Als zwingende Rechtsnorm in diesem Sinne kommt § 119 Abs. 1 Nr. 3 AktG in Betracht, wonach die Hauptversammlung über die Entlastung der Mitglieder des Vor-

---

[479] Vgl. *Hauswirth*, S. 95 ff.

[480] *Hüffer*, AktG[7], § 84, Rdnr. 26.

[481] Begründung RegE zum AktG 1965 bei Kropff, S. 200; *Schmeling*, S. 60; *Barner*, S. 17.

[482] *Martens*, AG 1986, 57, 59; i.E. ebenso *Quack*, FS Lieberknecht, S. 99, 103; *Weitemeyer*, ZGR 2005, 280, 281; *Hoffmann-Becking*, FS Ulmer, S. 243, 247; *Sethe*, ZIP 1996, 1321, 1325. Vgl. zur „politischen Verantwortlichkeit" des (Konzern-)Vorstands *Hommelhoff*, S. 168, 175 ff.

[483] *Martens*, AG 1986, 57, 59.

[484] *Hauswirth*, S. 100.

stands und des Aufsichtsrats beschließt. Spricht das Gesetz somit nicht davon, dass die Hauptversammlung über die Entlastung der Organmitglieder *beschließen kann*, sondern davon, dass sie darüber *beschließt*, liegt es nicht fern, eine Pflicht zur Entlastungsentscheidung und eine damit korrespondierende Berechtigung der Organmitglieder anzunehmen.

Auch wenn der Gesetzeswortlaut diesen Schluss nahe legen mag, verschafft § 119 Abs. 1 Nr. 3 AktG den Organmitgliedern keine abgeschottete Verhaltensberechtigung in diesem Sinne:

Zweifel daran, dass sich eine abgeschottete Verhaltensberechtigung der Organmitglieder aus § 119 Abs. 1 Nr. 3 AktG ableiten lässt, gründen sich bereits darauf, dass das Aktiengesetz den Mitgliedern des Aufsichtsrats insbesondere in den §§ 90 Abs. 3 Satz 2, 90 Abs. 5 Satz 1 und 2, 107 Abs. 2 Satz 4, 110 Abs. 1 Satz 1 und Abs. 2, 125 Abs. 3 und 4, 170 Abs. 3 ausdrücklich eigene Rechte zugesteht. War dem Gesetzgeber daran gelegen, ein Recht auf Entlastungsentscheidung zu statuieren, hätte es nahegelegen, auch dieses Recht ausdrücklich im Gesetz vorzusehen.

Überdies kann dem Gesetzgeber nicht der Wille unterstellt werden, die Formulierung in § 119 Abs. 1 AktG gewählt zu haben, um zu verdeutlichen, dass die Hauptversammlung die Pflicht trifft, stets über sämtliche der dort genannten Angelegenheiten zu beschließen. Ausweislich der Begründung des Regierungsentwurfs erklären sich die einleitenden Worte in § 119 Abs. 1 AktG daraus, dass die anschließend genannten Befugnisse nur von der Hauptversammlung, nicht aber von anderen Gesellschaftsorganen wahrgenommen werden.[485] Die Vorschrift grenzt damit die der Hauptversammlung zugewiesenen Kompetenzen von denen ab, die Vorstand und Aufsichtsrat obliegen. Eine Aussage, ob die Hauptversammlung verpflichtet ist, ihr zugewiesene Kompetenzen auch tatsächlich auszuüben, lässt sich § 119 Abs. 1 AktG daher nicht entnehmen.[486] Allein dieses Sicht vermag auch die mit der Unterabschnittsüberschrift übereinstimmende amtliche Überschrift des § 119 AktG zu erklären, die von Rechten, nicht aber Pflichten der Hauptversammlung spricht.

Letztlich entscheidend gegen ein aus § 119 Abs. 1 Nr. 3 AktG abzuleitendes Recht auf Entlastungsentscheidung spricht jedoch, dass die Kompetenzzuweisung als solche zunächst nur der Funktionsfähigkeit der Gesamtorganisation dient,[487] so dass sie

[485] Begründung RegE zum AktG 1965 bei Kropff, S. 165.

[486] A.A. *Buchner*, GmbHR 1988, 9, 12.

[487] *Hauswirth*, S. 71, 79, 84, 94.

nicht einmal für das Organ, dem die Kompetenz zugewiesen wurde, ein subjektives Recht begründet.[488] Trotz § 119 Abs. 1 Nr. 3 AktG besteht deshalb nicht einmal für die Hauptversammlung per se ein subjektives Recht auf Entlastungsentscheidung. Aus der bloßen Kompetenzzuweisung an die Hauptversammlung kann somit erst recht keine abgeschottete Verhaltensberechtigung und kein subjektives Recht eines anderen Organs oder deren Organmitglieder abgeleitet werden.
Als Zwischenergebnis lässt sich somit festhalten, dass sich aus § 119 Abs. 1 Nr. 3 AktG kein subjektives Recht auf Entlastungsentscheidung ableiten lässt.

Auch aus der § 120 Abs. 1 Satz 1 AktG zu entnehmenden Wendung, die Hauptversammlung beschließe *alljährlich in den ersten acht Monaten des Geschäftsjahrs* über die Entlastung der Mitglieder des Vorstands und über die Entlastung der Mitglieder des Aufsichtsrats lässt sich keine abgeschottete Verhaltensberechtigung ableiten, eine Beschlussfassung einzufordern. Abgesehen von den beiden Aussagen, dass die Hauptversammlung zum einen alljährlich und zum anderen in den ersten acht Monaten des Geschäftsjahrs beschließe, entspricht § 120 Abs. 1 Satz 1 AktG seinem Inhalt nach vollauf § 119 Abs. 1 Nr. 3 AktG. Aus § 120 Abs. 1 Satz 1 AktG kann insoweit eine Berechtigung zur Beschlussfassung ebenso wenig abgeleitet werden, wie aus § 119 Abs. 1 Nr. 3 AktG. Auch die beiden zeitlichen Vorgaben vermögen hieran nichts zu ändern. Dies legt bereits der Umstand nahe, dass diese Vorgaben die amtierenden Mitglieder des Vorstands und des Aufsichtsrats verpflichten, die Entlastung jedes Geschäftsjahr auf die Tagesordnung der ordentlichen Hauptversammlung zu setzen.[489] Leitet man nun aus denselben Vorgaben eine Berechtigung der während der Entlastungsperiode amtierenden Organmitglieder ab, würden mitunter dieselben Personen durch dieselben Vorgaben sowohl berechtigt als auch verpflichtet. Dass dieselbe Wendung in § 120 Abs. 1 Satz 1 AktG praktisch gar in der Regel dieselben Personen sowohl als Normberechtigte als auch als Normverpflichtete ausweist, vermag schwerlich zu überzeugen.
Doch auch mit anderen aktienrechtlichen Wertungen würde eine abgeschottete Berechtigung des einzelnen Organmitglieds, eine Beschlussfassung über seine Entlastung einzufordern, konfligieren:

---

[488] *Bork*, ZGR 1989, 1, 18; *Hauswirth*, S. 84.
[489] *Kubis*, in: MK zum AktG^2, § 120, Rdnr. 4.

Dies gilt zunächst für § 120 Abs. 1 Satz 2 AktG, wonach eine Einzelentlastung stattfindet, wenn die Hauptversammlung es beschließt oder eine Minderheit es verlangt, deren Anteile zusammen den zehnten Teil des Grundkapitals oder den anteiligen Betrag von einer Million Euro erreichen. Auch wenn es hierbei nicht um die Frage geht, ob eine Entlastungsentscheidung überhaupt getroffen wird, sondern, dies bejahend, darum, auf welche Art und Weise über die Entlastung entschieden wird, erscheint es wenig systemverträglich, Personen, denen kraft ihrer (ehemaligen oder noch fortbestehenden) Organstellung noch nicht einmal das Recht zusteht, die Art und Weise der Entlastungsentscheidung zu bestimmen,[490] ein Recht auf die Entscheidung selbst zuzubilligen.

Zudem kann nicht unberücksichtigt bleiben, dass ein einzelner Anteilseigner keine Möglichkeit hat, auf dem Klagewege die Einberufung der Hauptversammlung zum Zwecke der Beschlussfassung über die Entlastung herbeizuführen.[491] Bezieht man in die Betrachtung mit ein, dass die Entlastung vorrangig den (Kontroll-)Interessen der Anteilseigner dient,[492] wäre es in höchstem Maße wertungswidersprüchlich,[493] Organmitgliedern, bei denen streitig ist, ob die Entlastung im Aktienrecht überhaupt ihren Interessen zu dienen bestimmt ist,[494] einen klagbaren Anspruch auf die Entlastungsentscheidung zuzugestehen, die Anteilseigner jedoch auf § 122 AktG zu verweisen.

Auch die eingeschränkten „Rechtsschutzmöglichkeiten", die Organmitgliedern verbleiben, kraft ihrer Organstellung fehlerhafte Entlastungsbeschlüsse anzugehen,

---

[490] *Barner*, S. 35; *Zöllner*, in: KK zum AktG, § 120, Rdnr. 16. Dass § 136 Abs. 1 AktG im Rahmen des § 120 Abs. 1 Satz 2 AktG nach zutreffender Ansicht keine Anwendung findet, Organmitgliedern bei entsprechender Beteiligung somit die Möglichkeit verbleibt, eine Einzelentlastung zu initiieren, vermag hieran nichts zu ändern, da ihnen diese Option allein aufgrund ihrer Anteilseignerstellung offen steht; missverständlich insoweit *Schmeling*, S. 50 f., der zwischen der Anordnung der Einzelentlastung *durch die Gesellschafter* und der Anordnung der Einzelentlastung *durch die zu Entlastenden* differenziert. Auch in Ansehung eines Aufsichtsratsvorsitzenden, der, wie in aller Regel als Versammlungsleiter fungiert, gilt nichts anderes. Dieser ist zwar zur Anordnung einer Einzelentlastung berechtigt (siehe oben: 1.Teil, 1. Kapitel, B.II.2.a)), doch dies allein kraft seiner Leitungsbefugnis als Versammlungsleiter, nicht aber kraft seiner Organstellung.

[491] *Kubis*, in: MK zum AktG[2], § 120, Rdnr. 5; *Mülbert*, in: Großkommentar AktG[4], § 120, Rdnr. 59.

[492] Siehe oben: 1.Teil, 1.Kapitel, A.IV.

[493] Vgl. zum Gebot, Wertungswidersprüche bereits bei wertungsmäßig gleichliegenden Sachverhalten zu vermeiden *Larenz/Canaris*, Methodenlehre[3], S. 155 ff.

[494] *Zöllner*, in: KK zum AktG, § 120, Rdnr. 45. A.A. dagegen *Martens*, AG 1986, 57, 59, Fn. 12.

sprechen gegen ein subjektives Recht auf Entlastungsentscheidung. Da nach § 245 Nr. 5 AktG jedes – im Zeitpunkt der Klageerhebung – amtierende Verwaltungsmitglied nur zur Anfechtung eines Hauptversammlungsbeschlusses befugt ist, wenn durch die Ausführung des Beschlusses Mitglieder des Vorstands oder des Aufsichtsrats eine strafbare Handlung oder eine Ordnungswidrigkeit begehen oder wenn sie ersatzpflichtig werden würden, Entlastungsbeschlüsse aber keiner Ausführung bedürfen,[495] besteht folgerichtig auch keine Anfechtungsbefugnis.[496] Vergegenwärtigt man sich, dass damit die „Rechtsschutzmöglichkeiten" der noch amtierenden Organmitglieder auf die Erhebung einer Nichtigkeitsklage beschränkt sind, darf dem Aktiengesetzgeber nicht das wenig stringente Konzept unterstellt werden, dass er zwar von einem Recht auf Entlastungsentscheidung ausgegangen sei, den Rechtsinhabern aber zugleich nahezu jede „Rechtsschutzmöglichkeit" versagt, sich fehlerhafter Entlastungsentscheidungen zu erwehren.[497] Dies gilt in besonderem Maße für zwischenzeitlich ausgeschiedene Organmitglieder, denen nicht einmal mehr die Möglichkeit zur Erhebung einer Nichtigkeitsklage verbleibt. Ihnen ein Recht auf Entlastungsentscheidung zuzugestehen, sie aber in Ansehung dieser Entscheidung vollends rechtsschutzlos zu stellen, kann schwerlich überzeugen.

Insbesondere in Ansehung der aktienrechtlichen Systematik steht den für eine AG tätig gewordenen Organmitgliedern kein Anspruch auf Entlastungsentscheidung zu. In Ermangelung eines materiellen Anspruchs auf Entlastungsentscheidung kann es in prozessualer Hinsicht mit einem kurzen Hinweis auf die Friktionen, die insbesondere im Bereich des Vollstreckungsverfahrens aufträten, sein Bewenden haben. So muss es, wollte man sich über sämtliche der genannten Sachgründe hinwegsetzen und von einem mit der Leistungsklage einklagbaren materiellen Anspruch auf Entlastungsentscheidung ausgehen, befremden, wenn § 888 Abs. 1 Satz 1 ZPO zur Erwirkung dieser ausschließlich vom Willen der Anteilseigner abhängenden, nicht vertre-

---

[495] *Tellis*, S. 78 ff.; allein zum GmbH-Recht: *K. Schmidt*, ZGR 1978, 425, 433; *ders.*, in: Scholz, GmbHG[9], § 46, Rdnr. 91; *Koppensteiner*, in: Rowedder/Schmidt-Leithoff, GmbHG[4], § 46, Rdnr. 30.

[496] *Quack*, FS Lieberknecht, S. 99, 101 f., Fn. 12.

[497] Ähnlich, wenn auch zum Anspruch auf Entlastungserteilung *Volhard/Weber*, NZG 2003, 351, 352, Fn.33.

baren Handlung die Möglichkeit schafft, sämtliche Anteilseigner in Zwangshaft zu nehmen.[498]

Wie im Aktienrecht, so fehlt es auch im GmbH-Recht an einem notfalls mit der Leistungsklage verfolgbaren Anspruch auf Entlastungsentscheidung. Das Interesse der Organmitglieder an einer Entscheidung über ihre Entlastung lässt sich zwar – ebenso wenig wie in der Aktienrecht – in Abrede stellen.[499] So wie dort fehlt es jedoch auch im GmbH-Recht an einer gesetzlichen Regelung, die den Organmitgliedern eine abgeschottete Verhaltensberechtigung zuweist:
Eine solche Berechtigung lässt sich insbesondere nicht aus § 46 Nr. 5 GmbHG ableiten, der, wie ein Blick auf § 45 Abs. 1 und 2 GmbHG zeigt, nur ein Recht, welches den Gesellschaftern in den Angelegenheiten der Gesellschaft zusteht, ausweist, nicht aber die Pflicht, dieses Recht auch tatsächlich auszuüben.[500]
Dass Organmitgliedern kraft ihrer Organstellung kein Anspruch auf Entlastungsentscheidung zukommen kann, lässt sich zudem aus § 46 Nr. 8 1.Alt. GmbHG ableiten. Macht man sich bewusst, dass das Interesse der Organmitglieder an der Entlastungsentscheidung im GmbH-Recht insbesondere darin besteht, bei Gelegenheit der Beschlussfassung über die Haltung der Gesellschafter bezüglich etwaiger Ersatzansprüche unterrichtet zu werden,[501] kann die Frage, ob Organmitgliedern ein Anspruch auf Entlastungsentscheidung zusteht, nicht anders beantwortet werden als die Frage, ob sie eine Erklärung der Gesellschafter über die Geltendmachung von Ersatzansprüchen beanspruchen können. Da Mitglieder der Geschäftsführung, ausgehend von dem nicht auf Schuldnerschutz abzielenden Normzweck des § 46 Nr. 8 1.Alt GmbHG,[502] nicht berechtigt sind, eine Beschlussfassung über die Geltendmachung von Ersatzansprüchen zu verlangen, kann hinsichtlich der Beschlussfassung über die Entlastung nichts anderes gelten. Dies gilt insbesondere mit Blick darauf, dass ein positiver Entlastungsbeschluss endgültigere Rechtsfolgen zeitigt als ein Beschluss, Ersatzansprüche nicht geltend zu machen. Während die Gesellschaft im

---

[498] So zur GmbH, bezogen auf die Vollstreckung eines Urteils auf Kundgabe der Gründe für die Entlastungsverweigerung *Ahrens*, ZGR 1987, 129, 136.

[499] *Hoffmann-Becking*, FS Ulmer, S. 243, 247.

[500] A.A. *Buchner*, GmbHR 1988, 9, 12.

[501] Vgl. BGHZ 94, 324, 330; *Ahrens*, ZGR 1987, 129, 135; *K. Schmidt*, ZGR 1978, 425, 444.

[502] *K. Schmidt*, in: Scholz, GmbHG[9], § 46, Rdnr. 141.

ersten Fall – Kenntnis oder Erkennbarkeit unterstellt – dauerhaft mit ihr zustehenden Ansprüchen und sonstigen Rechten präkludiert ist, ist sie im zweiten Fall – bis zur Grenze von Verwirkung und Verjährung – nicht gehindert, auf derlei Ansprüche zurückzukommen und sie nach neuerlicher Beschlussfassung geltend zu machen.[503]
Hinzu kommt, dass, ebenso wie im Aktienrecht ein Wertungswiderspruch zur Regelung des § 122 AktG offenkundig wurde ein jedem Organmitglied kraft seiner Organstellung zustehender Anspruch auf Entlastungsentscheidung im GmbH-Recht der Wertung des § 50 Abs. 2 GmbHG widerspräche. Da die Entlastung, was die systematische Stellung des § 46 Nr. 5 GmbHG bestätigt, auch im GmbH-Recht vorrangig den Interessen der Gesellschafter dient, wäre es in höchstem Maße wertungswidersprüchlich, einem jeden, auch ehemaligen Organmitglied einen klagbaren Anspruch auf Entlastungsentscheidung zuzugestehen, es Gesellschaftern, deren Geschäftsanteile zusammen nicht den zehnten Teil des Grundkapitals erreichen, aber zu verwehren, dass dieser Gegenstand zur Beschlussfassung angekündigt wird.
Bezieht man zusätzlich die bereits genannten prozessualen Friktionen ein, die mit einem etwaigen Anspruch auf Entlastungsentscheidung einhergehen würden, besteht kein Zweifel daran, dass es auch im GmbH-Recht keinen entsprechenden Anspruch gibt.

Hiernach steht für eine Gesellschaft tätigen Organmitgliedern weder im Aktien-, noch im GmbH-Recht ein subjektives Recht auf Entlastungsentscheidung zu, so dass es auch an einer damit korrespondierenden Pflicht der Gesellschaft fehlt, die im Zuge der Gesamtnachfolge transferiert werden könnte.

d) Nur eine „Teilentlastung" in Ansehung der Handlungen, aus denen Rechte und Pflichten entstanden sind?

Sieht man den Gegenstand der Gesamtnachfolge in der Summe der Rechte und Pflichten, lässt sich fragen, ob mit dem Übergang der Rechte und Pflichten nicht wenigstens all die Handlungen für einen übertragenden Rechtsträger, aus denen diese Rechte und Pflichten entstanden sind, im Wege der Gesamtnachfolge zu Angelegenheiten des übernehmenden respektive neuen Rechtsträgers werden? Sind nicht

[503] *K. Schmidt*, ZGR 1978, 425, 428 f.

zumindest jene Handlungen untrennbar mit den durch sie begründeten Rechten und Pflichten verbunden, dass auch sie „übergehen" und jedenfalls in Ansehung ihrer eine „Teilentlastung"[504] möglich ist?

Zunächst ist eine rein formale Differenzierung zwischen Rechten und Pflichten juristischer Personen und den sie erzeugenden Handlungen ihrer Organpersonen grundsätzlich nicht möglich. Zur Begründung mag neben der Zurechnung im Namen einer juristischen Person vorgenommenen Organhandelns der Hinweis darauf genügen, dass es im Prozess ausweislich § 253 Abs. 2 Nr. 2 ZPO u.a. einer Angabe des Klagegrundes, sprich des der Klage zugrunde liegenden Lebenssachverhalts bedarf und damit auch sämtliche mit dem streitigen Rechtsverhältnis im Zusammenhang stehende Handlungen Eingang in einen Prozess finden. Erscheint es deshalb nur konsequent, derlei Handlungen auch in Ansehung der Entlastung als Angelegenheiten des übernehmenden oder neuen Rechtsträgers zu behandeln und zumindest insoweit eine „Teilentlastung" zuzulassen, so erweist sich dieser Weg als letztlich nicht gangbar:

Zum einen dürfte eine „Teilentlastung" unter Ausklammerung aller tatsächlichen Handlungen, die nicht zur Begründung von Rechten und Pflichten der juristischen Person geführt haben, kaum mit dem der Entlastung eigenen Charakter einer Gesamtbeurteilung in Einklang zu bringen sein.[505] Dies gilt insbesondere mit Blick darauf, dass damit stets bestimmte, im Aktien- und im GmbH-Gesetz ausdrücklich normierte Vorgänge, wie etwa die Führung der Handelsbücher[506] grundsätzlich von der Entlastungsentscheidung ausgenommen wären.

Zum anderen führt eine, formal an den Kategorien von Rechten und Pflichten ausgerichtete „Teilentlastung" zu praktisch kaum lösbaren Schwierigkeiten. Macht man sich bewusst, dass etwa im Falle geschäftsschädigender Äußerungen auch rein tatsächliches Handeln Rechte und Pflichten juristischer Personen zu begründen vermag, wird deutlich, dass die in Ansehung der „Teilentlastung" zu ziehende Grenze nicht klar zwischen rechtsgeschäftlichem und tatsächlichem Handeln verläuft, es vielmehr, gerade mit Blick auf § 131 Abs. 1 Satz 1 AktG, einer exakten Grenzziehung zwischen Handlungen der Organmitglieder, die Rechte und Pflichten erzeugen und solchen,

---

[504] Vgl. zum Terminus der Teilentlastung *Sethe*, ZIP 1996, 1321, 1322; *Schmeling*, S. 156.

[505] Vgl. zur AG *OLG Düsseldorf*, AG 1996, 273, 274; *OLG Hamburg*, AG 2005, 355, 357, sowie zum „gesamthaften" Charakter der Entlastung *Schmeling*, S. 18, 91; *Barner*, S. 31.

[506] § 91 Abs. 1 AktG und § 41 Abs. 1 GmbHG.

bei denen dies nicht der Fall ist, bedürfte. Diese lässt sich – insbesondere im Rahmen einer Hauptversammlung – schlicht nicht bewältigen. In diesem Zusammenhang kann außerdem nicht unberücksichtigt bleiben, dass die Funktion der Gesamtnachfolge in erster Linie darin besteht, den Verschmelzungsvollzug zu vereinfachen.[507] Damit ist es vollends unvereinbar, die Gesamtnachfolge zum Anlass zu nehmen, zwischen Rechten und Pflichten erzeugenden Organhandlungen und solchen, bei denen dies nicht der Fall ist, zu differenzieren.

e) Zwischenergebnis

Setzt man den umwandlungsrechtlichen Vermögensbegriff mit der Summe aller Rechte und Pflichten gleich, die einem übertragenden Rechtsträger zugewiesen sind, können vor dem Vollzug der Verschmelzung entstandene Entlastungslücken nach dem Verschmelzungsvollzug nicht mehr durch die Anteilseignerversammlung des übernehmenden respektive neuen Rechtsträgers geschlossen werden. Zum einen werden Rechte im Sinne der §§ 119 Abs. 1 Nr. 3 AktG, 46 Nr. 5 GmbHG nicht im Zuge der Gesamtnachfolge transferiert, zum anderen besteht kein subjektives Recht der Organmitglieder auf Entlastungsentscheidung und damit auch keine korrespondierende Pflicht des übertragenden Rechtsträgers, die Gegenstand der Gesamtnachfolge sein kann. Auch eine „Teilentlastung" in Ansehung aller Rechte und Pflichten erzeugenden Organhandlungen scheidet aus.

2. Im Grundsatz umfassende Nachfolge

Da es ausgesprochen unbefriedigend erscheint, die Sachfrage, ob Organmitglieder eines übertragenden Rechtsträgers nach dem Vollzug der Verschmelzung durch die Anteilseignerversammlung des aufnehmenden Rechtsträgers entlastet werden können, allein von der Subsumierbarkeit unter die Begrifflichkeiten von Recht und Pflicht abhängig zu machen und sie aus mehr oder minder formalen Erwägungen zu negieren, gilt es kritisch zu hinterfragen, ob die begriffliche Beschränkung der Reichweite der Gesamtnachfolge Zustimmung verdient.

---

[507] *K. Mertens*, AG 1994, 66, 67; *ders.*, S. 65, 68, 69; *Hennrichs*, S. 96 ff.; *Voigt*, S. 15 f.; *Heidenhain*, ZHR 168 (2004), 468, 478, 480 f.; *Immenga*, BB 1970, 629.

Dem ist nicht so. Dies zeigt sich, wenn man *Obliegenheiten*,[508] etwa die Untersuchungs- und Rügeobliegenheit im Sinne des § 377 Abs. 1 HGB in den Blick nimmt. Nach dieser Vorschrift trifft den Käufer im Falle eines beiderseitigen Handelsgeschäfts[509] die Obliegenheit, die ihm gelieferte Ware unverzüglich zu untersuchen und, wenn sich ein Mangel zeigt, diesen dem Verkäufer unverzüglich anzuzeigen. Wird einem übertragenden Rechtsträger, unmittelbar vor dem Vollzug der Verschmelzung mangelhafte Ware geliefert, kann keine Rede davon sein, dass die Untersuchungs- und Rügeobliegenheit den übernehmenden oder neuen Rechtsträger nicht treffe, weil die Gesamtnachfolge nur Rechte und Pflichten, nicht aber Obliegenheiten erfasse.[510] Auch in diese Rechtsstellung rückt der andere Rechtsträger im Zuge der Gesamtnachfolge ein.

Schon dieser Punkt macht deutlich, dass die Gleichsetzung des umwandlungsrechtlichen Vermögensbegriffs mit der Summe aller Rechte und Pflichten zu kurz greift. In Anlehnung an die bereits zitierte Entscheidung des Bundesgerichtshofs[511] sowie die Ausführungen von *Hennrichs*,[512] der sich ausführlich mit der Reichweite der Gesamtrechtsnachfolge bei Umwandlungen auseinandergesetzt hat, ist vielmehr davon auszugehen, dass der aufnehmende Rechtsträger grundsätzlich in vollem Umfang an die Stelle übertragender Rechtsträger tritt. Ausnahmen können sich indes aus den besonderen Umständen der jeweiligen Rechtsbeziehung selbst ergeben.[513]

Dieser Ansatz ist einem rein an den Begrifflichkeiten von Recht und Pflicht orientierten Lösungsansatz weit überlegen: Die Überlegenheit zeigt sich nicht nur in Ansehung von Obliegenheiten, deren Transfer allein er widerspruchsfrei zu erklären vermag. Sie zeigt sich ferner an der fehlenden Übertragbarkeit von Zuständigkeiten im Sinne von § 119 Abs. 1 Nr. 3 AktG bzw. § 46 Nr. 5 GmbHG, bei denen es sich ausweislich der gesetzlichen Terminologie um Rechte handelt, so dass der rein begriff-

---

[508] Vgl. zur Unterscheidung zwischen Rechtspflichten und Obliegenheiten *Larenz/Wolf*, AT des Bürgerlichen Rechts[9], § 13, Rdnr. 32 f. und 36 ff. A.A. indes *Reimer Schmidt*, Die Obliegenheiten, 1953, S. 314 f., der in Obliegenheiten „Pflichten minderer Zwangsintensität" sieht.

[509] Vgl. dazu §§ 343 Abs. 1 HGB (i.V.m. § 6 Abs. 1 HGB und § 3 Abs. 1 AktG bzw. § 13 Abs. 3 GmbHG), 344 Abs. 1 HGB.

[510] Zur Gesamt(rechts)nachfolge im Falle des § 1922 Abs. 1 BGB ebenso *Larenz/Wolf*, AT des Bürgerlichen Rechts[9], § 13, Rdnr. 47.

[511] *BGH*, NJW 1980, 1841, 1842.

[512] *Hennrichs*, S. 106 f., 120 f.

[513] Sehr ähnlich *K. Mertens*, S. 156.

lich ausgerichtete Lösungsansatz in Erklärungsnöte gerät, während der vorliegend präferierte Ansatz es erlaubt, der spezifischen Umstände der Rechtsbeziehung wegen Ausnahmen zuzulassen. Dadurch ermöglicht er nicht nur bei der Frage nach der Transferierbarkeit von Zuständigkeiten, sondern stets an den besonderen Umständen einer Rechtsbeziehung ausgerichtete Problemlösungen. Einzig durch die Einbeziehung von Sachgründen lässt sich das Ziel einer jeden Rechtsanwendung, sachgerechte Lösungen zu finden,[514] erreichen, nicht aber durch rein begriffliches Denken und Subsumieren.[515]
Bei Anwendung dieses Grundsatz-Ausnahme-Schemas auf die zu Grunde liegende Fragestellung, ob und gegebenenfalls wie sich die Entlastung in das Prinzip der Gesamtnachfolge einfügt, zeigt sich, dass der aufnehmende Rechtsträger grundsätzlich in vollem Umfang, d.h. auch in Ansehung sämtlichen Organhandelns an die Stelle des übertragenden Rechtsträgers tritt und die Anteilseigner des aufnehmenden Rechtsträgers deshalb grundsätzlich auch befugt sind, die getätigten Handlungen im Wege der Entlastung retrospektiv zu billigen oder zu missbilligen. Fraglich ist jedoch, ob einer Entlastung der ehemaligen Organmitglieder des übertragenden Rechtsträgers durch die Anteilseigner des übernehmenden Rechtsträgers Sachgründe entgegenstehen, die ein Abgehen von diesem Grundsatz rechtfertigen.

3. Entlastungsentscheidung entgegenstehende Sachgründe?

Zunächst stellt sich die Frage, ob die vom *OLG München*[516] angeführten Gründe eine Lückenschließung tatsächlich hindern.

a) Nach Ansicht des *OLG München* entgegenstehende Sachgründe

aa) Verlust der Organstellung

Das OLG München geht zunächst davon aus, dass mit dem verschmelzungsvollzugsbedingten Ende der Organstellung der Vorstands- und Aufsichtsratsmitglieder

---

[514] *Larenz/Canaris*, Methodenlehre³, S. 153 ff., 168 ff.

[515] Vgl. *Hennrichs*, S. 109; ebenso *Reinhardt*, NJW 1952, 441, 442, indes zur Frage, ob die Bundesrepublik Deutschland in Ansehung von Verbindlichkeiten dem Deutschen Reich nachfolgt.

[516] *OLG München*, AG 2001, 197, 198.

auch eine Entlastung nicht mehr möglich sei.[517] Berücksichtigt man, dass die Entlastung dem organschaftlichen Rechtsverhältnis zwischen dem einzelnen Organmitglied und der juristischen Person angehört,[518] scheint die Schlussfolgerung, dass nach dem Erlöschen des Organschaftsverhältnisses auch eine Entlastung ausscheidet, ausgesprochen nahe zu liegen. Dennoch trägt die Annahme, der Verschmelzungsvollzug beende die Organstellung der Vorstands- und Aufsichtsratsmitglieder übertragender Rechtsträger, nicht den Schluss, nach dem Verlust der Organstellung sei eine Entlastung ehemaliger Organmitglieder unmöglich:

Zweifel an der Richtigkeit dieser Sicht, die nach der Beendigung der Organstellung letztlich jegliche Nachfolgewirkungen organschaftlicher Art negieren muss, gründen sich bereits darauf, dass aufgrund der Verletzung organschaftlicher Pflichten begründete Schadensersatzansprüche über den Zeitpunkt des Amtsverlusts hinaus fortbestehen.[519] Auch in Ansehung einzelner Ausprägungen der organschaftlichen Treuepflicht ist vollkommen unbestritten, dass sie über die Dauer der Organstellung hinaus Bedeutung entfalten. Betrachtet man etwa die Verschwiegenheitspflicht, so zeigt sich, dass diese auch nach dem Ausscheiden fortbesteht.[520] Eine rein formal auf die Beendigung der Amtsstellung abstellende Sicht vermag all dies nicht zu erklären.

Auch bei der Beantwortung der Frage, ob eine Entlastung ehemaliger Organmitglieder möglich ist, führt diese formale Sicht nicht weiter. Dies zeigt sich sehr deutlich daran, wie dieses Problem, das sich nicht nur beim verschmelzungsvollzugsbedingten Erlöschen der Organstellung, sondern gleichermaßen auch bei jedem anderweitigen Verlust dieser Position stellt, außerhalb des Umwandlungskontextes behandelt wird. Ganz gleich, ob die Organstellung in Folge einer Abberufung, einer Amtsniederlegung oder in Folge des Todes eines Organmitglieds endet, in all diesen Fällen ist zu Recht unbestritten, dass ein vorzeitiger Amtsverlust eine Entscheidung über die

---

[517] *OLG München*, AG 2001, 197, 198.

[518] *Flume*, AT des Bürgerlichen Rechts, I/2, S. 351.

[519] Vgl. *Martens*, AG 1986, 57, 59; *Grunewald*, in: Lutter, UmwG[3], § 25, Rdnr. 6. Zu einer Durchsetzung dieser Ansprüche kommt es, wenn überhaupt, zumeist ohnehin erst nach dem vollständigen Ausscheiden des betroffenen Organmitglieds aus dem Unternehmen. Vgl. *BGH*, ZIP 1998, 508; *LG Dortmund*, AG 2002, 97; FAZ vom 10.02.2005, S. 16 (REWE AG ./. Berninghaus); FAZ vom 1.04.2005, S. 18 (EM.TV AG ./. Haffa). Vgl. hierzu ferner *Kling*, DZWiR 2005, 45, 53; *J. Semler*, AG 2005, 321, 322; *Heermann*, ZIP 1998, 761 f.

[520] *Hüffer*, AktG[7], § 93, Rdnr. 7 (ggf. über § 116, Rdnr. 6); *Thüsing*, NZG 2004, 9, 15.

Entlastung dieser Personen nicht hindert.[521] Da es für die Beantwortung der Frage, ob eine Entlastung ehemaliger Organmitglieder möglich ist, nicht darauf ankommen kann, ob der Verlust der Organstellung auf einer Abberufung, einer Amtsniederlegung, dem Tod oder dem Vollzug einer Verschmelzung beruht, ist auch im letztgenannten Falle davon auszugehen, dass der formale Verlust der Organstellung einer Entlastungsentscheidung nicht entgegensteht.

bb) Ausrichtung des Organhandelns an den Interessen des übertragenden Rechtsträgers

Den maßgebenden Grund dafür, dass auf der Seite übertragender Rechtsträger entstandene Entlastungslücken nach dem Vollzug der Verschmelzung auf der Seite übernehmender Rechtsträger nicht mehr geschlossen werden können, sieht das OLG München darin, dass die zur Debatte stehende Geschäftsleitung ausschließlich an den Interessen des übertragenden Rechtsträgers auszurichten war und ein Organ des übernehmenden Rechtsträgers hierüber logischerweise nicht befinden könne.[522] Zunächst ist die erste Annahme, die in Rede stehende Geschäftsleitung sei ausschließlich am Interesse des übertragenden Rechtsträgers auszurichten gewesen, richtig.[523] Dahingestellt bleiben kann, ob die vom Oberlandesgericht zugrundegelegte Prämisse, die Anteilseigner hätten im Wege der Entlastung darüber zu befinden, ob die Organmitglieder ihr Handeln denn auch tatsächlich am Unternehmensinteresse[524]

---

[521] Zur AG: *OLG Hamburg*, AG 2005, 355, 357; *Volhard/Weber*, NZG 2003, 351, Fn. 14; *Kubis*, in: MK zum AktG², § 120, Rdnr. 17; *Martens*, AG 1986, 57, 58; i.E. ebenso: *Quack*, FS Lieberknecht, S. 99, 101 f. Zur GmbH: BGHZ 94, 324, 326.

[522] *OLG München*, AG 2001, 197, 198; *Grunewald*, in: Lutter, UmwG³, § 20, Rdnr. 29.

[523] Vgl. Ziffer 4.3.3 des Deutschen Corporate Governance Kodex in der Fassung vom 12.06.2006; *Dreher*, ZHR 158 (1994), 614, 623; *ders.*, ZHR 155 (1991), 349, 362; *J. Semler*, Leitung und Überwachung der Aktiengesellschaft², S. 33. Hinsichtlich der Aufsichtsratstätigkeit gilt nichts anderes. Vgl. Ziffer 5.5.1 des Deutschen Corporate Governance Kodex; *OLG Düsseldorf*, ZIP 1995, 1183, 1190; *Dreher*, JZ 1990, 896 f.; *ders.*, ZHR 155 (1991), 349, 362; *ders.*, ZHR 158 (1994), 614, 623; *ders.*, JZ 1997, 1074; *J. Semler*, a.a.O.

[524] Auch wenn in den Entscheidungsgründen von den „Interessen des übertragenden Rechtsträgers" die Rede ist und der Begriff des Rechtsträgers bewusst in Abgrenzung zum Begriff des Unternehmens Eingang ins UmwG gefunden hat (*Lutter/Drygala*, in: Lutter, UmwG³, § 1, Rdnr. 4; *K. Schmidt*, FS Ulmer, S. 557, 559), dürfte auch das *OLG München*, der allgemeinen Meinung folgend, in dem Unternehmensinteresse die Maxime für jedwedes Organhandeln sehen.

ausgerichtet haben, Zustimmung verdient.[525] Selbst wenn man hiervon ausgeht, trifft die Behauptung, nur ein Organ des übertragenden Rechtsträgers könne darüber befinden, ob – mit Blick auf die Interessen des übertragenden Rechtsträgers – ordnungsgemäß gehandelt wurde,[526] nicht zu:

Lässt man die in § 25 Abs. 1 Satz 1 1.Alt. UmwG normierten sowie die in § 25 Abs. 2 Satz 1 2.Alt 1.Var. UmwG in Bezug genommenen Ersatzansprüche des übertragenden Rechtsträgers gegen seine Organmitglieder außer Betracht, in Ansehung derer der übertragende Rechtsträger als fortbestehend gilt und keine Gesamtnachfolge stattfindet, kann zunächst festgestellt werden, dass der aufnehmende Rechtsträger zumindest hinsichtlich aller sonstigen, womöglich ebenfalls pflichtwidrigen und schadensstiftenden Handlungen der Organmitglieder des übertragenden Rechtsträgers an dessen Stelle tritt.[527] Nach dem Vollzug der Verschmelzung stellt sich deshalb die Frage, ob der übernehmenden respektive neuen Gesellschaft aus jenen Handlungen Schadensersatzansprüche zustehen. Steht beispielsweise eine Ersatzpflicht von ehemaligen Vorstandsmitgliedern wegen bestimmter unternehmerischer Entscheidungen[528] in Frage, bedarf es mit Blick auf die Grundsätze, die der *Bundesgerichtshof* in Sachen ARAG/ Garmenbeck aufgestellt hat, insbesondere eines Entscheids darüber,

---

[525] Zweifel hieran gründen sich zum einen darauf, dass sich das Unternehmensinteresse nur anhand der konkreten Umstände im Einzelfall bestimmen lässt (*Dreher*, ZHR 158 (1994), 614, 623; *ders.*, AG 2002, 214, 216; *J. Semler*, Leitung und Überwachung der Aktiengesellschaft^2, S. 33 f.), im Rahmen der Entlastung aber kein Einzelfall bewertet wird, sondern stets eine Vielzahl unterschiedlichster Handlungen. Macht man sich dies bewusst, ist keineswegs klar, ob der Gegenstand der von den Anteilseignern zu treffenden Entlastungsentscheidung durch die Frage nach einem das Unternehmensinteresse wahrenden Handeln der Organmitglieder zutreffend beschrieben ist. Zum anderen gilt es zu beachten, dass die Anteilseigner, die ohnehin in weit geringerem Maße als die Organmitglieder dem Unternehmensinteresse verpflichtet sind (vgl. *Dreher*, AG 2002, 214, 217; *Hauswirth*, S. 29, 63, 98), ansonsten berufen wären, im Rahmen der Entscheidung über die Wahrung des Unternehmensinteresses mitunter als Sachwalter von Arbeitnehmerinteressen zu fungieren.

[526] So *Grunewald*, in: Lutter, UmwG^3, § 20, Rdnr. 29.

[527] Hinsichtlich im Zusammenhang mit der Verschmelzung stehender pflichtwidriger Handlungen der Organmitglieder gilt letztlich nichts anderes. Vgl. unten: B.I.3.b)aa).

[528] Vgl. dazu *Fleischer*, ZIP 2004, 685, 690; *Paefgen*, AG 2004, 245, 251; *Roth*, BB 2004, 1066, 1068; *Weiss/Buchner*, WM 2005, 162, 163 f.

ob die aus dem Unternehmenswohl, sprich dem Unternehmensinteresse[529] des übertragenden Rechtsträgers ableitbaren Grenzen deutlich überschritten wurden.[530] Ganz gleich, ob man diese Entscheidung in Anlehnung an die überwiegende Meinung im Schrifttum,[531] dem Vorstand bzw. der Geschäftsführung des übernehmenden Rechtsträgers zuweist, im Einklang mit der vom Bundesgerichtshof präferierten extensiven Auslegung des § 112 AktG,[532] einen etwaigen Aufsichtsrat für kompetent hält, oder, wie dies für den Fall einer aufnehmenden GmbH bisweilen vertreten wird, die Gesellschafter für zuständig erklärt,[533] es muss jedenfalls ein Organ des aufnehmenden Rechtsträgers über die Frage des Unternehmensinteresses des übertragenden Rechtsträgers richten.[534] Warum dies im Rahmen etwaiger Schadensersatzansprüche möglich sein soll, nicht aber in Ansehung der Entlastung, ist nicht erklärlich. Die Behauptung des *OLG München*, ein Organ des aufnehmenden Rechtsträgers könne über die Interessen des übertragenden Rechtsträgers nicht befinden, erweist sich deshalb als nicht haltbar.[535]

Hieran haben auch die Neuerungen, die das Gesetz zur Unternehmensintegrität und Modernisierung des Anfechtungsrechts (UMAG) mit sich brachte, nichts geändert. Ausweislich der Begründung des Regierungsentwurfs wurde § 93 Abs. 1 Satz 2 AktG in Anlehnung an die Entscheidung des Bundesgerichtshofs in Sachen ARAG/Garmenbeck abgefasst.[536] Wenn es nunmehr heißt, dass eine Pflichtverletzung nicht vorliegt, wenn das Vorstandsmitglied bei einer unternehmerischen Entscheidung vernünftigerweise annehmen durfte, zum Wohle der Gesellschaft zu handeln, kommt in den letzten Worten sehr deutlich zum Ausdruck, dass es auch künftig

---

529 Siehe zur Gleichsetzung dieser Begriffe *Dreher*, JZ 1997, 1074; *Fleischer*, ZIP 2004, 685, 690; *Kling*, DZWIR 2005, 45, 47, 51; *Goette*, FS 50 Jahre BGH, S. 123, 127; *Hüffer*, FS Raiser, S. 163, 165.

530 *BGH*, ZIP 1997, 883, 886.

531 Vgl. zur Parallelfrage, wer auf der Seite des aufnehmenden Rechtsträgers befugt ist, im Zuge der Gesamtnachfolge transferierte Anstellungsverträge von Geschäftsleitern zu beenden: *Hockemeier*, S. 59; *Röder/Lingemann*, DB 1993, 1341, 1348, 1350; im Grundsatz zustimmend *Grunewald*, in: Lutter, UmwG³, § 20, Rdnr. 28; zur AG zustimmend, zur GmbH indes differenzierend *Hoffmann-Becking*, FS Ulmer, S. 243, 262 f.

532 *BGH*, AG 2004, 142; *BGH*, ZIP 1998, 508; *BGH*, ZIP 1997, 1674, 1675.

533 So im Grundsatz *Hoffmann-Becking*, FS Ulmer, S. 243, 262 f.

534 Vgl. *Martens*, AG 1986, 57, 58, Fn. 9.

535 So auch *Hoffmann-Becking*, FS Ulmer, S. 243, 248 f.

536 Gesetzesentwurf der Bundesregierung zum UMAG, S. 22. I.E. ebenso *Roth*, BB 2004, 1066, 1069.

für die Feststellung einer Pflichtverletzung ganz entscheidend auf das Wohl, mit anderen Worten das Interesse der Gesellschaft ankommt.[537] Auch dieses, nach Ansicht des OLG München maßgebliche Argument steht einer Schließung vor dem Verschmelzungsvollzug entstandener Entlastungslücken somit nicht entgegen.

cc) Abhängigkeit von Organen des aufnehmenden Rechtsträgers

Ein drittes, gegen eine Entlastungsmöglichkeit sprechendes Argument sieht das Oberlandesgericht darin, dass eine Abhängigkeit der Organe des übertragenden Rechtsträgers von der Hauptversammlung des übernehmenden Rechtsträgers als ausgesprochen unerwünscht bezeichnet werden müsste.[538] Eine Begründung für diese Behauptung lässt sich der Entscheidung nicht entnehmen. Es findet sich lediglich der Verweis auf die Kommentierung *Grunewalds*,[539] nach der jede Abhängigkeit der Vorstands- und Aufsichtsratsmitglieder des übertragenden Rechtsträgers von der Anteilseignerversammlung des übernehmenden Rechtsträgers unerwünscht sei, da diese Personen den Interessen des übertragenden Rechtsträgers verpflichtet sind, die oftmals ganz anders liegen als die des übernehmenden Rechtsträgers. *Grunewald* sieht somit die Gefahr, dass die dem Unternehmensinteresse des übertragenden Rechtsträgers verpflichteten Organmitglieder, wenn sie nach dem Vollzug der Verschmelzung der Entlastungsentscheidung der Anteilseigner des übernehmenden Rechtsträgers ausgesetzt wären, ihr Handeln vor dem Vollzug der Verschmelzung nicht allein an den Interessen des übertragenden Rechtsträgers ausrichten, sondern sich von den divergierenden Interessen des übernehmenden Rechtsträgers leiten lassen. Dieser Gefahr müsse dadurch begegnet werden, dass eine Entlastung der Organmitglieder des übertragenden Rechtsträgers durch die Anteilseigner des übernehmenden Rechtsträgers ausscheide.

---

[537] Dass die Beweislast für das Nichtvorliegen einer Pflichtverletzung – vor wie nach der Novellierung – das betroffene Organmitglied trifft, ändert nichts daran, dass es zur Beantwortung der Frage, ob es überhaupt zu einer gerichtlichen Auseinandersetzung kommt, insbesondere einer Entscheidung des zuständigen Gesellschaftsorgans bedarf, ob ein zum Schadensersatz verpflichtender Tatbestand gegeben ist.

[538] *OLG München*, AG 2001, 197, 198.

[539] *Grunewald*, in: Lutter, UmwG², § 20, Rdnr. 29.

Geht man von der Möglichkeit aus, dass vor dem Vollzug der Verschmelzung entstandene Entlastungslücken nach der Registereintragung zu schließen sind, lässt sich das von *Grunewald* beschriebene Risiko eines Handelns in „vorauseilendem Gehorsam“ nicht bestreiten. Es ist nicht ausgeschlossen, dass Organmitglieder des übertragenden Rechtsträgers insbesondere bei der Festlegung des Umtauchverhältnisses geneigt sein mögen, die Interessen der Anteilseigner des übertragenden Rechtsträgers hintan zu stellen und sich von den Interessen der Anteilseigner des übernehmenden Rechtsträgers leiten zu lassen, da – in der Mehrzahl der Fälle – sie es sind, die nach dem Vollzug der Verschmelzung die Mehrheit der Stimmen inne haben und somit darüber disponieren können, ob die Entlastung erteilt wird oder nicht.[540] Gerade bei der Festlegung des Umtauschverhältnisses besteht somit die Gefahr, das eigene Interesse am Entlastungserhalt über die fremden Interessen der Anteilseigner des übertragenden Rechtsträgers zu stellen. Dennoch rechtfertigt dieser Interessenkonflikt[541] und die damit verbundene Gefahr für die Anteilseigner des übertragenden Rechtsträgers nicht den weitreichenden Schluss, eine Entlastung sei nach dem Vollzug der Verschmelzung unmöglich.

Zunächst erscheint das Risiko, dass es aufgrund der Entlastungsmöglichkeit zu einer Hintanstellung von Anteilseignerinteressen kommt, vernachlässigbar gering.[542] Blickt man auf § 25 Abs. 1 Satz 1 2.Alt. UmwG, so zeigt sich, dass Verwaltungsmitglieder

---

540 Die Gefahr einer „unerwünschten Verhaltensanpassung“ sieht ebenfalls *Kubis*, in: MK zum AktG², § 120, Rdnr. 19. Ähnliche Gefahren sieht *Mülbert*, in: Großkommentar AktG⁴, § 120, Rdnr. 113, wenn Aktien haltende Mitglieder des Vorstands über die Entlastung der Aufsichtsratsmitglieder abstimmen würden. Um zu verhindern, dass sich der Aufsichtsrat bei seiner Überwachung der Geschäftsführung des Vorstands auch vom Gesichtspunkt leiten lässt, dass das überwachte Vorstandsmitglied seinerseits über die Entlastung mitentscheidet, tritt er – entgegen der hier (1. Teil, 1. Kapitel, B.II.2.b) vertretenen Auffassung – für ein uneingeschränktes Stimmverbot für Vorstandsmitglieder ein. Für den Fall, dass die Anteile zwar nicht von Mitgliedern des Vorstands gehalten werden, aber von Kapitalgesellschaften, auf die die Vorstandsmitglieder der Obergesellschaft einen beherrschenden Einfluss ausüben können, *Mülbert* folgend *Hügel/Klepsch*, NZG 2005, 906, 908.

541 Vgl. zu dem weiteren Interessenkonflikt, dass die im Rahmen des Verschmelzungsverfahrens in besonderem Maße den Interessen der Anteilseigner des übertragenden Rechtsträgers verpflichteten Organmitglieder dieses Rechtsträgers darum bemüht sein werden, von der aufnehmenden Gesellschaft übernommen zu werden *Immenga*, BB 1970, 629, 635; *Hügel*, S. 169.

542 Wenn auch zur Rechtslage im faktischen Konzern Stellung nehmend i.E. sehr ähnlich *Lutter*, Mitbestimmung im Konzern, S. 29: „(...) ist die Möglichkeit ihrer Verweigerung kein unternehmerisches Machtmittel. Hier liegen also keine Einflussmöglichkeiten des herrschenden Unternehmens.“

des übertragenden Rechtsträgers dazu verpflichtet sind, jedem Anteilseigner dieses Rechtsträgers den Schaden zu ersetzen, der aus einem zu niedrigen Umtauschverhältnis entstanden ist.[543] Die – für das deutsche Gesellschaftsrecht untypische –[544] unmittelbare Verantwortlichkeit der Organmitglieder gegenüber den Anteilseignern dient nicht nur dem Ausgleich erlittener Schäden, sondern gerade der Schadensprävention.[545] Vergegenwärtigt man sich, dass der Gedanke daran, eine unmittelbare persönliche Inanspruchnahme zu vermeiden, jedenfalls das Handeln gewissenhafter Organmitglieder mitbestimmt,[546] erscheint nahezu ausgeschlossen, dass diese Personen allein zum Zwecke einer ohnehin nicht sicheren Entlastungserteilung,[547] für die Dauer von mindestens fünf Jahren[548] eine im Zweifel ruinöse persönliche Haftung[549] riskieren und das gesamte im Laufe des Managerlebens zusammengetragene Vermögen aufs Spiel setzen.[550] Bei Organmitgliedern, die nicht zu einer gewissenhaften Erfüllung ihrer Aufgaben tendieren, ist bereits zweifelhaft, ob das Interesse am – wiederum nicht sicheren – Entlastungserhalt die ohnehin vorhandene Neigung zur Hintanstellung der Anteilseignerinteressen tatsächlich verstärkt. Selbst wenn man dies unterstellt, erscheint es eher unwahrscheinlich, dass sich die Verstärkung der Disposition eines Organmitglieds oder einiger weniger Organmitglieder, ihre eigenen Interessen über die der Anteilseigner zu stellen, in einem ungünstigen Umtauschverhältnis niederschlägt. Zum einen wird der Abschluss des Verschmelzungsvertrages und damit auch die Festlegung des Umtauschverhältnisses in der Praxis nicht nur

---

[543] *Schnorbus*, ZHR 167 (2003), 666. 693; *Grunewald*, in: Lutter, UmwG³, § 25, Rdnr. 15; *Marsch-Barner*, in: Kallmeyer, UmwG³, § 25, Rdnr. 9; *Vossius*, in: Widmann/Mayer, Umwandlungsrecht, § 25 UmwG, Rdnr. 25.

[544] *Grunewald*, in: Lutter, UmwG³, § 25, Rdnr. 3; *Schnorbus*, ZHR 167 (2003), 666, 667 f., 679.

[545] *Veil*, FS Raiser, S. 453, 465 f.; *Immenga*, BB 1970, 629, 630. Vgl. zur (spezial)präventiven Funktion der Binnenhaftung der Organmitglieder *Hopt*, in: Großkommentar AktG⁴, § 93, Rdnr. 11 ff.; *ders.*, FS Mestmäcker, S. 909, 914; *Goette*, FS 50 Jahre BGH, S. 123, 124; *Kling*, DZWiR 2005, 45, 55; *Teichmann*, FS Mühl, S. 663, 676; *Hommelhoff*, S. 173, sowie zur Sicherstellung präventiven Drucks durch die Fiktion des Fortbestands des übertragenden Rechtsträgers *Schnorbus*, ZHR 167 (2003), 666, 671; *Grunewald*, in: Lutter, UmwG³, § 25, Rdnr. 29.

[546] *Goette*, FS 50 Jahre BGH, S. 123, 124.

[547] Vgl. *Meier*, GmbHR 2004, 111 ff.

[548] § 25 Abs. 3 UmwG. Bei entsprechender Prozessdauer kann sich die Ungewissheit der Organmitglieder weit über die Verjährungsfrist von fünf Jahren hinweg verlängern.

[549] Vgl. *Goette*, ZGR 1995, 648, 671.

[550] Vgl. *Goette*, FS 50 Jahre BGH, S. 123, 124.

unter den Vorbehalt der Zustimmung etwaiger Aufsichtsgremien gestellt,[551] bei einer mehrköpfigen Geschäftsleitung bedarf es auch innerhalb des Vorstands bzw. innerhalb der Geschäftsführung einer Einigung über die Inhalte des Verschmelzungsvertrages,[552] so dass auf diesem Wege das Bestreben der Mehrzahl der gewissenhaft handelnden Organmitglieder,[553] eine Haftung nach § 25 Abs. 1 Satz 1 UmwG zu verhindern, sogar in Fällen Bedeutung erlangt, in denen ein nicht gewissenhafter Geschäftsleiter alleinvertretungsberechtigt und deshalb auch befugt ist, den Verschmelzungsvertrag allein abzuschließen. Zum anderen erfolgt, wie beschrieben,[554] eine Verschmelzungsprüfung durch unabhängige Sachverständige, in deren Rahmen gerade die Angemessenheit des Umtauschverhältnisses kontrolliert wird.

Außerdem gilt es zu berücksichtigen, dass ein vergleichbarer Konflikt zwischen dem Eigeninteresse am Entlastungserhalt und den Fremdinteressen der Anteilseigner auch bei Übernahmesachverhalten auftritt und auch dort nicht der Schluss gezogen wird, eine Entlastung sei nach einer erfolgreichen Übernahme unmöglich.[555] Auch wenn es im Falle eines Angebots zum Erwerb von Wertpapieren, auf das die Vorschriften des Wertpapiererwerbs- und Übernahmegesetzes (WpÜG) Anwendung finden, anders als im Falle einer Verschmelzung nicht zu Vertragsverhandlungen kommt, in deren Rahmen die Gegenleistung festgelegt wird, sondern der Bieter die Art und Höhe der angebotenen Gegenleistung unter Beachtung der Vorgaben der WpÜG-Angebotsverordnung selbst bestimmt, haben der Vorstand und der Aufsichtsrat der Zielgesellschaft, die – entsprechend der Rechtslage im Falle der Verschmelzung – allein dem Interesse dieser Gesellschaft verpflichtet sind,[556] gemäß § 27

---

[551] Siehe dazu oben: 1.Teil, 2.Kapitel, B.II.1.b).

[552] Vgl. *Austmann/Frost*, ZHR 169 (2005), 431, 435; *Happ*, in: Happ, Aktienrecht², 8.01, § 3 Abs. 1 e) i.V.m. § 8 Abs. 1 c); *Tomat*, in: Schüppen/Schaub, Münchener Anwaltshandbuch Aktienrecht, § 22, Rdnr. 222, § 3 Abs. 1 b), sowie allgemein zum Vorstand als „Kontrollzentrale des Unternehmens": *Martens*, FS Fleck, S. 191, 200 f.; *Hoffmann-Becking*, ZGR 1998, 497, 512 f.

[553] Vgl. zu dieser Typisierung *OLG Oldenburg*, ZIP 2006, 2087 (Leitsatz 4).

[554] Siehe oben 1. Teil, 2. Kapitel, B.II.3.

[555] Vgl. *Hirte*, in: KK zum WpÜG, § 33, Rdnr. 167. Auch in der Praxis wird eine Entlastung nach einer erfolgreichen Übernahme unproblematisch für möglich gehalten, wie ein Blick auf die Tagesordnungen nach den jüngst vollzogenen Übernahmen der Phoenix AG durch die Continental AG (vgl. FAZ vom 8.4.2005, S. 16), sowie der T-Online International AG durch die Deutsche Telekom AG (vgl. FAZ vom 15.3.2005, S. 12) zeigt.

[556] Klarstellend § 3 Abs. 3 WpÜG.

Abs. 1 Satz 2 Nr. 1 WpÜG eine begründete Stellungsnahme über die Art und Höhe der angebotenen Gegenleistung abzugeben. Diese Stellungsnahme ist für die Entscheidung der Anteilseigner der Zielgesellschaft, das Angebot des Bieters anzunehmen oder auszuschlagen, von besonderer, häufig gar entscheidender Bedeutung.[557] Wenn im übernahmerechtlichen Schrifttum nun, soweit ersichtlich, einzig andere Interessenkonflikte der Organmitglieder der Zielgesellschaft behandelt werden,[558] diesen Personen eine unbefangene Stellungsnahme zu Art und Höhe der angebotenen Gegenleistung also unabhängig davon zugetraut wird, dass der Bieter nach einer erfolgreichen Übernahme über die erforderliche Mehrheit verfügt, ihnen die Entlastung zu verweigern, kann insbesondere mit Blick darauf, dass Übernahmen häufig unmittelbar in Verschmelzungen münden,[559] im Verschmelzungsfalle nichts anderes gelten. Auch dort vermag der beschriebene Interessenkonflikt die Entlastungsmöglichkeit nicht auszuschließen.

Hinzu kommt, dass die Anteilseigner des übertragenden Rechtsträgers, wovon *Grunewald* an anderer Stelle selbst ausgeht, bereits umfassenden Schutz genießen.[560] Sind sie der Auffassung, dass die präventiven Schutzmechanismen, die das Umwandlungsgesetz vorsieht, versagt haben und das Umtauschverhältnis trotz der vorangegangenen Verschmelzungsprüfung zu niedrig bemessen sei, steht es ihnen nicht nur frei, die Organmitglieder des übertragenden Rechtsträgers nach § 25 Abs. 1 Satz 1 2.Alt. UmwG in Anspruch zu nehmen, sie können auch von dem übernehmenden respektive neuen Rechtsträger einen Ausgleich durch bare Zuzahlung zu verlangen[561] oder versuchen, sich bei dem Verschmelzungsprüfer schadlos zu hal-

---

[557] *Krause/Pötzsch*, in: Assmann/Pötzsch/Uwe H. Schneider, WpÜG, § 27, Rdnr. 61; *Hirte*, in: KK zum WpÜG, § 27, Rdnr. 3; *Schwennicke*, in: Geibel/Süßmann, WpÜG, § 27, Rdnr. 14.

[558] Vgl. *Hopt*, ZGR 2002, 333, 359 ff.; *Krebs*, Interessenkonflikte bei Aufsichtsratsmandaten in der Aktiengesellschaft, S. 105 f., 240 ff.; *J. Semler/Stengel*, NZG 2003, 1, 6 ff.; *Möllers*, ZIP 2006, 1615 ff.; *Krause/Pötzsch*, in: Assmann/Pötzsch/Uwe H. Schneider, WpÜG, § 33, Rdnr. 5 ff.; *Hirte*, in: KK zum WpÜG, § 33, Rdnr. 4.

[559] Siehe jüngst die Verschmelzung der Phoenix AG auf die Conti-Tech AG (FAZ vom 29.10.2004, S. 17; FAZ vom 29.12.2004, S. 17), sowie die Verschmelzung der T-Online International AG auf die Deutsche Telekom AG.

[560] *Grunewald*, in: Lutter, UmwG[3], § 25, Rdnr. 9; ebenso *Veil*, FS Raiser, S. 453, 469; *Martens*, AG 1986, 57, 63.

[561] § 15 Abs. 1 UmwG i.V.m. §§ 1 ff. SpruchG. Vgl. zum Verhältnis dieser beiden Rechtsbehelfe zueinander *Veil*, FS Raiser, S.453, 461 ff. A.A., die (spezial)präventive Funktion der Haftung nach § 25

ten.[562] Führt man sich all diese Rechtsschutzmöglichkeiten vor Augen, ist kein Schutzbedürfnis erkennbar, das den Schluss zu rechtfertigen vermag, eine Entlastung sei nach dem Vollzug der Verschmelzung unmöglich. Die bestehenden Rechtsschutzmöglichkeiten sprechen sogar für den gegenteiligen Schluss. Da den Anteilseignern des übertragenden Rechtsträgers, lässt man eine Entlastungsmöglichkeit zu, stets nur reversible Schäden drohen, sie die Versagung einer Entlastungsmöglichkeit demgegenüber irreversibel träfe, erscheint es einzig sachgerecht, einen Interessenkonflikt der Organmitglieder nicht im letztgenannten, die Anteilseigner des übertragenden Rechtsträgers unumkehrbar treffenden Sinne aufzulösen, sondern, wie an vielen anderen Stellen im Kapitalgesellschaftsrecht auch, als bekannt hinzunehmen und die Anteilseigner auf die ihnen qua Gesetz eingeräumten Möglichkeiten zu verweisen, ihre Rechte zu schützen.

Auch mit Blick darauf, dass der Gesetzgeber übertragende Rechtsträger nur in Ansehung der in § 25 Abs.1 Satz 1 1.Alt UmwG normierten und der in § 25 Abs. 2 Satz 1 2.Alt. UmwG in Bezug genommenen Ansprüche als fortbestehend fingiert, in Ansehung aller sonstigen Ansprüche aus pflichtwidrigem Handeln der Organmitglieder des übertragenden Rechtsträgers aber der übernehmende Rechtsträger an seine Stelle tritt, vermag die Behauptung, Abhängigkeiten der Organmitglieder des übertragenden Rechtsträgers von den Organen des übernehmenden Rechtsträgers seien ausgesprochen unerwünscht, nicht zu überzeugen. Mitunter ruinöse Ersatzansprüche dürften weit größere Abhängigkeiten zeitigen, als eine drohende Entlastungsverweigerung. Wenn der Gesetzgeber erstere zumindest billigend in Kauf genommen hat, kann für letztere nichts anderes gelten. Hiernach erweist sich auch das dritte vom Oberlandesgericht angeführte Argument als nicht stichhaltig.

Abs. 1 Satz 1 UmwG nicht gebührend berücksichtigend *Schnorbus*, ZHR 167 (2003), 666, 696 ff.; *Clemm/Dürrschmidt*, FS Widmann, S. 3, 8 f.; *Grunewald*, in: Lutter, UmwG³, § 25, Rdnr. 15; *Marsch-Barner*, in: Kallmeyer, UmwG³, § 25, Rdnr. 11; *Vossius*, in: Widmann/Mayer, Umwandlungsrecht, § 25 UmwG, Rdnr. 25 und 37; *Stratz*, in: Schmitt/Hörtnagl/Stratz, UmwG/UmwStG⁴, § 25 UmwG, Rdnr. 17.

[562] § 11 Abs. 2 UmwG i.V.m. § 323 HGB.

b) Etwaige weitere Sachgründe

aa) § 25 Abs. 1 Satz 1 1.Alt. und Abs. 2 Satz 1 2.Alt. 1.Var. UmwG

Die bereits wiederholt genannte Differenzierung zwischen den in § 25 Abs.1 Satz 1 1.Alt UmwG normierten sowie in § 25 Abs. 2 Satz 1 2.Alt. 1.Var. UmwG in Bezug genommenen Ersatzansprüchen auf der einen Seite, die nicht von der Gesamtnachfolge erfasst werden, vielmehr dem als fortbestehend fingierten übertragenden Rechtsträger verbleiben, und allen sonstigen Ansprüchen und Rechten aus pflichtwidrigem Organhandeln, die, von der Universalsukzession ergriffen auf den übernehmenden Rechtsträger übergehen, könnte jedoch der Schließung vor dem Vollzug der Verschmelzung entstandener Entlastungslücken entgegenstehen. Denn es ist, so könnte man einwenden, höchst zweifelhaft, ob eine „Teilentlastung" unter Ausklammerung in den Anwendungsbereich von § 25 Abs. 1 Satz 1 1.Alt sowie Abs. 2 Satz 1 2.Alt. 1.Var. UmwG fallenden Pflichtwidrigkeiten mit dem der Entlastung eigenen Charakter einer Gesamtbeurteilung[563] in Einklang zu bringen ist. Macht man sich bewusst, dass die im Zusammenhang mit der Verschmelzung stehenden Pflichten Ausdruck der besonderen Verantwortung sind, die die Verwaltungsmitglieder des übertragenden Rechtsträgers im Verschmelzungsfalle tragen,[564] kann von einer gesamthaften Beurteilung des Organhandelns in der Tat nur schwerlich gesprochen werden, wenn die Verwaltungsmitglieder sich für Pflichtwidrigkeiten, für die sie haftungsrechtlich in besonderem Maße verantwortlich sind, „politisch"[565] nicht verantworten können.
Doch auch dieser Einwand verfängt nicht. Dies gilt zunächst in Fällen, in denen sich die Organmitglieder des übertragenden Rechtsträgers stets pflichtgemäß verhalten haben. Denn in diesen Fällen ist eine Ausklammerung im Zusammenhang mit der Verschmelzung stehender Pflichtwidrigkeiten schlicht nicht möglich, so dass nicht nur eine „Teilentlastung", sondern, dem Charakter der Entlastung entsprechend, eine gesamthafte Beurteilung aller während der Entlastungsperiode vorgenommenen Handlungen erfolgen kann.

---

[563] Vgl. zur AG: *OLG Düsseldorf*, AG 1996, 273, 274; *OLG Hamburg*, AG 2005, 355, 357, sowie zum „gesamthaften" Charakter der Entlastung *Schmeling*, S. 18, 91; *Barner*, S. 31.

[564] *Schnorbus*, ZHR 167 (2003), 666, 676.

[565] So *Hommelhoff*, S. 168, 175 ff.

Auch in Fällen, in denen im Zusammenhang mit der Verschmelzung stehende Pflichtwidrigkeiten der Organmitglieder Ansprüche im Sinne von § 25 Abs. 1 Satz 1 1.Alt[566] und/oder Abs. 2 Satz 1 2.Alt. 1.Var. UmwG begründen, ist keineswegs nur eine (u.U. unzulässige) „Teilentlastung" unter Ausklammerung dieser Pflichtwidrigkeiten möglich. Der aufnehmende Rechtsträger tritt, wie bereits ausgeführt, grundsätzlich in vollem Umfang an die Stelle des übertragenden Rechtsträgers. § 25 Abs. 2 Satz 1 UmwG durchbricht diesen Grundsatz nur in Ansehung der darin genannten Ansprüche. Nur diese Ansprüche gehen nicht im Zuge der Gesamtnachfolge auf den übernehmenden respektive neuen Rechtsträger über. Die diesen Ansprüchen zugrunde liegenden Pflichtwidrigkeiten werden im Zuge der Gesamtnachfolge gleichwohl zu Angelegenheiten des aufnehmenden Rechtsträgers. Dass insoweit zwischen den nicht von der Gesamtnachfolge erfassten Ansprüchen und den von der Universalsukzession ergriffenen pflichtwidrigen Handlungen der Organmitglieder zu differenzieren ist, zeigt sich sehr deutlich in Fallkonstellationen, in denen vor dem Verschmelzungsvollzug keine Einigung über die Beendigung des Anstellungsverhältnisses eines Mitglieds der Geschäftsleitung erzielt werden konnte. Denn in diesem Fall kann der übernehmende oder neue Rechtsträger im Zusammenhang mit der Verschmelzung stehende Pflichtwidrigkeiten des Organmitglieds selbstverständlich zum Anlass nehmen, das im Wege der Gesamtnachfolge transferierte Anstellungsverhältnis aus wichtigem Grund fristlos zu kündigen. Ist § 25 UmwG Ausdruck der besonderen haftungsrechtlichen Verantwortung, die die Verwaltungsmitglieder des übertragenden Rechtsträgers im Verschmelzungsfalle tragen, wäre es ein grober, nicht hinnehmbarer Wertungswiderspruch, ihnen im Zusammenhang mit der Verschmelzung in Ansehung des Dienstverhältnisses einen nahezu sanktionsfreien Raum zuzubilligen. Da hinsichtlich der Entlastung nichts anderes gilt, kann kein Zweifel daran bestehen, dass die Vorstellung, in Fällen, in denen im Zusammenhang

[566] Wie von *Schnorbus* (ZHR 167 (2003), 666, 694 f.) überzeugend dargelegt, ist ein durch die Verschmelzung erlittener Schaden des übertragenden Rechtsträgers im Sinne von § 25 Abs. 1 Satz 1 1.Alt. UmwG ohnehin nicht darstellbar. Im Grundsatz ebenso *Martens*, AG 1986, 57, 63. A.A. *Grunewald*, in: Lutter, UmwG[3], § 25, Rdnr. 14; *Marsch-Barner*, in: Kallmeyer, UmwG[3], § 25, Rdnr. 9; *Stratz*, in: Schmitt/Hörtnagl/Stratz, UmwG/UmwStG[4], § 25 UmwG, Rdnr. 18.

mit der Verschmelzung stehende Pflichtwidrigkeiten vorliegen, sei lediglich eine (u.U. unzulässige) „Teilentlastung" möglich, fehl geht.[567]

Auch die Tatsache, dass die in § 25 Abs. 1 Satz 1 1.Alt. UmwG normierten und in § 25 Abs. 2 Satz 1 2.Alt. 1.Var. UmwG in Bezug genommenen Ansprüche des als fortbestehend fingierten übertragenden Rechtsträgers nicht zur Disposition (der Anteilseignerversammlung) des übernehmenden Rechtsträgers stehen,[568] hindert eine gesamthafte Entlastungsentscheidung nicht. Denn die Verfügungsbefugnis ist – entgegen anderslautenden Stimmen im Schrifttum –[569] nicht Voraussetzung für einen Entscheid über die Frage der Entlastung. Dies zeigt ein Blick auf das Insolvenzrecht, wo die Verfügungs- und die Entlastungsbefugnis nicht nur teilweise, sondern vollends auseinanderfallen: Während die Verfügungsbefugnis dem Insolvenzverwalter zusteht,[570] bleiben die Anteilseigner nach zutreffender, nunmehr herrschender Ansicht befugt, über die Entlastung der Organmitglieder Beschluss zu fassen.[571] Die fehlende Verfügungsbefugnis steht einer Entlastungsentscheidung somit nicht entgegen.[572]

---

[567] Ebenso für den Fall eines Verstoßes gegen die gemäß § 5 Abs. 1 Nr. 8 UmwG bestehende Pflicht, im Zusammenhang mit der Verschmelzung stehende Sondervorteile, die Organmitgliedern der beteiligten Rechtsträger gewährt werden, im Verschmelzungsvertrag anzugeben *OLG Hamburg*, AG 2005, 355, 357. Außerdem gilt es zu beachten, dass sich das *Auskunftsrecht* eines Aktionärs des aufnehmenden Rechtsträgers nach dem Verschmelzungsvollzug auch auf etwaige im Zusammenhang mit der Verschmelzung stehende Fehlleistungen der Organmitglieder übertragender Rechtsträger erstrecken kann, *BGH*, AG 2005, 87, 88 f., sowie eine *Sonderprüfung* auch in Ansehung im Zusammenhang mit der Verschmelzung stehender Pflichtwidrigkeiten möglich ist, vgl. *OLG München*, AG 2001, 197.

[568] *Schnorbus*, ZHR 167 (2003), 666, 672, 677 f.

[569] Vgl. *Picenoni*, Der Entlastungsbeschluss, S. 26, nach dem die Entlastung nur von einem Organ erteilt werden kann, dem die Befugnis zukommt, über das Gesellschaftsvermögen zu verfügen.

[570] § 80 Abs. 1 InsO.

[571] *H.-F. Müller*, Der Verband in der Insolvenz, S. 166 f.; *Barner*, S. 27; *Hüffer*, in: MK zum AktG², § 264, Rdnr. 78; *K. Schmidt*, ZGR 1978, 425, 431 f.; *Haas*, in: Gottwald, Insolvenzrechts-Handbuch², § 92, Rdnr. 154; *Robrecht*, DB 1968, 471, 472. A.A. *KG*, GmbHR 1959, 257 (Befugnis des Konkursverwalters). Differenzierend *Siegelmann*, DB 1967, 1029, 1030.

[572] Sie wirkt sich lediglich im Rahmen der Rechtsfolgen aus, die eine erteilte Entlastung leisten kann. So vermag die Entlastungserteilung im Falle einer insolventen GmbH beispielsweise keine den Gesellschaftern erkennbaren Ersatzansprüche in Fortfall zu bringen *Müller*, S. 166 f.; *Barner*, S. 27; *K. Schmidt*, ZGR 1978, 425, 431 f.; *Haas*, in: Gottwald, Insolvenzrechts-Handbuch², § 92, Rdnr. 154.

bb) Keine Entlastung im Falle von Mischverschmelzungen?

Vermochte bislang keiner der genannten Gründe die Möglichkeit, vor dem Vollzug der Verschmelzung entstandene Entlastungslücken nach dem Verschmelzungsvollzug zu schließen, insgesamt in Zweifel zu ziehen, lässt sich fragen, ob eine Entlastungsmöglichkeit nicht zumindest im Falle von Mischverschmelzungen ausscheiden muss. Macht man sich bewusst, dass die Rechtsstellung eines GmbH-Geschäftsführers von der eines Vorstandsmitglieds und die eines GmbH-Gesellschafters von der eines Aktionärs in vielerlei Hinsicht differiert, ist keineswegs klar, ob GmbH-Gesellschafter ohne weiteres den ehemaligen Vorstand einer AG entlasten können bzw. die Aktionäre im umgekehrten Fall ohne weiteres den ehemaligen Geschäftsführer einer GmbH. In Anlehnung an *L. Claussen*[573] gilt es deshalb zu fragen, ob die Rechtsformbezogenheit im Falle der Entlastung so stark ausgeprägt ist, „um bei einem Rechtsformwechsel[574] ein Erlöschen und damit die Diskontinuität zu begründen."

Diese Frage ist zu verneinen.[575] Im Einklang mit der ganz herrschenden Meinung in der Literatur ist davon auszugehen, dass die Entlastung sowohl bei Aktiengesellschaften als auch bei Gesellschaften mbH ein einheitliches Rechtsinstitut bildet.[576] Dies legt bereits die einheitliche Terminologie innerhalb des GmbH- und des Aktiengesetzes nahe. Entscheidend hierfür ist jedoch letztlich zweierlei: Zum einen die *gleiche Funktion*,[577] die der Entlastung – wie an anderer Stelle bereits ausgeführt –[578] sowohl im Aktien- als auch im GmbH-Recht zukommt. Zum anderen der *einheitliche Inhalt* der Entlastungsentscheidung,[579] da bei Aktiengesellschaften und Gesellschaften mbH gleichermaßen vergangenes Handeln entweder gebilligt oder missbilligt

---

573 *L. Claussen*, S. 77.

574 Damit meint *L. Claussen* ersichtlich nicht einen Formwechsel im Sinne der §§ 190 ff. UmwG, sondern den Wechsel der Rechtsform, den jede Mischverschmelzung für den übertragenden Rechtsträger zeitigt (vgl. *K. Mertens*, S. 239; *Hirte*, ZInsO 2004, 353, 356).

575 So wohl auch *L. Claussen*, S. 78.

576 *Tellis*, S. 39 f., 55; *Buchner*, GmbHR 1988, 9; *Sethe*, ZIP 1996, 1321, 1324; *Barner*, S. 47.

577 *Tellis*, S. 40; *ders.*, ZHR 156 (1992), 256, 259; *K. Schmidt*, ZGR 1978, 425, 440 f., *ders.*, in: Scholz, GmbHG^9, § 46, Rdnr. 102.

578 Siehe oben: 1.Teil, 1.Kapitel, A.IV.

579 *Tellis*, S. 40, 123; *K. Schmidt*, ZGR 1978, 425, 432. Fälschlicherweise Inhalt und Reichweite der Entlastung gleichstellend und deshalb a.A. *Hügel/Klepsch*, NZG 2005, 905.

wird und im Falle der Billigung – je nach den Umständen des Einzelfalls – ein zukunftsgerichteter Vertrauensausspruch hinzutritt.[580]

Die Möglichkeit, im Wege der Entlastungserteilung bei Gesellschaften mit beschränkter Haftung weitergehende Rechtsfolgen zu zeitigen,[581] vermag den einheitlichen Charakter des Entlastungsinstituts nicht in Frage zu stellen:

Dies gilt zunächst in Fällen, in denen die Entlastungserteilung keine weiterreichenden Rechtsfolgen herbeiführt. Da es im GmbH-Recht stets von den Umständen des Einzelfalls abhängt, ob die Entlastungserteilung tatsächlich weitergehendere Rechtsfolgen zeitigt und Ersatz- oder sonstige Ansprüche in Fortfall bringt, gibt es eine Vielzahl von Fallkonstellationen, in denen es auf Rechtsfolgenseite keinerlei Unterschiede zwischen GmbH- und Aktienrecht gibt. Fehlt es beispielsweise an einer Ersatzpflichten auslösenden Pflichtverletzung eines Organmitglieds, sind Ersatz- oder sonstige Ansprüche für die GmbH-Gesellschafter schlicht nicht erkennbar oder entziehen Gläubigerschutzgesichtspunkte bestehende Ansprüche der Dispositionsbefugnis der Gesellschafter,[582] herrscht im GmbH- und Aktienrecht völliger Rechtsfolgengleichlauf, so dass die Rechtsfolgenseite keine institutionellen Unterschiede zwischen der Entlastung des GmbH-Rechts und der des Aktienrechts zu begründen vermag.

Doch auch in Fällen, in denen Ersatz- oder sonstige Ansprüche im Zuge der Entlastung tatsächlich in Wegfall geraten, besteht kein Zweifel an der Einheitlichkeit des Rechtsinstituts. Da es im Wege der einseitigen Fokussierung der Rechtsfolgen, wie eingangs dargestellt,[583] nicht möglich ist, das Institut der Entlastung zu erfassen,[584] lassen sich auf diesem Wege auch keine institutionellen Unterschiede zwischen der Entlastung des GmbH- und der des Aktienrechts begründen.

---

[580] Siehe oben: 1.Teil, 1. Kapitel, C.I. und D.I. Weitere Parallelen zeigen sich im Hinblick auf den Ausschluss des Stimmrechts (vgl. oben: 1.Teil, 1.Kapitel, B.II.2. b)) sowie im Hinblick darauf, dass Entlastungsbeschlüsse, mit denen ein Verhalten, das „eindeutig einen schwerwiegenden Gesetzes- oder Satzungsverstoß darstellt", gebilligt wird, anfechtbar sind, zur AG: BGHZ 153, 47, 51; *BGH*, AG 2005, 87, 88; *OLG Hamburg*, AG 2005, 355, 356, sowie zur GmbH: *BGH*, GmbHR 2003, 712, 714.

[581] Siehe oben: 1.Teil, 1.Kapitel, C.II.1.

[582] Siehe oben: 1.Teil, 1.Kapitel, C.II.1.

[583] Siehe oben: 1.Teil, 1.Kapitel, A.V.

[584] Vgl. *K. Schmidt*, ZGR 1978, 425, 429: „Diese juristisch am klarsten greifbare Rechtsfolge der Entlastung herauszugreifen und mit ihr die „Rechtsnatur der Entlastung" zu erklären, ist aber ein Irrweg".

Losgelöst von etwaigen rechtsformspezifischen Unterschieden auf Rechtsfolgenseite bildet die Entlastung im GmbH- und im Aktienrecht ein einheitliches Rechtsinstitut. So wenig in Zweifel gezogen wird, dass die Anteilseigner des übertragenden Rechtsträgers, die im Zuge der Verschmelzung zu Neuanteilseignern des aufnehmenden Rechtsträgers werden, in der Lage sind, im Wege der Entlastung vor dem Verschmelzungsvollzug liegende Handlungen der Organmitglieder eines aufnehmenden Rechtsträgers anderer Rechtsform zu billigen oder zu missbilligen, so wenig sind Zweifel daran angebracht, dass die Altanteilseigner des aufnehmenden Rechtsträgers in der Lage sind, im Wege der Entlastung vor dem Verschmelzungsvollzug liegende Handlungen der Organmitglieder eines übertragenden Rechtsträgers anderer Rechtsform zu billigen oder zu missbilligen.[585]

cc) Entlastungsbezogene Informationen

(1) Rechnungslegung

Oben wurde bereits wiederholt darauf hingewiesen, dass eine Entlastungsentscheidung stets der Rechnungslegung bedarf. Ein Teil derjenigen, die von der Möglichkeit, vor dem Vollzug der Verschmelzung auf der Seite des übertragenden Rechtsträgers entstandene Entlastungslücken nach dem Verschmelzungsvollzug auf der Seite des aufnehmenden Rechtsträgers zu schließen, ausgehen, schränken diese Möglichkeit jedoch mit Blick auf die Rechnungslegung ein.[586] Insoweit ist wie folgt zu differenzieren:

Vergleichsweise unproblematisch gestaltet sich die Lückenschließung im Regelfall,[587] in dem die Verschmelzung noch während des mit dem Verschmelzungsstichtag[588] beginnenden Geschäftsjahres wirksam wird:

---

[585] Zu der Frage, ob in Fällen, in denen Gesellschaften mbH auf Aktiengesellschaften verschmolzen werden, § 120 Abs. 2 Satz 2 AktG zur Anwendung kommt, siehe unten: 2.Teil, B.I.5.

[586] *Hoffmann-Becking*, FS Ulmer, S. 243, 248; *Marsch-Barner*, in: Kallmeyer, UmwG³, § 20, Rdnr. 17. Ohne entsprechende Einschränkung indes *Vossius*, in: Widmann/Mayer, Umwandlungsrecht, § 20 UmwG, Rdnr. 330; *Mülbert*, in: Großkommentar AktG⁴, § 120, Rdnr. 96; *Eckardt*, in: Geßler/Hefermehl/Eckardt/Kropff, AktG, § 120, Rdnr. 31.

[587] So *Müller*, WPg 1996, 857, 861; *Priester*, in: Lutter, UmwG³, § 24, Rdnr. 27 f.; *ders.*, BB 1992, 1594, 1595; *Tischer*, WPg 1996, 745 und 747.

[588] § 5 Abs. 1 Nr. 6 UmwG.

Im Rahmen der Darstellung des Verschmelzungsverfahrens[589] wurde bereits darauf hingewiesen, dass die Bilanz aus dem Jahresabschluss des Vorjahres in aller Regel als Schlussbilanz des übertragenden Rechtsträgers im Sinne von § 17 Abs. 2 UmwG verwendet wird. Geht man hiervon und zugleich davon aus, dass das Geschäftsjahr des übertragenden Rechtsträgers dem Kalenderjahr entspricht, fällt der Stichtag der Schlussbilanz auf den 31. Dezember des Vorjahres und der Verschmelzungsstichtag auf den 1. Januar des Folgejahres.[590] Kommt es noch innerhalb des Folgejahres zum Vollzug der Verschmelzung, bestehen keine Lücken, die nicht geschlossen werden können:

Die in Ansehung des Vorjahres bestehende Entlastungslücke kann während des Folgejahres durch die Anteilseignerversammlung des übertragenden Rechtsträgers geschlossen werden. Da der den „Wechsel der Rechnungslegung" markierende Verschmelzungsstichtag[591] auf den 1. Januar des Folgejahres fällt, bleiben die Organe des übertragenden Rechtsträgers bezüglich des Vorjahres zur Rechnungslegung verpflichtet. Demgemäss ist der Jahresabschluss und – soweit erforderlich –[592] der Lagebericht für das Vorjahr aufzustellen, der Jahresabschluss festzustellen und ein etwaiger Aufsichtsratsbericht zu erstellen. Damit liegen alle Unterlagen vor,[593] die nötig sind, um über die Frage der Entlastung der Organmitglieder des übertragenden Rechtsträgers für das Vorjahr Beschluss zu fassen. Auf der ordentlichen Anteilseignerversammlung des übertragenden Rechtsträgers, auf der die Anteilseigner ihre Zustimmung zum Verschmelzungsvertrag erklären, kann deshalb auch über die Frage der Entlastung Beschluss gefasst werden.[594]

Blickt man nun auf die in Ansehung des Folgejahres bestehende Entlastungslücke, zeigt sich, dass alle seit dem Verschmelzungsstichtag, sprich dem 1. Januar bis zum

---

[589] Siehe oben: 1.Teil, 2.Kapitel, B.I.

[590] Zum zeitlichen Zusammenhang zwischen dem Stichtag der Schlussbilanz und dem – unmittelbar nachfolgenden – Verschmelzungsstichtag *Budde/Zerwas*, in: Budde/Förschle, Sonderbilanzen[3], F Anm. 39 f.; Stellungnahme HFA 2/1997, Abschn. 111, WPg 1997, 235; *Priester*, in: Lutter, UmwG[3], § 24, Rdnr. 13; *Lutter/Drygala*, in: Lutter, UmwG[3], § 5, Rdnr. 42; *Hoffmann-Becking*, FS Fleck, S. 105, 111 f. A.A. *Müller*, in: Kallmeyer, UmwG[3], § 5, Rdnr. 33 f.; *ders.*, WPg 1996, 857, 859.

[591] So *Lutter/Drygala*, in: Lutter, UmwG[3], § 5, Rdnr. 42; *Hoffmann-Becking*, FS Fleck, S. 105, 110 f.

[592] §§ 264 Abs. 1 Satz 3, 267 Abs. 1 HGB.

[593] Zu etwaigen Modifikationen siehe oben: 1.Teil, 1.Kapitel, B.I.

[594] Insoweit zutreffend *Seybold*, DNotZ 1934, 716, 719 (TOP 4: Entlastung von Vorstand und Aufsichtsrat für das Geschäftsjahr 1933/34).

Verschmelzungsvollzug vorgenommenen Handlungen des übertragenden Rechtsträgers gemäß § 5 Abs. 1 Nr. 6 UmwG als für Rechnung des aufnehmenden Rechtsträgers vorgenommen gelten und alle während dieses Zeitraums angefallenen Geschäftsvorfälle des übertragenden Rechtsträgers, im Jahresabschluss des aufnehmenden Rechtsträgers zu erfassen sind.[595] Da auch ein etwaiger Lagebericht hierzu Stellung zu beziehen[596] und ein zur Prüfung des Jahresabschlusses und des Lageberichts verpflichteter Aufsichtsrat des aufnehmenden Rechtsträgers auch insoweit an die Anteilseignerversammlung zu berichten hat, ist es den Anteilseignern des aufnehmenden Rechtsträgers möglich, im Folgejahr entstandene Entlastungslücken zu schließen.[597]

Problematischer gestaltet sich demgegenüber die Behandlung von Fällen, in denen die Verschmelzung bis zum Ende des ersten Geschäftsjahres nach dem Verschmelzungsstichtag noch nicht wirksam geworden ist. Die Gefahr einer solchen *schwebenden Umwandlung*[598] besteht insbesondere[599] im Falle von Klagen gegen die Wirksamkeit des Verschmelzungsbeschlusses, die, wie an anderer Stelle bereits ausgeführt,[600] den Vollzug der Strukturmaßnahme erheblich verzögern können. Kommt es tatsächlich zu einer Verzögerung des Verschmelzungsvollzugs, sind in Ansehung der Rechnungslegung und der Entlastung folgende drei Konstellationen zu unterscheiden:

Zunächst sind all die Fälle zu behandeln, in denen bis zum Ende des ersten Geschäftsjahrs – mangels Verschmelzungsvollzugs – zwar noch nicht das zivilrechtliche Eigentum auf den übernehmenden Rechtsträger übergegangen ist, wohl aber das „wirtschaftliche Eigentum". Das Institut der Wirtschaftsprüfer hat insgesamt vier ku-

---

[595] *OLG Hamburg*, AG 2005, 355, 357; *Martens*, AG 1986, 57, 58; *Naraschewski*, S. 138 f.; *Priester*, in: Lutter, UmwG[3], § 24, Rdnr. 24; Stellungnahme HFA 2/1997, Abschn. 3, WPg 1997, 235, 238; *Tischer*, WPg 1996, 745, 747, 748.

[596] *Martens*, AG 1986, 57, 58, Fn. 10, wobei er noch den seit Inkrafttreten des Bilanzrichtlinien-Gesetztes (BiRiLiG, BGBl. 1985 I, S. 2355 ff.) überholten Begriff des Geschäftsberichts gebraucht.

[597] So i.E. auch *OLG Hamburg*, AG 2005, 355, 357.

[598] *Kiem*, ZIP 1999, 173 ff., passim.

[599] Siehe zu weiteren Störungen innerhalb des Eintragungsverfahrens *Kiem*, ZIP 1999, 173, 175; *Priester*, BB 1992, 1594.

[600] Siehe oben: 1.Teil, 2.Kapitel, B.IV.

mulativ zu erfüllende Voraussetzungen aufgestellt,[601] bei deren Vorliegen das „wirtschaftliche Eigentum" bereits vor dem Vollzug der Verschmelzung auf den übernehmenden Rechtsträger übergeht. Liegt jede dieser Voraussetzungen vor und das wirtschaftliche Eigentum am Abschlussstichtag bereits beim übernehmenden Rechtsträger, hat dieser die Verschmelzung abzubilden, als ob die Eintragung erfolgt wäre.[602] Die Verschmelzung ist deshalb genau wie im Regelfall abzubilden, in dem die Eintragung vor dem Abschlussstichtag erfolgt ist. So wie im Regelfall kann die in Ansehung des Vorjahres bestehende Entlastungslücke während des Folgejahres durch die Anteilseigner des übertragenden Rechtsträgers geschlossen werden sowie die in Anbetracht des Folgejahres bestehende Lücke während des darauffolgenden Jahres durch die Eigner des übernehmenden Rechtsträgers.

Eine vollständige Schließung entstandener Entlastungslücken ist zudem immer dann möglich, wenn die Verschmelzung – im anschließenden oder einem späteren Geschäftsjahr – zu einem Zeitpunkt vollzogen wird, zu dem die Organe des übertragenden Rechtsträgers bereits für das jeweils vergangene Geschäftsjahr Rechenschaft gelegt haben und eine Anteilseignerversammlung stattgefunden hat, auf der über die Entlastung für das vergangenen Geschäftsjahr Beschluss gefasst wurde. Dass es erst zu diesem Zeitpunkt zum Vollzug der Verschmelzung kommt, lässt sich in der Praxis durch entsprechende Vorkehrungen im Verschmelzungsvertrag und durch eine Abstimmung mit dem Registerrichter sicherstellen.[603]

---

[601] Stellungnahme HFA 2/1997, Abschn. 21, WPg 1997, 235, 236 f.; ähnlich zuvor bereits *Tischer*, WPg 1996, 745, 747 ff.

[602] Stellungnahme HFA 2/1997, Abschn. 22a), WPg 1997, 235, 237. Ebenso *Tischer*, WPg 1996, 745, 750, 751.

[603] Vgl. die auf § 8 des Mustervertrages XI.1. von *Hoffmann-Becking* (in: Heidenhain/Meister, Münchener Vertragshandbuch, Band 1, Gesellschaftsrecht[6]) basierende, letztlich auch die Entlastung sicherstellende Regelung in § 10 Abs. 2 des Verschmelzungsvertrages zwischen der T-Online International AG (TOI AG) und der Deutschen Telekom AG (DTAG). § 1 dieses Vertrages weist den 31. Dezember 2004 als Stichtag der Schlussbilanz der übertragenden TOI AG und den – unmittelbar nachfolgenden – 1. Januar 2005 als Verschmelzungsstichtag aus. § 10 sieht nun Stichtagsänderungen insbesondere für den Fall vor, dass die Verschmelzung nicht bis zum Ablauf des 31. Januar 2006 vollzogen ist. In diesem Falle ist – genau um ein Jahr zeitversetzt – der 31. Dezember 2005 der Stichtag der Schlussbilanz und der 1. Januar 2006 der Verschmelzungsstichtag. § 10 Abs. 2 lautet: „Falls die Verschmelzung nicht bis zum 31. Januar 2006 in das Handelsregister der DTAG eingetragen worden ist, soll die Verschmelzung erst nach der ordentlichen Hauptversammlung 2006 sowohl der TOI

Hinsichtlich des ersten, mit dem 31. Dezember und damit dem Stichtag der Schlussbilanz endenden Geschäftsjahres ergeben sich keinerlei Unterschiede zum Regelfall. Die in Anbetracht des ersten Jahres bestehende Entlastungslücke kann während des zweiten Jahres durch die Anteilseignerversammlung des übertragenden Rechtsträgers geschlossen werden.

Auch in Ansehung des zweiten Geschäftsjahres, in dem die Verschmelzung bereits vollzogen werden sollte, ist eine Entlastungsentscheidung der Anteilseigner des übertragenden Rechtsträgers möglich, wenn die vorgenannte Bedingung eingetreten ist und die Verschmelzung im nachfolgenden, dritten Geschäftsjahr[604] zu einem Zeitpunkt wirksam wird, zu dem die Organe des übertragenden Rechtsträgers für das vergangene, zweite Geschäftsjahr Rechenschaft gelegt haben und eine Versammlung der Anteilseigner des übertragenden Rechtsträgers stattgefunden hat. Einer Entscheidung durch die Anteilseigner des übertragenden Rechtsträgers steht insbesondere nicht entgegen, dass der Verschmelzungsstichtag nach gängiger Formulierung[605] den „Wechsel der Rechnungslegung" markiert, so dass – aus ex ante-Sicht – alle während des zweiten Geschäftsjahres getätigten Handlungen des übertragenden Rechtsträgers als für Rechnung des übernehmenden Rechtsträgers vorgenommen gelten. Denn zum einen muss der Verschmelzungsstichtag in den Fällen *schwebender Umwandlungen* ohnehin angepasst werden.[606] Geht man davon aus, dass der Verschmelzungsvertrag, wie in der Praxis üblich,[607] mit einer „rollierenden" Stichtagsregelung versehen ist, durch die sich auch der Verschmelzungsstichtag (jeweils) um

---

AG als auch der DTAG, die jeweils über die Gewinnverwendung für das Geschäftsjahr 2005 beschließen, in das Handelsregister der DTAG eingetragen werden. Die Vorstände der DTAG und der TOI AG werden dies gegebenenfalls durch entsprechende Nachträge zu den jeweiligen Handelsregisteranmeldungen sicherstellen." Im Rahmen der ordentlichen Hauptversammlung kann nicht nur über die Gewinnverwendung beschlossen werden, sondern auch über die Entlastung der Organmitglieder.

[604] Der Verschmelzungsvollzug binnen des dritten Geschäftsjahres wurde rein exemplarisch gewählt. Bei entsprechender Verfahrensdauer – wie etwa im Falle der Verschmelzung der Dürkopp-Werke GmbH auf die Kochs-Adler AG (*OLG Hamm*, DB 1992, 417) – ist auch ein längerer, über mehrere Bilanzstichtage reichender Schwebezustand möglich. Andere Rechtsfragen stellen sich in diesem Falle aber nicht.

[605] So *Lutter/Drygala*, in: Lutter, UmwG[3], § 5, Rdnr. 42; *Hoffmann-Becking*, FS Fleck, S. 105, 110 f.

[606] *Budde/Zerwas*, in: Budde/Förschle, Sonderbilanzen[3], F Anm. 38.

[607] *Austmann/Frost*, ZHR 169 (2005), 431, 464. Vgl. ferner § 8 Abs. 1 des Mustervertrages XI.1 von *Hoffmann-Becking*, in: Heidenhain/Meister, Münchener Vertragshandbuch, Band 1, Gesellschaftsrecht[6].

ein Jahr verschiebt,[608] wird deutlich, dass es in Anbetracht des zweiten Geschäftsjahres schon aus diesem Grunde nicht zu einem „Wechsel der Rechnungslegung" kommt, vielmehr für alle im zweiten Geschäftsjahr angefallenen Geschäftsvorfälle seitens des übertragenden Rechtsträgers Rechnung zu legen ist und dessen Anteilseigner auf Grundlage dieser Rechnungslegung auch über die Entlastung der Organmitglieder befinden können. Doch auch unabhängig von der jeweiligen Gestaltung des Verschmelzungsvertrages bleibt der übertragende Rechtsträger in den Fällen *schwebender Umwandlungen* zur Rechnungslegung verpflichtet. Die Rechnungslegungspflicht der übertragenden Gesellschaft endet erst mit dem Vollzug der Verschmelzung.[609] Wird die Verschmelzung nun im nachfolgenden, dritten Geschäftsjahr erst zu einem Zeitpunkt vollzogen, zu dem die Organe des übertragenden Rechtsträgers für das vergangene, zweite Geschäftsjahr Rechenschaft gelegt haben und eine Anteilseignerversammlung des übertragenden Rechtsträgers stattgefunden hat, besteht Gelegenheit, auch die im zweiten Geschäftsjahr entstandene Lücke durch die Anteilseigner des übertragenden Rechtsträgers zu füllen.
Blickt man auf das dritte Geschäftsjahr, zeigt sich, dass alle noch auf der Seite des übertragenden Rechtsträgers angefallenen Geschäftsvorfälle in die Rechenschaftslegung des aufnehmenden Rechtsträgers einfließen und damit – abgesehen von der zeitlichen Verschiebung, wie im Regelfall – eine Entlastungsentscheidung durch die Anteilseigner des übernehmenden Rechtsträgers möglich ist.

Hiernach verbleiben nur noch Fälle *schwebender Umwandlungen*, in denen der übernehmende Rechtsträger binnen Jahresfrist kein „wirtschaftliches Eigentum" erworben hat und die Verschmelzung – mangels Vorsorge im Verschmelzungsvertrag – zu einem Zeitpunkt vollzogen wird, zu dem die turnusmäßige ordentliche Ver-

---

[608] Vgl. etwa § 10 des Verschmelzungsvertrages zwischen der T-Online International AG und der Deutschen Telekom AG bzw. § 8 des Verschmelzungsvertrages zwischen der Thyssen AG und der Fried. Krupp AG Hoesch-Krupp, sowie allgemein zu „rollierenden" Stichtagsregelungen *Kiem*, ZIP 1999, 173, 175 f.; *Lutter/Drygala*, in: Lutter, UmwG[3], § 5, Rdnr. 43; *Priester*, DNotZ 1995, 427, 438 f.; Stellungnahme HFA 2/1997, Abschn. 13, WPg 1997, 235, 236; *Hoffmann-Becking*, FS Fleck, S. 105, 119 f.; *Martens*, AG 1986, 57, Fn.1. Kritisch demgegenüber *Schütz/Fett*, DB 2002, 2696 ff.

[609] *Müller*, WPg 1996, 857, 859, 861; Stellungnahme HFA 2/1997, Abschn. 12, WPg 1997, 235, 236; *Naraschewski*, S. 137, 142, 147, 152; *Priester*, in: Lutter, UmwG[3], § 24, Rdnr. 27; *ders.*, BB 1992, 1594, 1596; *Bula/Schlösser*, in: Sagasser/Bula/Brünger, Umwandlungen[3], S. 323.

sammlung der Anteilseigner des übertragenden Rechtsträgers nicht stattgefunden hat.

In Ansehung des ersten und, um bei dem vorgenannten Beispiel zu bleiben, des dritten Geschäftsjahres bestehen keinerlei Unterschiede zu diesem Beispielsfall. Die Entlastung für das Handeln im ersten Geschäftsjahr kann binnen des zweiten Geschäftsjahres durch die Anteilseigner des übertragenden Rechtsträgers erfolgen und über die Tätigkeit im dritten Geschäftsjahr können die Eigner des übernehmenden Rechtsträgers binnen des vierten Geschäftsjahres richten.

Anders verhält es sich jedoch im Hinblick auf das zweite Geschäftsjahr:

Wird die Verschmelzung während des dritten Geschäftsjahres noch vor der turnusmäßigen Versammlung der Anteilseigner des übertragenden Rechtsträgers vollzogen, besteht keine Möglichkeit, eine Entlastungsentscheidung durch die Anteilseigner des übertragenden Rechtsträgers zu treffen. Wie oben bereits ausgeführt,[610] erlöschen mit dem übertragenden Rechtsträger all seine Organe, so dass eine Entlastungsentscheidung durch die Hauptversammlung einer übertragenden Aktiengesellschaft ebenso ausscheidet wie ein Entscheid durch die Gesellschafter einer übertragenden GmbH.

Auch eine Beschlussfassung durch die Anteilseigner des übernehmenden Rechtsträgers scheidet aus. Anders als im Falle des Übergangs „wirtschaftlichen Eigentums" können alle Geschäftsvorfälle, die sich im zweiten Geschäftsjahr auf der Seite des übertragenden Rechtsträgers ereignet haben, nicht in der – für diese Periode zu erstellenden – Rechnungslegung des übernehmenden Rechtsträgers erfasst werden.[611] Ohne die erforderlichen, entlastungsspezifischen Informationen ist es den Anteilseignern des übernehmenden Rechtsträgers nicht möglich, im Laufe des zweiten Geschäftsjahres vorgenommene Handlungen im Laufe des dritten Geschäftsjahres zu billigen oder zu missbilligen.[612]

Im vierten Geschäftsjahr muss eine Entscheidung der Anteilseigner des übernehmenden Rechtsträgers über die im Laufe des zweiten Geschäftsjahres vorgenom-

---

[610] Siehe oben: 2. Teil, A.

[611] *Widmann*, in: Widmann/Mayer, Umwandlungsrecht, § 24 UmwG, Rdnr. 555; *Priester*, in: Lutter, UmwG[3], § 24, Rdnr. 28 ff. Teilweise a.A. früher noch *ders.*, in: Lutter, UmwG[1], § 24, Rdnr. 26; *ders.*, BB 1992, 1594, 1597 f., sowie aktuell *Naraschewski*, S. 147 ff.; *Mayer*, in: Widmann/Mayer, Umwandlungsrecht, § 24 UmwG, Rdnr. 155.

[612] I.E. ebenso *Hoffmann-Becking*, FS Ulmer, S. 243, 248.

menen Handlungen der Organmitglieder des übertragenden Rechtsträgers ebenfalls ausscheiden. Der Verschmelzungsvollzug während des dritten Geschäftsjahres bildet für den übernehmenden Rechtsträger zwar einen laufenden Geschäftsvorfall, kraft dessen der übernehmende Rechtsträger die auf ihn übergegangenen Vermögensgegenstände und Schulden bei sich einzubuchen hat.[613] Dies hat jedoch allein zur Folge, dass die Verschmelzung ihren bilanziellen Niederschlag in der für das dritte Geschäftsjahr zu erstellenden Jahresbilanz des übernehmenden Rechtsträgers findet,[614] in Bezug auf das zweite Geschäftsjahr fehlt es indes an einer Bilanz unter Einbeziehung der Aktiva und Passiva des übertragenden Rechtsträgers sowie einer Gewinn- und Verlustrechnung, die einen etwaigen Bilanzgewinn oder Bilanzverlust des übertragenden Rechtsträgers ausweist. Ohne diese und die weiteren entlastungsbezogenen Informationen kann auch zeitversetzt keine Schließung im zweiten Geschäftsjahr entstandener Entlastungslücken erfolgen.

Hiernach lässt sich festhalten, dass das Erfordernis, hinsichtlich der Entlastungsperiode Rechnung zu legen, bei entsprechenden Vorkehrungen im Verschmelzungsvertrag nicht dazu führen muss, dass in Ansehung bestimmter Zeitabschnitte Entlastungslücken verbleiben. Nur in den eng begrenzten Ausnahmefällen *schwebender Verschmelzungen*, in denen das „wirtschaftliche Eigentum" noch nicht binnen Jahresfrist auf den übernehmenden Rechtsträger übergegangen ist und die Verschmelzung – mangels vertraglicher Vorkehrung – zu einem Zeitpunkt vollzogen wird, zu dem die Anteilseigner eines übertragenden Rechtsträgers über die Entlastung für das Handeln im vergangenen Geschäftsjahr noch nicht Beschluss gefasst haben, sind in Anlehnung an *Marsch-Barner*[615] Entlastungslücken zu konstatieren, die nicht geschlossen werden können. Nur in diesen Ausnahmefällen kann die Entlastung weder erteilt noch verweigert werden.

(2) Auskunftsrecht

Weitere Einschränkungen der Möglichkeit, vor dem Vollzug einer Verschmelzung entstandene Entlastungslücken nach dem Verschmelzungsvollzug zu schließen,

---

[613] *Priester*, in: Lutter, UmwG^3, § 24, Rdnr. 32.

[614] *Priester*, in: Lutter, UmwG^3, § 24, Rdnr. 23.

[615] *Marsch-Barner*, in: Kallmeyer, UmwG^3, § 20, Rdnr. 17.

könnten sich aus der bereits im Rahmen der Einführung zitierten Entscheidung des BGH vom 18. Oktober 2004[616] ergeben. Diese Entscheidung befasst sich insbesondere mit der Reichweite des Auskunftsrechts eines Aktionärs, der in der ersten Hauptversammlung nach dem Vollzug einer Verschmelzung Auskünfte über vermeintliche Fehlleistungen von Organmitgliedern vor dem Verschmelzungsvollzug verlangte. Nachdem ihm die erwünschten Auskünfte nicht erteilt wurden, erhob er eine Anfechtungsklage mit dem Ziel, die beiden – nach seiner Meinung unter Verletzung des Gesetzes zustande gekommenen –[617] Entlastungsbeschlüsse für nichtig zu erklären. Im Gegensatz zu den beiden Vorinstanzen, in denen die Anfechtungsklage erfolglos blieb, hatte die Revision Erfolg. Nach dem ersten Leitsatz der Entscheidung kann sich das Informationsrecht eines Aktionärs (§ 131 Abs. 1 Satz 1 AktG) des neuen Rechtsträgers im Rahmen eines Hauptversammlungsbeschlusses über die Entlastung auch auf etwaige Fehlleistungen im Zusammenhang mit der Verschmelzung erstrecken. Da dies nach den einleitenden Worten des ersten Leitsatzes jedoch nur gilt, soweit die Organmitglieder der durch die Verschmelzung entstandenen Aktiengesellschaft mit denen der übertragenden Rechtsträger personengleich sind, könnte daraus im Gegenschluss zu folgern sein, dass in dem Umfang, in dem die ehemaligen Organmitglieder der übertragenden Rechtsträger keine Organfunktionen beim neuen Rechtsträger wahrnehmen, auch kein Auskunftsrecht besteht. Fehlt es in Ansehung dieser Personen aber an einem Auskunftsrecht, muss auch eine Entlastung ausscheiden. Denn eine Entlastungsentscheidung setzt stets die Möglichkeit voraus, sich zuvor nicht nur schriftlich, sondern auch mündlich über das zu bewertende Organhandeln zu informieren.

Gleichwohl vermag diese Entscheidung keine weiteren Einschränkungen der Möglichkeit, vor dem Vollzug einer Verschmelzung entstandene Entlastungslücken nach dem Verschmelzungsvollzug zu schließen, zu rechtfertigen:

Die einleitenden Worte des ersten Leitsatzes tragen nicht den Schluss, bei nicht übernommenen Organmitgliedern bestehe kein Auskunftsrecht der Anteilseigner und in Folge dessen keine Entlastungsmöglichkeit. Wie ein Blick auf die Entscheidungsgründe zeigt, hat der Bundesgerichtshof die Frage, ob die Hauptversammlung des

---

[616] *BGH*, AG 2005, 87 ff. Vgl. dazu *Simon/Leuering*, NJW-Spezial 2005, 77 f.; *Weitemeyer*, NZG 2005, 341 ff.; *Radlmayr*, BGH Report 2005, 245 f.; *Pentz*, BB 2005, 1397, 1403 ff.; *Wagner*, EWiR § 243 AktG 1/05, 241 f.

[617] § 243 Abs. 1 1.Alt. AktG.

neuen Rechtsträgers befugt ist, die Organmitglieder der übertragenden Rechtsträger für ihre frühere, vor dem Verschmelzungsvollzug liegende Tätigkeit zu entlasten, angesprochen, unter Verweis auf die unterschiedlichen hierzu vertretenen Meinungen jedoch ausdrücklich offengelassen.[618] Dass sich der Bundesgerichtshof mit den einführenden Worten des ersten Leitsatzes in offenen Widerspruch zu seinen Ausführungen in den Entscheidungsgründen setzen wollte, ist nicht anzunehmen. Schon deshalb sind diese einleitenden Worte nicht geeignet, die Frage, in welchem Umfang vor dem Vollzug einer Verschmelzung entstandene Entlastungslücken nach dem Wirksamwerden der Verschmelzung nicht mehr geschlossen werden können, zu präjudizieren.

Dieser Befund erhärtet sich, wenn man die Entscheidungsgründe genauer in den Blick nimmt. Dabei zeigt sich, dass die im ersten Leitsatz vermeintlich angelegte Differenzierung zwischen Organmitgliedern, die auch innerhalb des neuen Rechtsträgers Organfunktionen wahrnehmen, und solchen, bei denen dies nicht der Fall ist, sich nicht ausdrücklich in den Entscheidungsgründen wiederfindet.[619] Vergegenwärtigt man sich, dass gerichtliche Leitsätze nichts anderes sind, als Destillata aus Entscheidungsbegründungen,[620] spricht auch dies dagegen, eine allein im Leitsatz angelegte Eingrenzung zum Anlass zu nehmen, von einer Beschränkung des Auskunftsrechts und der Entlastungsmöglichkeiten auszugehen.

Eine Beschränkung des Auskunftsrechts sowie der Entlastungsmöglichkeit auf das Handeln von Organmitgliedern, die bei einem übertragenden Rechtsträger als Organwalter tätig waren und nun Organfunktionen für den aufnehmenden Rechtsträger wahrnehmen, ist auch mit Blick darauf verfehlt, dass die Reichweite des Auskunftsrechts sowie die Möglichkeit, eine Entlastungsentscheidung zu treffen, in diesem Falle zumindest zum Teil von der personalpolitischen Entscheidung des Aufsichtsrats des aufnehmenden Rechtsträgers abhinge, Organmitglieder eines übertragenden Rechtsträgers oder Dritte zu bestellen. Der Aufsichtsrat hätte es somit nicht nur wie

---

[618] *BGH*, AG 2005, 87, 88.

[619] Die vermeintliche Einschränkung im ersten Leitsatz lässt sich mit Blick auf die Entscheidungsgründe wohl nur so erklären, dass der BGH zur Frage der Erforderlichkeit der Auskunft – dogmatisch verfehlt (siehe oben: 1.Teil, 1.Kapitel, C.I. und D.I.) – allein auf das zukunftsgerichtete Vertrauensvotum abstellt (*BGH*, AG 2005, 87, 88 f.) und das Vertrauen in die künftige Verwaltung der Gesellschaft nur Organmitgliedern ausgesprochen werden kann, die auch innerhalb des neuen Rechtsträgers Organfunktionen wahrnehmen.

[620] *Larenz/Canaris*, Methodenlehre[3], S. 180.

sonst auch in der Hand, wer in den Vorstand berufen wird und über wessen Entlastung beschlossen wird, sondern, darüber hinausgehend auch, in welchem Umfang Entlastungsbeschlüsse überhaupt möglich sind.[621] Rekapituliert man, dass das Institut der Entlastung zumindest vorrangig den Interessen der Anteilseigner an einer Kontrolle der Verwaltung dient, geht es nicht an, die Frage, ob eine Entlastungsentscheidung möglich ist, auch nur zum Teil zur Disposition eines Verwaltungsorgans zu stellen.

Auch im Hinblick darauf, Widersprüche zur Wertung der §§ 49 Abs. 3, 64 Abs. 2 UmwG zu vermeiden, vermag die Entscheidung des Bundesgerichtshofs vom 18.10.2004 keine Einschränkungen des Auskunftsrechts zu begründen und damit auch keine Beschränkungen der Möglichkeit, vor dem Vollzug einer Verschmelzung entstandene Entlastungslücken nach dem Wirksamwerden der Verschmelzung zu schließen.[622]

c) Zusammenfassung

Abgesehen von einem eng begrenzten Ausnahmefall, in dem – mangels Vorsorge im Verschmelzungsvertrag – Entlastungslücken verbleiben, sprechen keine Sachgründe gegen die Möglichkeit, vor dem Vollzug einer Verschmelzung auf der Seite übertragender Rechtsträger entstandene Lücken noch nach dem Wirksamwerden der Verschmelzung auf der Seite des aufnehmenden Rechtsträgers zu schließen.

4. Für eine Entlastungsentscheidung streitende Sachgründe

Es fehlt jedoch nicht nur an Sachgründen, die gegen eine Entlastungsmöglichkeit sprechen, es streiten auch gute Gründe für eine Chance, vor dem Vollzug einer Verschmelzung entstandene Entlastungslücken nach dem Verschmelzungsvollzug zu schließen:

---

[621] Entsprechendes gilt für die Verschmelzung betreibende Großanteilseigner, denen Anreiz geboten würde, externe Dritte als Mitglieder des Aufsichtsrats zu bestellen, um das Auskunftsrecht sowie die Entlastungsmöglichkeit der anderen Anteilseigner zu verkürzen.

[622] Wenn auch nicht auf die aktuelle Entscheidung des BGH Bezug nehmend, im Ergebnis wie hier *Martens*, AG 1986, 57, 58 f., Fn. 10.

Ein erster, wenn auch nur für Gesellschaften mit beschränkter Haftung bedeutender Grund zeigt sich, falls man die Möglichkeit zum Abschluss eines Generalbereinigungsvertrages besieht.[623] Obwohl der Abschluss eines Generalbereinigungsvertrages und die Erteilung der Entlastung im Ausgangspunkt strikt voneinander zu unterscheiden sind und ersterer, nicht nur alle bekannten oder erkennbaren Ansprüche aus pflichtwidrigem Organhandeln in Fortfall bringt, sondern, darüber hinausgehend, alle denkbaren Ansprüche,[624] eint beide, dass sie zu ihrer Wirksamkeit eines Gesellschafterbeschlusses bedürfen.[625] Begründet man das Erfordernis eines Gesellschafterbeschlusses im Falle der Generalbereinigung, wie dies zum Teil vertreten wird, mit der Wertung des § 46 Nr. 5 GmbHG, die respektiert und nicht umgangen werden dürfe,[626] muss man mit dem *OLG München*[627] nicht nur die Möglichkeit, einen Entlastungsbeschluss zu fassen, verneinen, sondern auch die Möglichkeit, über den Abschluss eines Generalbereinigungsvertrages zu beschließen. Besteht damit auch keine Gelegenheit, einen wirksamen Generalbereinigungsvertrag abzuschließen, zeitigt die vom OLG München präferierte Lösung gerade mit Blick darauf, dass es sich hierbei um ein praktisch wichtiges gesellschaftsrechtliches Instrument handelt,[628] kaum zu rechtfertigende Einschränkungen der Privatautonomie.[629]

Begründet man das Erfordernis eines Gesellschafterbeschlusses, wie dies von anderer Seite[630] vertreten wird, mit einem Verweis auf § 46 Nr. 8 GmbHG, mag man damit

---

[623] Bei Aktiengesellschaften steht dem Abschluss eines Generalbereinigungsvertrages beim Ausscheiden eines Organmitglieds § 93 Abs. 4 Satz 3 AktG entgegen.

[624] *BGH*, NJW 1998, 1315 f.; *Lutter/Hommelhoff*, in: Lutter/Hommelhoff, GmbHG[16], § 46, Rdnr. 16; *K. Schmidt*, in: Scholz, GmbHG[9], § 46, Rdnr. 105, jeweils mit der zutreffenden Einschränkung, dass auch Generalbereinigungsverträge nur bis zur Grenze des rechtlich Zulässigen möglich sind und auch hier insbesondere die Gläubigerschutzvorschriften zu beachten sind, vgl. hierzu oben: 1.Teil, 1.Kapitel, C.II.1.

[625] Dies ist auch im Hinblick auf den wirksamen Abschluss eines Generalbereinigungsvertrages im Ergebnis unstreitig. Statt aller *BGH*, NJW 1998, 1315 f.

[626] *K. Schmidt*, in: Scholz, GmbHG[9], § 46, Rdnr. 104; *Koppensteiner*, in: Rowedder/Schmidt-Leithoff, GmbHG[4], § 46, Rdnr. 32; wohl auch *Nägele/Nestel*, BB 2000, 1253, 1256.

[627] *OLG München*, AG 2001, 197, 198.

[628] *Janert*, GmbHR 2003, 830.

[629] Ausführlich und m.w.N. zum Rechtsbegriff der Privatautonomie *Busche*, Privatautonomie und Kontrahierungszwang, S. 13 ff.

[630] *Zöllner*, in: Baumbach/Hueck, GmbHG[18], § 46, Rdnr. 60; *Römermann*, in: Michalski, GmbHG, § 46, Rdnr. 320; *Janert*, GmbHR 2003, 830, 832; *Hüffer*, in: Hachenburg, GmbHG[8], § 46, Rdnr. 72.

einen Konflikt zur Wertung des § 46 Nr. 5 GmbHG vermeiden. Gleichwohl wäre der Widerspruch offensichtlich, den Gesellschaftern des aufnehmenden Rechtsträgers mit dem *OLG München* die Möglichkeit zu versagen, in Ansehung vor dem Verschmelzungsvollzug liegender Organhandlungen einen Entlastungsbeschluss zu fassen und zumindest ihnen bekannte und erkennbare Ansprüche in Fortfall zu bringen, ihnen aber Gelegenheit zu geben, in Ansehung derselben Handlungen einen Beschluss über den Abschluss eines Generalbereinigungsvertrages zu fassen und auf diesem Wege gar alle nur denkbaren Ansprüche zum Erlöschen zu bringen.
Ganz gleich, ob man die Erforderlichkeit eines Gesellschafterbeschlusses letztlich auf § 46 Nr. 5 oder Nr. 8 GmbHG stützt,[631] dem Gedanken der Privatautonomie bzw. dem Postulat nach widerspruchsfreien Lösungen vermag allein die Eröffnung einer Entlastungsmöglichkeit Rechnung zu tragen.

Ein weiterer Grund wird deutlich, wenn man Kapitalgesellschaften in den Blick nimmt, an denen der übertragende Rechtsträger beteiligt ist. Mit dem Vollzug der Verschmelzung gehen die zuvor vom übertragenden Rechtsträger gehaltenen Anteile, unabhängig davon, ob sie einer Vinkulierung unterliegen, im Wege der Gesamtnachfolge auf den aufnehmenden Rechtsträger über.[632] Da die Tochtergesellschaften, abgesehen von der Veränderung auf der Ebene der Anteilseigner, unverändert fortbestehen, bleiben deren Organmitglieder im Amt und eine Entlastung dieser Personen bleibt weiterhin möglich. Bezieht man nun die gängige, durch § 100 Abs. 2 Satz 2 AktG begünstigte Praxis ein, dass die Geschäftsleiter von Konzernmüttern bei

---

[631] Der Bundesgerichtshof hat sich in dieser Frage indes noch nicht festgelegt und zitiert § 46 Nr. 5 und Nr. 8 GmbHG nebeneinander (*BGH*, NJW 1998, 1315 f.; so auch *Hüffer*, in: Ulmer/Habersack/Winter, Großkommentar GmbHG, § 46, Rn. 65). In einem Urteil vom 7. April 2003 (*BGH*, GmbHR 2003, 712, 713) ist zwar von den §§ 46 Nr. 6, 8 GmbHG die Rede, da der Verweis auf § 46 Nr. 6 GmbHG, also auf Maßregeln zur Prüfung und Überwachung der Geschäftsführung, jedoch an der Sache vorbeigeht und unmittelbar nachfolgend von der Entlastung die Rede ist, dürfte es sich lediglich um einen Zahlendreher handeln. A.A. wohl *Janert*, GmbHR 2003, 830, 832.

[632] *Hennrichs*, S. 57 ff., 120 f.; *K. Mertens*, S. 150; *Grunewald*, in: Lutter, UmwG^3, § 20, Rdnr. 17; *Marsch-Barner*, in: Kallmeyer, UmwG^3, § 20, Rdnr. 7; *Vossius*, in: Widmann/Mayer, Umwandlungsrecht, § 20 UmwG, Rdnr. 155 f.

Tochtergesellschaften Aufsichtsratsmandate wahrnehmen,[633] die ebenfalls häufig anzutreffenden Doppelmandate von Geschäftsleitern in der Leitung von Mutter- und Tochtergesellschaft[634] sowie die Doppelmandate in den Aufsichtsräten beider Gesellschaften,[635] ist schlicht nicht vermittelbar, dass über die Entlastung ein und derselben Person nach dem Vollzug der Verschmelzung zwar in Ansehung ihrer Tätigkeit in der Tochtergesellschaft entschieden werden kann, nicht aber in Ansehung ihrer Tätigkeit innerhalb der Konzernmutter. Die vorliegend präferierte Lösung vermeidet derlei Ungereimtheiten und ermöglicht eine Entlastungsentscheidung innerhalb der Tochtergesellschaft und der Konzernmutter.

Weitere Gründe treten zu Tage, wenn man die verschiedenen Gestaltungsvarianten betrachtet, die zur Verfügung stehen, um eine Verschmelzung zu vollziehen. Zunächst zu den beiden *Arten der Verschmelzung*, der Verschmelzung durch Aufnahme und der Verschmelzung durch Neugründung:
Innerhalb der allgemeinen verschmelzungsrechtlichen Vorschriften des Umwandlungsgesetzes ist der Verschmelzung durch Aufnahme und der Verschmelzung durch Neugründung jeweils ein eigener Abschnitt gewidmet. Die Verweisung in § 36 Abs. 1 Satz 1 UmwG, nach der auf die Verschmelzung durch Neugründung die für die Verschmelzung durch Aufnahme geltenden Vorschriften *mit Ausnahme des § 16 Abs. 1 und des § 27* entsprechend anzuwenden sind, zeigt jedoch sehr deutlich das gesetzgeberische Bestreben, Verschmelzung durch Aufnahme und Verschmelzung durch Neugründung *im Grundsatz* gleich zu behandeln.[636] Dieser gesetzgeberischen Intention widerspricht es, beide Verschmelzungsarten in Ansehung der Entlastung

---

[633] *Hüffer*, AktG[7], § 100, Rdnr. 4; *Hoffmann-Becking*, ZHR 150 (1986), 570, 573; *ders.*, ZGR 1998, 497, 511; *K. Schmidt*, Gesellschaftsrecht[4], S. 782; *J. Semler*, FS Kropff, S. 301, 308 f., 313; *U.H. Schneider*, FS Raiser, S. 341, 343, 354, 355.

[634] *Hoffmann-Becking*, ZHR 150 (1986), 570; *Hüffer*, AktG[6], § 76, Rdnr. 20; *Aschenbeck*, NZG 2000, 1015; *Barner*, S. 39; *Dreher*, FS Lorenz, S. 175, 176, sowie exemplarisch *LG Köln*, NZG 1998, 193. Vgl. zu der – nicht näher behandelten – Frage des Stimmrechtsausschlusses für die Obergesellschaft aufgrund von Doppelorganschaften *LG Köln*, a.a.O.; *Fischer*, NZG 1999, 192 ff.; *Schmeling*, S. 76 ff.; *Aschenbeck*, a.a.O., 1022 f.; *Hügel/Klepsch*, NZG 2005, 905, 907 ff.; *U.H. Schneider*, FS Raiser, S. 341, 355; *Barner*, S. 39 ff.

[635] Vgl. *J. Semler*, FS Kropff, S. 301, 309, 314.

[636] Vgl. auch *Schnorbus*, WM 2000, 2321 („Bestreben nach der möglichst gleichförmigen Behandlung aller Umwandlungsoptionen").

unterschiedlich zu behandeln. Zu einer Ungleichbehandlung kommt es aber zwangsläufig, wenn man der vom *OLG München* vertretenen Ansicht folgt. Geht man von deren Prämisse aus, muss im Falle einer Verschmelzung durch Neugründung eine Entlastung sämtlicher Organmitglieder ausscheiden, während im Regelfall einer Verschmelzung durch Aufnahme nur eine Entlastung der Organmitglieder übertragender Rechtsträger scheitern muss, eine Entlastung der Organmitglieder des übernehmenden Rechtsträgers demgegenüber weiterhin möglich bleibt. Der gegenteilige, im Ergebnis auch vom *OLG Hamburg*[637] vertretene Ansatz vermeidet diesen Widerspruch und ermöglicht eine Schließung vor dem Vollzug einer Verschmelzung entstandener Entlastungslücken unabhängig davon, welche Art der Verschmelzung gewählt wurde. Der Gleichlauf der Verschmelzung durch Aufnahme und der Verschmelzung durch Neugründung trägt jedoch nicht nur dem gesetzgeberischen Bestreben nach Gleichbehandlung Rechnung, allein er berücksichtigt auch den Umstand, dass die Gründe, die Veranlassung geben, die eine oder andere Art der Verschmelzung zu wählen, mit der Frage der Entlastung allesamt nichts zu tun haben und deshalb schwerlich darüber entscheiden können, ob noch eine Entlastungsmöglichkeit besteht oder nicht. So sehr etwa geringere Kosten für eine Verschmelzung durch Aufnahme[638] bzw. unternehmenspolitische Gründe[639] für eine Verschmelzung durch Neugründung sprechen mögen und Veranlassung geben, die eine oder andere Art der Verschmelzung zu wählen, so klar ist auch, dass derlei Gründe nicht darüber judizieren können, ob eine Entlastung noch möglich ist.

Entsprechendes gilt, wenn sich die Parteien auf eine Verschmelzung durch Aufnahme geeinigt haben, für die Gründe, die die *Verschmelzungsrichtung* bestimmen. Ganz gleich, ob die Rolle als übernehmender Rechtsträger im Einzelfall durch den größeren Bestand an grunderwerbsteuerpflichtigem Grundbesitz,[640] durch die Anzahl

---

[637] *OLG Hamburg*, AG 2005, 355, 357.

[638] Siehe oben: 1.Teil, 2.Kapitel, A.

[639] Gemeint ist das Signal, dass es sich um einen Zusammenschluss gleichberechtigter Partner handelt und keine der Gesellschaften von der anderen „übernommen" wurde. Vgl. etwa Nr. 3.1 des Verschmelzungsberichts, der anlässlich der Verschmelzung durch Neugründung in Sachen Thyssen Krupp erstellt wurde, sowie *OLG Düsseldorf*, ZIP 1999, 793, 795; *BayObLG*, AG 2003, 569, 571.

[640] *Wunsch*, S. 133; *Bungert*, BB 2003, 699, 703; *BayObLG*, AG 2003, 569, 571; *Paschos*, ZIP 2003, 1017, 1021; *Hügel*, S. 165.

der (außenstehenden) Anteilseigner[641] oder, wenn ein vollständiges Delisting „auf kaltem Wege" geplant ist,[642] durch die fehlende Börsennotierung determiniert ist, es handelt sich auch hierbei um mehr oder minder zufällige Faktoren, die mit der Frage der Entlastung allesamt nichts zu tun haben und letztlich nicht darüber entscheiden können, wessen Organhandeln auch noch nach dem Vollzug der Verschmelzung gebilligt bzw. missbilligt werden kann und wessen nicht.
Im Hinblick auf die Verschmelzungsart und -richtung gleichermaßen von Belang ist zudem, dass es die Verwaltungen, würde man der Sicht des *OLG München* folgen, weitestgehend selbst in der Hand hätten, durch die Wahl der Verschmelzungsart und der Verschmelzungsrichtung darüber zu befinden, ob, und wenn ja, wem von Ihnen noch die Entlastung erteilt oder verweigert werden kann. Rekapituliert man, dass das Institut der Entlastung zumindest vorrangig dem Interesse der Anteilseigner an einer Kontrolle der Verwaltung dient,[643] ist es nicht möglich, dieses Rechtsinstitut in einem so weitreichendem Maße der freien Gestaltung der Verwaltungen preis zu geben. Auch um eine einheitliche Lösung aller Verschmelzungsvarianten sicherzustellen, ist es hiernach geboten, eine Entlastungsmöglichkeit zu eröffnen.

Überdies trägt allein die Eröffnung einer Entlastungsmöglichkeit dem gebotenen Gleichlauf von Entlastungs- und Sonderprüfungsrecht Rechnung. Vergleicht man – mit Blick auf die Reichweite der Gesamtnachfolge im Falle der Verschmelzung – das Sonderprüfungsrecht im Sinne der §§ 142 AktG, 46 Nr. 6 GmbHG mit dem Entlas-

---

[641] Gilt das Augenmerk der Parteien dem alsbaldigen Vollzug der Verschmelzung, dürften sie geneigt sein, den Rechtsträger mit der größeren Anzahl außenstehender Anteilseigner als übertragenden Rechtsträger fungieren zu lassen, da eine Klage gegen die Wirksamkeit des Verschmelzungsbeschlusses eines übertragenden Rechtsträgers nach § 14 Abs. 2 UmwG nicht darauf gestützt werden kann, das Umtauschverhältnis der Anteile sei zu niedrig bemessen. Die größere Anzahl außenstehender Anteilseigner wird auf diesem Wege auf das Spruchverfahren verwiesen. Genau dieses Vorgehen begründet jedoch das Risiko, dass in Folge eines erfolgreichen Spruchstellenverfahrens wegen der inter omnes-Wirkung einer rechtskräftigen Entscheidung (§ 13 Satz 2 SpruchG) und der scharfen Verzinsungsregelung des § 15 Abs. 2 Satz 1 UmwG hohe bare Zuzahlungen zu leisten sind und damit viel Liquidität aus dem übernehmenden Unternehmend abfließt (*Philipp*, AG 1998, 264, 268 f.; *Martens*, AG 2000, 301, 302 f.; *J. Vetter*, ZHR 168 (2004), 8, 26; *Decher*, FS Lutter, S. 1209, 1217). Dies kann Veranlassung geben, den Rechtsträger mit der größeren Anzahl an Anteilseignern als übernehmenden Rechtsträger fungieren zu lassen (*Hügel*, S. 165 f.; vgl. auch *J. Vetter*, a.a.O., 27).

[642] Siehe dazu: 1.Teil, 2.Kapitel, B.

[643] Siehe oben: 1.Teil, 1.Kapitel, A. IV.

tungsrecht, so zeigt sich, dass die Kompetenz, eine Sonderprüfung zu verlangen, ebenso wenig Gegenstand der Gesamtnachfolge ist, wie die Kompetenz, über die Entlastung der Organmitglieder Beschluss zu fassen.[644] Gleichwohl können die Anteilseigner des aufnehmenden Rechtsträgers – schon um die präventive Wirkung des Sonderprüfungsrechts zu erhalten –[645] aus der Vielzahl vor dem Verschmelzungsvollzug liegender Ereignisse einzelne Vorgänge[646] herausgreifen und diese zum Gegenstand einer Sonderprüfung machen.[647] Vergegenwärtigt man sich, dass es bei der Frage der Entlastung mitunter um dieselben, vor dem Verschmelzungsvollzug liegenden Ereignisse geht, aus denen die Anteilseigner im Rahmen einer Sonderprüfung lediglich einzelne Vorgänge auswählen, wird deutlich, dass beide Fälle nicht unterschiedlich behandelt werden können. Auch im Hinblick auf § 142 Abs. 1 Satz 2 1.Alt AktG, der den Zusammenhang zwischen Sonderprüfung und Entlastung aufzeigt,[648] und, folgt man in Ansehung der Entlastungsmöglichkeit der Ansicht des OLG München, vollends leer liefe, ist von der Möglichkeit auszugehen, auf der Seite eines übertragenden Rechtsträgers entstandene Entlastungslücken noch nach dem Verschmelzungsvollzug zu schließen.

Berücksichtigt man zudem, dass nur durch die Eröffnung einer Entlastungsmöglichkeit der Dualismus aus haftungsrechtlicher und politischer Verantwortlichkeit der Organmitglieder aufrecht erhalten werden kann,[649] lässt sich nach alledem festhalten, dass allein die hier vertretene Lösung – sowohl im Hinblick auf die Wertungen des UmwG als auch die Wertungen des GmbH- und des Aktienrechts – systemverträglich ist.

---

[644] Siehe zu der – für das Sonderprüfungsrecht gleichermaßen Geltung beanspruchenden – Begründung: 2.Teil, C.I.1.b).

[645] Vgl. zu dieser Wirkung *Habersack*, FS Wiedemann, S. 889, 893, 903; *Hüffer*, AktG[7], § 142, Rdnr. 1.

[646] Vgl. zum Tatbestandsmerkmal „Vorgang bei (...) der Geschäftsführung" *Habersack*, FS Wiedemann, S. 889, 898 f.; *Hüffer*, AktG[7], § 142, Rdnr. 2 ff.

[647] Vgl. *OLG München*, AG 2001, 197.

[648] Siehe dazu schon oben: 1.Teil, 1.Kapitel, A.I.

[649] Vgl. zu diesem Dualismus *Hommelhoff*, S. 171 f., 175, 176 f.

5. Ergebnis

Hiernach besteht grundsätzlich[650] Gelegenheit vor dem Vollzug einer Verschmelzung auf der Seite eines übertragenden Rechtsträgers entstandene Entlastungslücken nach dem Verschmelzungsvollzug auf der Seite des übernehmenden respektive neuen Rechtsträgers zu schließen. Das Organ des aufnehmenden Rechtsträgers, das berufen ist, über die Entlastung zu richten, ergibt sich mangels Zuständigkeitstransfers im Wege der Gesamtnachfolge,[651] nicht aus der vormals geltenden Kompetenzordnung des übertragenden Rechtsträgers, sondern aus der des aufnehmenden Rechtsträgers. War die Kompetenz, über die Entlastung der Geschäftsführer zu entscheiden auf der Seite einer übertragenden GmbH etwa durch den Gesellschaftsvertrag dem Aufsichtsrat zugewiesen, ist dies nach dem Verschmelzungsvollzug ohne Belang. Maßgeblich ist allein die Zuständigkeitsordnung des aufnehmenden Rechtsträgers.

Soweit nicht ein Einzelentlastungsverlangen die erforderliche Unterstützung erfährt, ist im Wege der Gesamtentlastung über die Entlastung sämtlicher Geschäftsleiter des übertragenden Rechtsträgers und über die Entlastung sämtlicher Geschäftsleiter des übernehmenden Rechtsträgers jeweils gesondert abzustimmen.[652] Entsprechendes gilt hinsichtlich etwaiger Aufsichtsratsmitglieder des übertragenden und des übernehmenden Rechtsträgers.[653] Nur jeweils ein Beschluss für alle Geschäftsleiter bzw. Aufsichtsräte beider Gesellschaften ist hingegen nicht ausreichend, da die Gesamtentlastung ihre innere Rechtfertigung aus dem Grundsatz der Gesamtverantwortung bezieht,[654] der jedoch nur für die Organkollegen des übertragenden Rechtsträgers bzw. die Organkollegen des übernehmenden Rechtsträgers gilt, nicht aber für alle Geschäftsleiter bzw. alle Aufsichtsräte der an der Verschmelzung beteiligten Gesellschaften.

---

[650] Zu dem Ausnahmefall siehe oben: 2.Teil, C.I.3.b) cc) (1).

[651] Siehe oben: 2.Teil, C.I.1.b).

[652] So i.E. auch das Vorgehen in *OLG Hamburg*, AG 2005, 355.

[653] So i.E. auch das Vorgehen in *OLG Hamburg*, AG 2005, 355.

[654] *Butzke*, in: Obermüller/Werner/Winden[4], I, Rdnr. 10, 18; *Kubis*, in: MK zum AktG[2], § 120, Rdnr. 7; *Mülbert*, in: Großkommentar AktG[4], § 120, Rdnr. 8.

Nicht nur die Kompetenzverteilung, auch die Rechtsfolgen der Entlastungsentscheidung bestimmen sich allein nach der Organisationsverfassung des aufnehmenden Rechtsträgers. Wird eine Gesellschaft mbH auf eine Aktiengesellschaft verschmolzen, ist folglich § 120 Abs. 2 Satz 2 AktG zu beachten. Ist der aufnehmende Rechtsträger als GmbH verfasst und wird den Organmitgliedern des übertragenden Rechtsträgers die Entlastung erteilt, gilt es § 25 Abs. 1 Satz 1 1.Alt. und § 25 Abs. 2 Satz 1 2.Alt 1.Var. UmwG zu beachten. Da die darin genannten Ansprüche des übertragenden Rechtsträgers gegen seine pflichtvergessenen Organmitglieder nicht von der Gesamtnachfolge erfasst auf den aufnehmenden Rechtsträger übergehen, sondern dem als fortbestehend fingierten übertragenden Rechtsträger verbleiben, kann das zur Entlastungsentscheidung berufene Organ des aufnehmenden Rechtsträgers derlei Ansprüche nicht im Wege der Entlastung in Fortfall bringen.

II. Ausnahmen im Falle der Verschmelzung einer einhundertprozentigen Tochtergesellschaft auf ihre Mutter?

Fälle, in denen Tochtergesellschaften auf ihre Mütter verschmolzen werden, kommen in der Praxis recht häufig vor.[655] Dies gilt insbesondere für die Verschmelzung einhundertprozentiger Tochtergesellschaften. Dieser Befund verwundert nicht, hält das Umwandlungsgesetz doch gerade für diesen Fall eine Vielzahl von Privilegierungen bereit, die den Verschmelzungsvollzug erleichtern.[656]

1. Die Ansicht *Hoffmann-Beckings*

Kommt es tatsächlich zur Verschmelzung einer einhundertprozentigen Tochtergesellschaft auf ihre Mutter, vertritt *Hoffmann-Becking*[657] unter der Voraussetzung, dass die zu entlastenden Organmitglieder der verschmolzenen Gesellschaft nicht in ein Verwaltungsorgan der aufnehmenden Gesellschaft übernommen worden sind, die

---

[655] *Budde/Zerwas*, in: Budde/Förschle, Sonderbilanzen[3], F Anm. 11. Vgl. nur *BVerfG*, AG 2003, 624 f.; *BFH*, Der Konzern 2005, 530, 531, sowie jüngst die Verschmelzung der T-Online International AG auf die Deutschen Telekom AG.

[656] Exemplarisch sei auf die §§ 8 Abs. 3 Satz 1 2.Alt., 9 Abs. 2, 54 Abs. 1 Satz 1 Nr. 1, 62 Abs.1 Satz 1, 68 Abs. 1 Satz 1 Nr. 1 UmwG verwiesen.

[657] *Hoffmann-Becking*, FS Ulmer, S. 243, 261.

Auffassung, dass das Geschäftsführungsorgan des aufnehmenden Rechtsträgers im Grundsatz befugt sei, über die Entlastung zu entscheiden. Dies sei angemessen, da auch bei Fortbestand der verschmolzenen Gesellschaft das Geschäftsführungsorgan in Ausübung der Stimmrechte des Alleingesellschafters über die Entlastung entschieden hätte. Eine Ausnahme sei indes in Fällen geboten, in denen im Verhältnis der beiden Gesellschaften zueinander der Sonderfall des § 32 MitbestG gegeben war. In diesem Fall müsse auch die Entscheidung über die Entlastung der Verwaltungsorgane der verschmolzenen mitbestimmten Tochtergesellschaft von den Anteilseignervertretern im Aufsichtsrat der übernehmenden Obergesellschaft getroffen werden.

2. Stellungnahme

Diese Ansicht *Hoffmann-Beckings* ist abzulehnen. Es hängt nicht von den Umständen des Einzelfalles ab, ob die Zuständigkeit der Anteilseignerversammlung gegeben ist, die Kompetenz des Geschäftsführungsorgans begründet ist oder die Anteilseignervertreter im Aufsichtsrat der übernehmenden Gesellschaft berufen sind, über die Frage der Entlastung zu entscheiden. Unabhängig von den Gegebenheiten des Einzelfalles sind die Anteilseigner des übernehmenden Rechtsträgers befugt, über die Entlastung Beschluss zu fassen. Hiervon geht – zumindest für den Fall einer Verschmelzung unter Beteiligung von Aktiengesellschaften – an anderer Stelle auch *Hoffmann-Becking* aus, wenn er davon spricht, dass in dieser Konstellation *nur* die Hauptversammlung der übernehmenden Gesellschaft zuständig sein könne.[658] Diese Sicht ermöglicht nicht nur eine einfachere, von den Umständen des Einzelfalles unabhängige Rechtsanwendung, allein sie trägt auch dem Umstand Rechnung, dass § 119 Abs. 1 Nr. 3 AktG die Entscheidung über die Entlastung der Mitglieder des Vorstands und des Aufsichtsrats ausschließlich in die Hände der Hauptversammlung legt.

Wenn *Hoffmann-Becking* zur Begründung anführt, es sei angemessen, dass das Geschäftsführungsorgan der übernehmenden Gesellschaft über die Entlastung entscheide, da das Geschäftsführungsorgan auch bei Fortbestand der verschmolzenen

---

[658] *Hoffmann-Becking*, FS Ulmer, S. 243, 249 (Hervorhebung des Verfassers).

Gesellschaft in Ausübung der Stimmrechte des Alleingesellschafters (in der „Anteilseignerversammlung" des übertragenden Rechtsträgers) über die Frage der Entlastung entschieden hätte, vermag dies nicht zu überzeugen:

Zweifel an der Überzeugungskraft gründen sich bereits darauf, dass die von *Hoffmann-Becking* genannte Begründung, die Schlussfolgerung, das Geschäftsführungsorgan der übernehmenden Gesellschaft sei berufen, über die Frage der Entlastung zu entscheiden, keineswegs immer trägt. Denn in Fällen, in denen die zu entlastenden Organmitglieder des übertragenden Rechtsträgers in ein Verwaltungsorgan des aufnehmenden Rechtsträgers übernommen worden sind, geht auch er davon aus, die Anteilseignerversammlung der übernehmenden Gesellschaft sei befugt, über die Frage der Entlastung zu richten.[659] Letztlich entscheidend ist aber, dass er sich zuvor nicht nur in Ansehung des übertragenden Rechtsträgers, sondern – völlig zu Recht – auch im Hinblick auf dessen Organe und deren Kompetenzen dafür ausgesprochen hat, dass sie mit dem Vollzug der Verschmelzung erlöschen,[660] so dass es nicht angeht, die konstitutiven Wirkungen einer jeden Verschmelzung zu negieren und nach dem Vollzug der Verschmelzung noch auf die untergegangene Kompetenz der nicht mehr existenten Anteilseignerversammlung des erloschenen übertragenden Rechtsträgers sowie die ebenfalls in Fortfall geratenen Stimmrechte des ehemaligen Alleingesellschafters abzustellen. Im übrigen ist es, um das Angemessenheitskriterium *Hoffmann-Beckings* aufzugreifen, nicht unangemessen, wenn die Geschäftsleitung der Obergesellschaft mit dem Vollzug der Verschmelzung die Befugnis verliert, über die Entlastung der ehemaligen Organmitglieder der Untergesellschaft zu richten. Denn die Geschäftsleitung der Obergesellschaft hat es selbst in der Hand, die Verschmelzung in die Wege zu leiten, so dass der Verlust an Entscheidungsgewalt nicht fremdbestimmt erfolgt, vielmehr als – wenn auch völlig unbedeutender – Umstand, in die Abwägung, ob die Verschmelzung durchgeführt werden soll oder nicht, einbezogen werden kann.

Auch in Fällen, in denen § 32 Abs. 1 Satz 1 3.Alt. MitbestG vor dem Vollzug der Verschmelzung einschlägig war, sind die Anteilseigner des übernehmenden Rechtsträgers nach dem Vollzug der Verschmelzung berufen, über die Frage der Entlastung zu richten. Entgegen der Ansicht *Hoffmann-Beckings* kann die Entscheidung über die

[659] *Hoffmann-Becking*, FS Ulmer, S. 243, 260 f.

[660] *Hoffmann-Becking*, FS Ulmer, S. 243 f.

Entlastung der Organmitglieder der verschmolzenen mitbestimmten Tochtergesellschaft nicht von den Anteilseignervertretern im Aufsichtsrat der übernehmenden Obergesellschaft getroffen werden.

§ 32 Abs. 1 Satz 1 3.Alt. MitbestG, auf den die Zuständigkeit der Anteilseignervertreter im Aufsichtsrat der übernehmenden Obergesellschaft einzig gestützt werden könnte,[661] ist nach dem Vollzug der Verschmelzung und dem Erlöschen der Tochtergesellschaft nicht mehr einschlägig, da es an einem anderen Unternehmen im Sinne der Vorschrift fehlt. Damit scheidet zunächst eine unmittelbare Anwendung des § 32 Abs. 1 Satz 1 3.Alt. MitbestG aus. Doch auch eine analoge Anwendung dieser Vorschrift ist nicht möglich. Mit Blick auf § 325 Abs. 1 Satz 1 UmwG dürfte es bereits an einer planwidrigen Regelungslücke fehlen. § 325 Abs. 1 Satz 1 UmwG befasst sich mit der – im vorliegenden Zusammenhang einschlägigen – Frage der Fortgeltung mitbestimmungsrechtlicher Vorschriften nach dem Vollzug einer Umwandlung. Hiernach können die vor dem Wirksamwerden einer Umwandlung geltenden mitbestimmungsrechtlichen Vorschriften nach dem Vollzug einer Umwandlung nur in Ansehung des übertragenden Rechtsträgers[662] und nur im Falle der Abspaltung und der Ausgliederung[663] Anwendung finden. Wenn *Hoffmann-Becking* aber in Ansehung des übernehmenden Rechtsträgers für die Fortgeltung einer vor dem Wirksamwerden einer Verschmelzung geltenden mitbestimmungsrechtlichen Vorschrift eintritt, wird dies durch die Wertungen des § 325 Abs. 1 Satz 1 UmwG gleich in zweierlei Hinsicht ausgeschlossen. Von einer planwidrigen Unvollständigkeit des Gesetzes[664] kann bei dieser Gesetzeslage kaum gesprochen werden. Selbst wenn man sich hierüber hinwegsetzen wollte, muss eine analoge Anwendung des § 32 MitbestG gleichwohl ausscheiden. Erstens ist nicht verständlich, warum diese Vorschrift, die ausweislich Abs. 2 ab einer Beteiligung von einem Viertel (der Anteile oder der Stimmen)[665] zur Anwendung kommt, einzig bei einer ehedem bestehenden einhundertprozentigen Beteiligung entsprechend anwendbar sein sollte, zweitens würde einer Ausnahmevorschrift, die elementare Prinzipien des Gesellschafts- wie des Mitbestimmungs-

---

[661] § 15 Abs. 1 Satz 1 3.Alt. Montan-MitBestErgG bleibt hier außer Betracht.

[662] *Willemsen*, in: Kallmeyer, UmwG[3], § 325, Rdnr. 3; *Joost*, in: Lutter, UmwG[3], § 325, Rdnr. 28.

[663] *Willemsen*, in: Kallmeyer, UmwG[3], § 325, Rdnr. 1 f.; *Joost*, in: Lutter, UmwG[3], § 325, Rdnr. 14.

[664] Vgl. *Larenz/Canaris*, Methodenlehre[3], S. 194.

[665] *H.-J. Mertens*, in: KK zum AktG[2], Anh. § 117 B § 32 MitbestG, Rdnr. 5; *T. Raiser*, in: Raiser, Mitbestimmungsgesetz[4], § 32, Rdnr. 7; *Oetker*, in: Großkommentar AktG[4], § 32 MitbestG, Rdnr. 8.

rechts durchbricht,[666] ohne Not ein weitergehenderer Anwendungsbereich eröffnet und drittens würde man, wollte man sich über das Fehlen eines anderen Unternehmens im Wege der Analogie hinwegsetzen, neuerlich die konstitutiven Wirkungen einer jeden Verschmelzung negieren. Nach alledem scheidet eine entsprechende Anwendung des § 32 Abs. 1 Satz 1 3.Alt MitbestG aus, so dass sich auch eine Zuständigkeit der Aufsichtsratsmitglieder der Anteilseigner nicht begründen lässt. Auch dies ist nicht unangemessen. Da § 32 Abs. 1 Satz 1 5.Alt. MitbestG den Anteilseignervertretern im Aufsichtsrat der Obergesellschaft die Kompetenz zuweist, über die Umwandlung der Untergesellschaft zu bestimmen, fehlt es auch insofern an einem fremdbestimmten Entzug der Kompetenz, über die Entlastung der Verwaltungsträger der Untergesellschaft zu befinden.

---

[666] *Spieker*, FS Däubler, S. 406, 410; *T. Raiser*, in: Raiser, Mitbestimmungsgesetz^4, § 32, Rdnr. 3; *H.-J. Mertens*, in: KK zum AktG^2, Anh. § 117 B § 32 MitbestG, Rdnr. 2; *Gach*, in: MK zum AktG^2, § 32 MitbestG, Rdnr. 2; *J. Semler*, FS Kropff, S. 301, 303.

Teil 3. Zusammenfassung der wichtigsten Ergebnisse

Die Entlastung schafft ein Kontrollinstrument, welches den Anteilseignern einer Kapitalgesellschaft ermöglicht, die Handlungen der Organmitglieder während eines bestimmten zurückliegenden Zeitraums insbesondere auf ihre unternehmerische Zweckmäßigkeit hin zu überprüfen.[667]

Sie ist ein spezifisch gesellschaftsrechtliches Institut.[668]

Auf der Seite übertragender Rechtsträger kommt es im Falle einer Verschmelzung zwangsläufig zu „Entlastungslücken".[669]

Nach dem Verschmelzungsvollzug besteht keine Gelegenheit, entstandene Entlastungslücken durch Organe des übertragenden Rechtsträgers zu schließen.[670] Auch eine analoge Anwendung des § 25 Abs. 2 Satz 1 UmwG bietet hierfür keine Handhabe.

Das Recht im Sinne der §§ 119 Abs. 1 Nr. 3 AktG, 46 Nr. 5 GmbHG, über die Entlastung der Organmitglieder zu entscheiden, geht nicht im Zuge der Gesamt(rechts)nachfolge auf den übernehmenden oder neuen Rechtsträger über.[671] Eine „Organnachfolge" findet nicht statt.

Organmitgliedern steht auch kein subjektives Recht auf Entlastungsentscheidung zu,[672] so dass es an einer damit korrespondierenden Pflicht des übertragenden Rechtsträgers fehlt, die im Zuge der Gesamt(rechts)nachfolge auf den übernehmenden oder neuen Rechtsträger transferiert werden könnte.

---

[667] 1.Teil, 1.Kapitel, A.IV.

[668] 1.Teil, 1.Kapitel, A.V.

[669] 2.Teil, A.

[670] 2.Teil, B.

[671] 2.Teil, C.I.1.b).

[672] 2.Teil, C.I.1.c).

Die Reichweite der Gesamt(rechts)nachfolge, die sich zwischen übertragendem und übernehmendem respektive neuem Rechtsträger vollzieht, beschränkt sich nicht allein auf die Rechte und Pflichten übertragender Rechtsträger.[673] Der aufnehmende Rechtsträger tritt grundsätzlich in vollem Umfang an die Stelle des übertragenden Rechtsträgers. Ausnahmen können sich allein aus den besonderen Umständen der jeweiligen Rechtsbeziehung selbst ergeben.

Besondere Umstände, die einer Entlastungsentscheidung durch Organe des aufnehmenden Rechtsträgers entgegenstehen, sind, von einem eng begrenzten Ausnahmefall abgesehen, nicht erkennbar.[674] Eine Schließung vor dem Verschmelzungsvollzug entstandener Entlastungslücken durch Organe des übernehmenden Rechtsträgers ist daher in nahezu allen Fällen möglich. Nur in den Ausnahmefällen schwebender Verschmelzungen, in denen bis zum Ende eines Geschäftsjahres auch nicht das „wirtschaftliche Eigentum" auf den aufnehmenden Rechtsträger übergegangen ist und die Verschmelzung – mangels Vorsorge im Verschmelzungsvertrag – im darauffolgenden Jahr zu einem Zeitpunkt vollzogen wird, zu dem die turnusmäßige Versammlung der Anteilseigner des übertragenden Rechtsträgers nicht stattgefunden hat, verbleiben auch nach dem Verschmelzungsvollzug Entlastungslücken, die nicht mehr geschlossen werden können.[675]

Welches Organ auf der Seite des aufnehmenden Rechtsträgers befugt ist, über die Entlastung der Organmitglieder des übertragenden Rechtsträgers zu entscheiden, richtet sich – mangels Zuständigkeitstransfers im Wege der Gesamtnachfolge – allein nach der Verfassung des übernehmenden Rechtsträgers.[676] Die Verfassung des aufnehmenden Rechtsträgers bestimmt auch die Reichweite der Rechtsfolgen, die im Falle der Entlastungserteilung eintreten können.

Auch bei der Verschmelzung einer einhundertprozentigen Tochtergesellschaft auf ihre Mutter bestimmt sich die Zuständigkeit, vor dem Vollzug der Verschmelzung entstandene Entlastungslücken nach dem Verschmelzungsvollzug zu schließen, al-

---

[673] 2.Teil, C.I.2.

[674] 2.Teil, C.I.3.

[675] 2. Teil, C.I.3.b) cc) (1).

[676] 2.Teil, C.I.5.

lein nach der nach dem Verschmelzungsvollzug geltenden Kompetenzordnung des aufnehmenden Rechtsträgers.[677]

[677] 2.Teil, C.II.2.

Literaturverzeichnis

Ahrens, Hans-Jürgen — Vom Ende der Entlastungsklage des GmbH-Geschäftsführers und einem Neubeginn des BGH – Zugleich ein Beitrag zur negativen Feststellungsklage
ZGR 1987, 129 ff.

Arnold, Michael — Liegt in der Entlastungsverweigerung zugleich der Vertrauensentzug?
AG 2005, R 8 ff.

Aschenbeck, Tanja — Personenidentität bei Vorständen bei Konzerngesellschaften (Doppelmandat im Vorstand)
NZG 2000, 1015 ff.

Assmann, Heinz-Dieter/ Pötzsch, Thorsten/ Schneider, Uwe H. — Wertpapiererwerbs- und Übernahmegesetz
Köln 2005

Austmann, Andreas/ Frost, Ina Anna — Vorwirkungen von Verschmelzungen
ZHR 169 (2005), 431 ff.

Barner, Friedrich — Die Entlastung als Institut des Verbandsrechts
Berlin 1990

Barz, Carl Hans/ [u.a.] — Großkommentar Aktiengesetz
3. Auflage

Erster Band, Zweiter Halbband: §§ 76-147 AktG
Berlin, New York 1973

Vierter Band: §§ 291-410 AktG
Berlin, New York 1975

Bauer, Jobst-Hubertus — Arbeitsrechtliche Aufhebungsverträge
7. Auflage
München 2004

Baums, Theodor — Verschmelzung mit Hilfe von Tochtergesellschaften
Festschrift für Wolfgang Zöllner, Band I, S. 65 ff.
Köln, Berlin, Bonn, München 1998

Bayer, Walter/ Hoffmann, Thomas — Restrukturierung von Aktiengesellschaften durch umwandlungsrechtliche Maßnahmen
AG 2006, R 468 ff.

Bergau, Torsten — Die Sanierungsfusion im europäischen Kartellrecht
Köln, Berlin, Bonn, München 2003

Beuthien, Volker/ Gätsch, Andreas — Vereinsautonomie und Satzungsrechte Dritter
ZHR 156 (1992), 459 ff.

Boesebeck, Ernst — Die „Entlastung" der Organe einer AG, GmbH oder Genossenschaft in neuer rechtlicher Betrachtung
ZAkDR 1935, 675 ff.

ders. — Anmerkung zum Urteil des Reichsgerichts vom 2.10.1934 (II 164/34)
JW 1935, 921 ff.

Böttcher, Conrad/ Meilicke, Heinz — Umwandlung und Verschmelzung von Kapitalgesellschaften
5. Auflage
Berlin und Frankfurt am Main 1958

Bork, Reinhard — Materiell-rechtliche und prozessrechtliche Probleme des Organstreits zwischen Vorstand und Aufsichtsrat einer Aktiengesellschaft
ZGR 1989, 1 ff.

Breit, James — Anmerkung zum Urteil des Reichsgerichts vom 6.02.1917 (385/16 II)
JW 1917, 657 f.

Buchner, Gerhard — Amtslöschung, Nachtragsliquidation und masselose Insolvenz von Kapitalgesellschaften
Köln, Berlin, Bonn, München 1987

Buchner, Herbert — Die Entlastung des Geschäftsführers in der GmbH
GmbHR 1988, 9 ff.

ders./ Schlobach, Klaus — Die Auswirkung der Umwandlung von Gesellschaften auf die Rechtsstellung ihrer Organpersonen
GmbHR 2004, 1 ff.

Budde, Wolfgang Dieter/ Förschle, Gerhart — Sonderbilanzen
3. Auflage
München 2002

Büchel, Helmut — Vom Unbedenklichkeitsverfahren nach §§ 16 Abs. 3 UmwG, 319 Abs. 6 AktG zum Freigabeverfahren nach dem UMAG

Festschrift für Wilhelm Happ
Köln, Berlin, Bonn, München 2006

Bungert, Hartwin — Umtauschverhältnis bei Verschmelzungen entspricht nicht den Börsenwerten
BB 2003, 699 ff.

Busche, Jan — Privatautonomie und Kontrahierungszwang
Tübingen 1999

Claussen, Lorenz — Gesamtnachfolge und Teilnachfolge
Baden-Baden 1995

Clemm, Hermann/ Dürrschmidt, Armin — Überlegungen zu den Sorgfaltspflichten für Vertretungs- und Aufsichtsorgane bei der Verschmelzung von Unternehmen gem. § 25 und 27 UmwG
Festschrift für Siegfried Widmann, S. 3 ff.
Bonn 2000

Danko, Franz-Ludwig/ Heckschen, Heribert/ Plesterninks, Ingo — Umstrukturierungen in Unternehmen
Köln, 2002

Decher, Christian E. — Rechtsfragen des grenzüberschreitenden Merger of Equals
Festschrift für Marcus Lutter, S. 1209 ff.
Köln 2000

Döss, Manfred — Die Auswirkungen von Mängeln einer Verschmelzung durch Aufnahme auf die rechtliche Stellung einer übertragenden Gesellschaft und ihre Aktionäre
Dissertation Mainz 1990

Dötsch, Ewald — Verschmelzungsbedingter Verlustübergang bei der Körperschaftsteuer: In welcher Weise kann die Übernehmerin den auf sie übergehenden Verlust steuerlich nutzen?
Der Konzern 2005, 511 ff.

Dreher, Meinrad — Interessenkonflikte bei Aufsichtsratsmitgliedern von Aktiengesellschaften
JZ 1990, 896 ff

ders. — Unternehmen und Politik
ZHR 155 (1991), 349 ff.

ders. — Die persönliche Verantwortlichkeit von Geschäftsleitern nach außen und die innergesellschaftliche Aufgabenteilung

ZGR 1992, 22 ff.

ders. — Das Ermessen des Aufsichtsrats
ZHR 158 (1994), 614 ff.

ders. — Personelle Verflechtungen zwischen den Leitungsorganen von (Versicherungs-)Unternehmen nach Gesellschafts-, Konzern- und Versicherungsaufsichtsrecht
Festschrift für Egon Lorenz, S. 175 ff.
Karlsruhe 1994

ders./ Neumann, Kerstin — Kurzkommentar zum Urteil des OLG München vom 17.3.1995 – 23 U 5930/94
EWiR § 136 AktG 1/95, 527 f.

ders. — Anmerkung zum Urteil des BGH vom 21.04.1997 (II ZR 175/95)
JZ 1997, 1074 ff.

ders. — Change of control-Klauseln bei Aktiengesellschaften
AG 2002, 214 ff.

Dutti, Klaus — Auswirkungen der Fusion auf bestehende Rechtsverhältnisse
Dissertation Köln 1966

Engl, Richard — Formularbuch Umwandlungen
München 2004

Enneccerus, Ludwig/ Nipperdey, Hans Karl — Allgemeiner Teil des Bürgerlichen Rechts
Erster Band, Erster Halbband
15. Auflage
Tübingen 1959

Even, Frank/ Vera, Antonio — Die Techniken des Going Private in Deutschland
DStR 2002, 1315 ff.

Faßbender, Karl-Josef — Das Freigabeverfahren nach § 246a AktG – Offene Fragen und Gestaltungsmöglichkeiten
AG 2006, 872 ff.

Fischer, Frank — Entlastung von Vorständen bei Personenidentität in Konzerngesellschaften
NZG 1999, 192 ff.

Flechtheim — Anmerkung zum Urteil des Reichsgerichts vom 6.02.1917 (385/ 16 II, abgedruckt in: JW 1917, 657 ff.)

JW 1920, 700 f.

Fleischer, Holger — Zum Grundsatz der Gesamtverantwortung im Aktienrecht
NZG 2003, 449 ff.

ders. — Die „Business Judgement Rule": Vom Richterrecht zur Kodifizierung
ZIP 2004, 685 ff.

ders. — Ungeschriebene Hauptversammlungszuständigkeiten im Aktienrecht: Von „Holzmüller" zu „Gelatine"
NJW 2004, 2335 ff.

ders. — Aktienrechtliche Legalitätspflicht und „nützliche" Pflichtverletzungen von Vorstandsmitgliedern
ZIP 2005, 141 ff.

Flume, Werner — Allgemeiner Teil des Bürgerlichen Rechts
Erster Band, Zweiter Teil, Die juristische Person
Berlin, Heidelberg, New York, Tokyo 1983

Funke, Regine — Checkbuch Umwandlungen
Köln 2001

Geibel, Stephan/ Süßmann, Rainer — Wertpapiererwerbs- und Übernahmegesetz
München 2002

Goerdeler, Reinhard — Anmerkung zu den Urteilen des BGH vom 30.10.1958 (II ZR 253/ 56) und vom 20.11.1958 (II ZR 17/57)
JR 1959, 300

Goette, Wulf — Zur Verteilung der Darlegungs- und Beweislast der objektiven Pflichtwidrigkeit bei der Organhaftung
ZGR 1995, 648 ff.

ders. — Leitung, Aufsicht, Haftung – zur Rolle der Rechtsprechung bei der Sicherung einer modernen Unternehmensführung
Festschrift aus Anlass des fünfzigjährigen Bestehens von Bundesgerichtshof, Bundesanwaltschaft und Rechtsanwaltschaft beim Bundesgerichtshof, S. 123 ff.
Köln, Berlin, Bonn, München 2000

Götz, Hans Norbert — Anmerkung zum Beschluss des Bundesgerichtshofs vom 12.10.1992 (II ZR 30/92)
DB 1992, 2432 ff.

Gottwald, Peter — Insolvenzrechts-Handbuch
2. Auflage

München 2001

Goutier, Klaus/ Knopf, Rüdiger/ Tulloch, Anthony — Kommentar zum Umwandlungsrecht
Heidelberg 1995

Grobys, Marcel/ Littger, Michael — Amtsniederlegung durch das Vorstandsmitglied einer AG
BB 2002, 2292 ff.

Groß, Wolfgang — Stimmrecht und Stimmrechtsausschluss bei der Testamentsvollstreckung am GmbH-Anteil
GmbHR 1994, 596 ff.

Grunewald, Barbara — Die Auswirkungen der Macrotron-Entscheidung auf das kalte Delisting
ZIP 2004, 542 ff.

dies. — Rechtsmissbräuchliche Umwandlungen
Festschrift für Volker Röhricht, S. 129 ff.
Köln 2005

Gude, Christian — Strukturänderungen und Unternehmensbewertung zum Börsenkurs
Köln 2004

Habersack, Mathias — Zweck und Gegenstand der Sonderprüfung nach § 142 AktG
Festschrift für Herbert Wiedemann, S. 889 ff.
München 2002

ders. — Mitwirkungsrechte der Aktionäre nach Macrotron und Gelatine
AG 2005, 137 ff.

ders. — Umwandlung der AG ohne Mitwirkung der Hauptversammlung – Eine Studie zu § 62 UmwG –
Festschrift für Norbert Horn, S. 337 ff.
Berlin 2006

Häsemeyer, Ludwig — Der interne Rechtsschutz zwischen Organen, Organmitgliedern und Mitgliedern der Kapitalgesellschaft als Problem der Prozessführungsbefugnis
ZHR 144 (1980), 265 ff.

Hansen, Herbert — Die großen Fusionen der jüngsten Zeit
AG 1999, R 4 ff.

Happ, Wilhelm — Aktienrecht

2. Auflage
Köln, Berlin, Bonn, München 2004

Hauswirth, Helmut — Befugnisse und Pflichten von Organen der Aktiengesellschaft als Gegenstand von Organstreitigkeiten vor den Zivilgerichten
Tübingen 1997

Heckschen, Heribert — Fusion von Kapitalgesellschaften im Spiegel der Rechtsprechung
WM 1990, 377 ff.

ders. — Umwandlungsrecht und Insolvenz
Festschrift für Siegfried Widmann, S. 31 ff.
Bonn 2000

Heermann, Peter W. — Unternehmerisches Ermessen, Organhaftung und Beweislastverteilung
ZIP 1998, 761 ff.

Heidenhain, Martin — Partielle Gesamtrechtsnachfolge bei der Spaltung
ZHR 168 (2004) 468 ff.

ders./ Meister, Burkhardt W. — Münchener Vertragshandbuch
Band 1, Gesellschaftsrecht
6. Auflage
München 2005

Hennrichs, Joachim — Formwechsel und Gesamtrechtsnachfolge bei Umwandlungen
Berlin 1995

Henze, Hartwig — Neuere Rechtsprechung zu Rechtsstellung und Aufgaben des Aufsichtsrats
BB 2005, 165, 166

Hirte, Heribert — Die Behandlung unbegründeter oder missbräuchlicher Gesellschafterklagen im Referentenentwurf eines Umwandlungsgesetzes
DB 1993, 77 ff.

ders./ von Bülow, Christoph — Kölner Kommentar zum WpÜG
Köln, Berlin, Bonn, München 2003

ders. — Das Recht der Umwandlung – ein Überblick (Teil I)
ZInsO 2004, 353 ff.

Hockemeier, Hartmut	Die Auswirkung der Verschmelzung von Kapitalgesellschaften auf die Anstellungsverhältnisse der Geschäftsleiter Berlin 1990
Hoeniger	Die Entlastung DJZ 1922, 143 ff.
Hönn, Günther	Die konstitutive Wirkung der Löschung von Kapitalgesellschaften ZHR 138 (1974), 50 ff.
Hörger, Helmut/ Endres, Norbert	Verlustnutzung bei der Verschmelzung von Kapitalgesellschaften DB 1998, 388 ff.
Hoffmann-Becking, Michael	Vorstands-Doppelmandate im Konzern ZHR 150 (1986), 570 ff.
ders.	Das neue Verschmelzungsrecht in der Praxis Festschrift für Hans-Joachim Fleck, S. 105 ff. Berlin, New York 1988
ders.	Zur rechtlichen Organisation der Zusammenarbeit im Vorstand der AG ZGR 1998, 497 ff.
ders.	Münchener Handbuch des Gesellschaftsrechts Band 4, Aktiengesellschaft 2. Auflage München 1999
ders.	„Organnachfolge" bei der Verschmelzung? Festschrift für Peter Ulmer, S. 243 ff. Berlin 2003
Hofmann, Christian/ Krolop, Kaspar	Rückverschmelzung nach Börsengang: Der Fall T-Online AG 2005, 866 ff.
Homburg, Christian/ Bucerius, Matthias	Marktorientierte Post Merger Integration – Leitfaden und empirische Ergebnisse Mannheim 2003
Hommelhoff, Peter	Der aktienrechtliche Organstreit ZHR 143 (1979), 288 ff.
ders.	Die Konzernleitungspflicht

Köln 1982

Hopt, Klaus J. — Die Haftung von Vorstand und Aufsichtsrat
Festschrift für Ernst-Joachim Mestmäcker, S. 909 ff.
Baden-Baden 1996

ders./
Wiedemann, Herbert — Großkommentar AktG
11. Lieferung: §§ 92-94 AktG
4. Auflage
Berlin 1999

12. Lieferung: Mitbestimmungsgesetz
4. Auflage
Berlin 1999

13. Lieferung: §§ 138-147 AktG
4. Auflage
Berlin 1999

14. Lieferung: §§ 118-120 AktG
4. Auflage
Berlin 1999

ders. — Übernahmen, Geheimhaltung und Interessenkonflikte: Probleme für Vorstände, Aufsichtsräte und Banken
ZGR 2002, 333 ff.

Hueck, Alfred — Einfluss der Umwandlung von Kapitalgesellschaften auf die Stellung von Vorstandsmitgliedern und Geschäftsführern
DB 1957, 1259 ff.

ders. — Die Entlastung im Recht der GmbH
GmbHR 1959, 189 ff.

Hüffer, Uwe — Das Ende der Rechtspersönlichkeit von Kapitalgesellschaften
Gedächtnisschrift für Dietrich Schultz, S. 99 ff.
Köln, Berlin, Bonn, München 1987

ders. — Aktiengesetz
7. Auflage
München 2006

ders./
Schmidt-Assmann, Eberhard/
Weber, Martin — Anteilseigentum, Unternehmenswert und Börsenkurs
München 2005

ders. — Das Leitungsermessen des Vorstands in der Aktiengesellschaft
Festschrift für Thomas Raiser, S. 163 ff.
Berlin 2005

Hügel, Hanns F. — Verschmelzung und Einbringung: Unternehmensübertragung auf verbandsrechtlicher Grundlage im österreichischen und deutschen Gesellschafts-, Bilanz- und Ertragsteuerrecht der Kapitalgesellschaften
Wien 1993

Hügel, Stefan/ Klepsch, Michael — Entlastung und Stimmverbot bei Personenidentität im Konzern
NZG 2005, 905 ff.

Hülsmann, Christoph — Gesellschafterabfindung und Unternehmensbewertung nach der Ertragswertmethode im Lichte der Rechtsprechung
ZIP 2001, 450 ff.

Ihrig, Hans-Christoph — Gläubigerschutz und Kapitalaufbringung bei Verschmelzung und Spaltung nach neuem Umwandlungsrecht
GmbHR 1995, 622 ff.

Immenga, Ulrich — Unternehmensfusion und Aktionärsrechte
BB 1970, 629 ff.

Janert, Ingo — Neues zur Generalbereinigung?
GmbHR 2003, 830 ff.

Jansen, Stephan A. — Mergers & Acquisitions
3. Auflage
Wiesbaden 2000

Kallmeyer, Harald — Umwandlungsgesetz
3. Auflage
Köln 2006

Kiethe, Kurt — Anfechtbarer Beschluss über die Entlastung des Aufsichtsrats der AG durch unzureichende Berichterstattung
NZG 2006, 888 ff.

Kiem, Roger — Die schwebende Umwandlung
ZIP 1999, 173 ff.

Kling, Michael — Die Innenhaftung des Aufsichtsratsmitglieds in der Aktiengesellschaft
DZWiR 2005, 45 ff.

Körner, Julia/ Rodewald, Jörg — Bedingungen, Befristungen, Rücktritts- und Kündigungsrechte in Verschmelzungs- und Spaltungsverträgen
BB 1999, 853 ff.

Kort, Michael — Bestandsschutz fehlerhafter Strukturänderungen im Kapitalgesellschaftsrecht
München 1998

Krebs, Karsten — Interessenkonflikte bei Aufsichtsratsmitgliedern in der Aktiengesellschaft
Köln, Berlin, Bonn, München 2002

Krieger, Gerd — Squeeze-Out nach neuem Recht:
Überblick und Zweifelsfragen
BB 2002, 53 ff.

Kropff, Bruno — Aktiengesetz
Textausgabe des Aktiengesetzes vom 6.9.1965 (Bundesgesetzbl. I S. 1089) und des Einführungsgesetzes zum Aktiengesetz vom 6.9.1965 (Bundesgesetzbl. I S. 1185) mit Begründung des Regierungsentwurfs, Bericht des Rechtsausschusses des Deutschen Bundestags, Verweisungen und Sachverzeichnis
Düsseldorf 1965

ders./ Semler, Johannes — Münchener Kommentar zum Aktiengesetz
2. Auflage

Band 5/1
§§ 148-151, 161-178 AktG, §§ 238-264 c, 342,342 a HGB
München 2003

Band 4
§§ 118-147
München 2004

Kuhnt, Dietmar — Geschäftsordnungsanträge und Geschäftsordnungsmaßnahmen bei Hauptversammlungen
FS für Otfried Lieberknecht, S. 45 ff.
München 1997

Landrock, Gisela — Der Innenrechtsstreit in der Aktiengesellschaft
Dissertation Mainz 1993

Larenz, Karl/ Canaris, Claus-Wilhelm — Methodenlehre der Rechtswissenschaft

	3. Auflage Berlin, Heidelberg, New York 1995
ders./ Wolf, Manfred	Allgemeiner Teil des Bürgerlichen Rechts 9. Auflage München 2004
Leinekugel, Rolf	Die Ausstrahlungswirkungen des Umwandlungsgesetzes Köln, Berlin, Bonn, München 2000
Lewerenz, Karl-Jochen	Leistungsklagen zwischen Organen und Organmitgliedern der Aktiengesellschaft Berlin 1977
Limmer, Peter	Unternehmensumstrukturierungen vor und in der Insolvenz unter Einsatz des Umwandlungsrechts Kölner Schrift zur Insolvenzordnung, S. 1219 ff. 2. Auflage Berlin 2000
Lutter, Marcus	Mitbestimmung im Konzern Köln, Berlin, Bonn, München 1975
ders.	Blockabstimmungen im Aktien- und GmbH-Recht Festschrift für Walter Odersky, S. 845 ff. Berlin, New York 1996
ders.	Umwandlungsgesetz 1. Auflage Köln 1996
ders.	Das Aktienrecht als Wissenschaftsprozess ZGR 1998, 397 ff.
ders.	Umwandlungsgesetz 2. Auflage Köln 2000
ders./ Hommelhoff, Peter	GmbH-Gesetz 16. Auflage Köln 2004
ders./ Winter, Martin	Umwandlungsgesetz 3. Auflage Köln 2004

Martens, Klaus-Peter — Kontinuität und Diskontinuität im Verschmelzungsrecht der Aktiengesellschaft
AG 1986, 57 ff.

ders. — Der Grundsatz gemeinsamer Vorstandsverantwortung
Festschrift für Hans-Joachim Fleck, S. 191 ff.
Berlin, New York 1988

ders. — Verschmelzung, Spruchverfahren und Anfechtungsklage in Fällen eines unrichtigen Umtauschverhältnisses
AG 2000, 301 ff.

ders. — Leitfaden für die Leitung der Hauptversammlung einer Aktiengesellschaft
3. Auflage
Köln 2003

ders. — Bewertungsspielräume bei Fusionen und fusionsähnlichen Strukturänderungen
Festschrift für Volker Röhricht, S. 987 ff.
Köln 2005

Meier, Norbert — Kann eine Verpflichtung zur Entlastung der Geschäftsführung einer GmbH vorab vertraglich vereinbart werden?
GmbHR 2004, 111 ff.

Meilicke, Wienand/ Heidel, Thomas — Verweigerung des Rechtsschutzes für außenstehende Aktionäre verstößt gegen Europäische Menschenrechtskonvention
BB 2003, 1805 f.

Mertens, Hans-Joachim — Die Gestaltung von Verschmelzungs- und Verschmelzungsprüfungsbericht
AG 1990, 20 ff.

Mertens, Kai — Umwandlung und Universalsukzession
Heidelberg, 1993

ders. — Zur Universalsukzession in einem neuen Umwandlungsrecht
AG 1994, 66 ff.

Messer, Herbert — Die Abberufung des Vorstandes der AG wegen Vertrauensentzugs durch die Hauptversammlung
Festschrift für Rudolf Nirk, S. 681 ff.
München 1992

Michalski, Lutz	Kommentar zum Gesetz betreffend die Gesellschaften mit beschränkter Haftung (GmbH-Gesetz) München 2002
Möllers, Thomas J.	Interessenkonflikte von Vertretern des Bieters bei Übernahme eines Aufsichtsratsmandats der Zielgesellschaft ZIP 2006, 1615 ff.
Müller, Hans-Friedrich	Der Verband in der Insolvenz Köln, Berlin, Bonn, München 2002
Müller, Welf	Zweifelsfragen zum Umwandlungsrecht WPg 1996, 857 ff.
ders./ *Hense, Burkhard*	Beck'sches Handbuch der GmbH 3. Auflage München 2002
Müntefering, Michael	Zivilrechtliche Schranken der partiellen Universalsukzession Berlin 2003
Mutschler, Ulrich/ *Mersmann, Ruth*	Verfahrensmäßige Anforderungen an ordnungsgemäße Vorstandsentscheidungen im M&A-Bereich DB 2003, 79 ff.
Nägele, Stefan/ *Nestel, Fred*	Entlastung des GmbH-Geschäftsführers und des AG-Vorstands – Chancen und Risiken in der Praxis BB 2000, 1253 ff.
Naraschewski, Alexander	Stichtage und Bilanzen bei der Verschmelzung Köln 2001
Neye, Hans-Werner/ *Limmer, Peter/* *Frenz, Norbert/* *Harnacke, Ulrich M.*	Handbuch der Unternehmensumwandlung Herne, Berlin 1996
Nonnenmacher, Rolf	Das Umtauschverhältnis bei der Verschmelzung von Kapitalgesellschaften AG 1982, 153 ff.
Obermüller, Walter/ *Werner, Winfried/* *Winden, Kurt*	Die Hauptversammlung der Aktiengesellschaft 4. Auflage

Stuttgart 2001

Ossadnik, Wolfgang — Zur Angemessenheit des Umtauschverhältnisses bei der Verschmelzung von Aktiengesellschaften
DB 1985, 1953 ff.

ders./ Maus, Stefan — Die Verschmelzung im neuen Umwandlungsrecht aus betriebswirtschaftlicher Sicht
DB 1995, 105 ff.

Paefgen, Walter G. — Dogmatische Grundlagen, Anwendungsbereich und Formulierung einer Business Judgment Rule im künftigen UMAG
AG 2004, 245 ff.

Palandt — Bürgerliches Gesetzbuch
65. Auflage
München 2006

Paschos, Nikolaos — Die Maßgeblichkeit des Börsenkurses bei Verschmelzungen
ZIP 2003, 1017 ff.

Pentz, Andreas — Übersicht zur höchstrichterlichen Rechtsprechung zum Aktienrecht 2004
BB 2005, 1397 ff.

Petersen, Jens — Der Gläubigerschutz im System des Umwandlungsrechts
Der Konzern 2004, 185 ff.

Pfüller, Markus/ Anders, Dietmar — Delisting-Motive vor dem Hintergrund neuerer Rechtsentwicklungen
NZG 2003, 459 ff.

Philipp, Wolfgang — Ist die Verschmelzung von Aktiengesellschaften nach dem neuen Umwandlungsrecht noch vertretbar?
AG 1998, 264 ff.

Picenoni, Reno — Der Entlastungsbeschluss
Aarau 1945

Picot, Arnold/ Nordmeyer, Andreas/ Pribilla, Peter — Management von Akquisitionen
Stuttgart 2000

Picot, Gerhard — Handbuch Mergers & Acquisitions
Stuttgart 2000

Priester, Hans-Joachim Bilanzierung bei schwebender Verschmelzung
BB 1992, 1594 ff.

ders. Stimmverbot des GmbH-Gesellschafters bei Entlastungsbeschlüssen
Festschrift für Heinz Rowedder, S. 369 ff.
München 1994

Quack, Karlheinz Die Entlastung ausgeschiedener Vorstandsmitglieder
Festschrift für Otfried Lieberknecht, S. 99 ff.
München 1997

Radlmayr, Ulrich Anmerkung zum Urteil des Bundesgerichtshofs vom 18.10.2004 (II ZR 250/02)
BGH Report 2005, 245 f.

Rahier, Gabriele Zusammenführung von Unternehmen durch Verschmelzung nach dem Umwandlungsgesetz
Lohmar 1999

Raiser, Thomas Mitbestimmungsgesetz
4. Auflage
Berlin 2002

Rebmann, Kurt/ Säcker, Franz Jürgen/ Rixecker, Roland Münchener Kommentar zum Bürgerlichen Gesetzbuch
Band 2
Schuldrecht Allgemeiner Teil
§§ 241-432 BGB
4. Auflage
München 2001

Reinhardt, Rudolf Identität und Rechtsnachfolge
NJW 1952, 441 ff.

Richard, Jörg/ Weinheimer, Stefan Der Weg zurück: Going Private
BB 1999, 1613 ff.

Riesenhuber, Karl Die Verschmelzungsrichtlinie: „Basisrechtsakt für ein Europäisches Recht der Strukturmaßnahmen"
NZG 2004, 15 ff.

Rittner, Fritz Die werdende juristische Person
Tübingen 1973

Robrecht, Friedrich H. Die Rechtsposition der Organe der GmbH, der Personengesellschaften und eingetragenen Genossenschaf-

ten nach Eröffnung des Konkursverfahrens über das Gesellschaftsvermögen
DB 1968, 471 ff.

Röder, Gerhard/ Lingemann, Stefan — Schicksal von Vorstand und Geschäftsführer bei Unternehmensumwandlungen und Unternehmensveräußerungen
DB 1993, 1341 ff.

Roth, Günter H./ Altmeppen, Holger — Kommentar zum GmbHG
5. Auflage
München 2005

Roth, Markus — Das unternehmerische Ermessen des Vorstands
BB 2004, 1066 ff.

Rowedder, Heinz/ Schmidt-Leithoff, Christian — Kommentar zum GmbHG
4. Auflage
München 2002

Sagasser, Bernd/ Bula, Thomas/ Brünger Thomas R. — Umwandlungen
3. Auflage
München 2002

Schlitt, Michael — Die gesellschaftsrechtlichen Voraussetzungen des regulären Delisting – Macrotron und die Folgen
ZIP 2004, 533 ff.

Schmeling, Christian — Die Entlastung von Mitgliedern geschäftsführender Organe im Recht der Kapitalgesellschaften
Frankfurt am Main 2004

Schmidt, Hubert — Zur Vollbeendigung juristischer Personen
Bielefeld 1989

Schmidt, Karsten — Entlastung, Entlastungsrecht und Entlastungsklage des Geschäftsführers einer GmbH
- Versuch einer Neuorientierung -
ZGR 1978, 425 ff.

ders. — Die Umwandlung einer GmbH in eine AG zu Kapitaländerungszwecken
AG 1985, 150 ff.

ders. — Gesetzliche Gestaltung und dogmatisches Konzept eines neuen Umwandlungsgesetzes

ZGR 1990, 580 ff.

ders. Universalsukzession kraft Rechtsgeschäfts
AcP 1991, 475 ff.

ders. Zur gesetzlichen Befristung der Nichtigkeitsklage gegen Verschmelzungs- und Umwandlungsbeschlüsse
DB 1995, 1849 ff.

ders. Zum Analogieverbot des § 1 Abs. 2 UmwG
– Denkanstöße gegen ein gesetzliches Denkverbot –
Festschrift für Bruno Kropff, S. 259 ff.
Düsseldorf 1997

ders. Gesellschaftsrecht
4. Auflage
Köln, Berlin, Bonn, München 2002

ders. Integrationswirkung des Umwandlungsgesetzes
– Betrachtungen zur Dogmengeschichte und Rechtsfortbildung im Gesellschaftsrecht –
Festschrift für Peter Ulmer, S. 557 ff.
Berlin 2003

ders. Macrotron oder: weitere Ausdifferenzierung des Aktionärsschutzes durch den BGH
NZG 2003, 601 ff.

ders. Drittbeteiligung und Drittschutz im Freigabeverfahren – Überlegungen zum Verständnis der §§ 16 Abs. 3 UmwG, 246a, 319 Abs. 6 AktG –
Festschrift für Wilhelm Happ
Köln, Berlin, Bonn, München 2006

Schmidt, Reimer Die Obliegenheiten,
Studien auf dem Gebiet des Rechtszwanges im Zivilrecht unter besonderer Berücksichtigung des Privatversicherungsrechts
Karlsruhe 1953

Schmitt, Joachim/ Hörtnagl, Robert/ Stratz, Rolf-Christian Umwandlungsgesetz Umwandlungssteuergesetz
4. Auflage
München 2006

Schneider, Uwe H. Der Aufsichtsrat des abhängigen Unternehmens im Konzern
Festschrift für Thomas Raiser, S. 341 ff.
Berlin 2005

Schnorbus, York — Grundlagen zur Auslegung des allgemeinen Teils des UmwG
WM 2000, 2321 ff.

ders. — Gestaltungsfreiheit im Umwandlungsrecht
Baden-Baden 2001

ders. — Analogieverbot und Rechtsfortbildung im Umwandlungsrecht
DB 2001, 1654 ff.

ders. — Grundlagen der persönlichen Haftung von Organmitgliedern nach § 25 Abs. 1 UmwG
ZHR 167 (2003), 666 ff.

Schönle, Herbert — Der Entlastungsbeschluss im deutschen Gesellschaftsrecht
ZHR 126 (1964), 199 ff.

Scholz, Franz — Kommentar zum GmbH-Gesetz
7. Auflage
Köln 1988

ders. — Kommentar zum GmbH-Gesetz
9. Auflage
Köln 2002

Schüppen, Matthias/ Schaub, Bernhard — Münchener Anwaltshandbuch Aktienrecht
München 2005

Schütz, Carsten/ Fett, Torsten — Variable oder starre Stichtagsregelungen in Verschmelzungsverträgen?
DB 2002, 2696 ff.

Schütze, Rolf A. — Die Ausübung des Stimmrechts bei der Entlastung des Aufsichtsrats
AG 1967, 165 f.

Schuricht, Uwe — Die Klage der GmbH-Geschäftsführers auf Entlastung
Steinbach/Taunus 1988

Schwenzer, Siddhartha — Unechte Verschmelzungen und unechte Spaltungen
Frankfurt am Main 2003

Semler, Johannes — Leitung und Überwachung der Aktiengesellschaft
2. Auflage
Köln, Berlin, Bonn, München 1996

ders. — Stimmverbote im Zusammenhang mit § 32 MitbestG

Festschrift für Bruno Kropff, S. 301 ff.
Düsseldorf 1997

ders. — Einzelentlastung und Stimmverbot
Festschrift für Wolfgang Zöllner Bd. I, S. 553 ff.
Köln, Berlin, Bonn, München 1998

ders./ Stengel, Arndt — Interessenkonflikte bei Aufsichtsratsmitgliedern von Aktiengesellschaften am Beispiel von Konflikten bei Übernahme(n)
NZG 2003, 1 ff.

ders./ Stengel, Arndt — Umwandlungsgesetz
München 2003

ders./ Volhard, Rüdiger — Arbeitshandbuch für die Hauptversammlung
2. Auflage
München 2003

ders./ Weber, Dolf — Entlastung, wie oft?
NZG 2003, 351 ff.

ders. — Zur aktienrechtlichen Haftung der Organmitglieder einer Aktiengesellschaft
AG 2005, 321 ff.

Sethe, Rolf — Die aktienrechtliche Zulässigkeit der sogenannten Teilentlastung
ZIP 1996, 1321 ff.

Seybold — Das Gesetz über die Umwandlung von Kapitalgesellschaften
DNotZ 1934, 716 ff.

Siegelmann, Heinrich — Die Stellung des Vorstands, des Aufsichtsrats und der Hauptversammlung nach Eröffnung des Konkursverfahrens über das Vermögen der Aktiengesellschaft
DB 1967, 1029 ff.

Sigle, Axel — Die Entlastung des GmbH-Geschäftsführers und ihre Wirkung
DStR 1992, 469 ff.

Simon, Stefan/ Leuering, Dieter — Anfechtung wegen Verletzung des Informationsrechts
NJW-Spezial 2005, 77 f.

Spieker, Wolfgang — Die Ausübung von Beteiligungsrechten in mitbestimmten Unternehmen – Beschlüsse des Aufsichtsrats nach § 32 Mitbestimmungsgesetz 1976
Festschrift für Wolfgang Däubler, S. 406 ff.
Frankfurt am Main 1999

Staudinger, J. von — Kommentar zum Bürgerlichen Gesetzbuch
Zweites Buch
Recht der Schuldverhältnisse
§§ 397-432 BGB
13. Bearbeitung
Berlin 1999

Steck, Kai-Uwe — „Going private" über das UmwG
AG 1998, 460 ff.

Steiner, Klaus — Die Hauptversammlung der Aktiengesellschaft
München 1995

Teichmann, Arndt — Strukturüberlegungen zum Streit zwischen Organen in der Aktiengesellschaft
Festschrift für Otto Mühl, S. 663 ff.
Stuttgart, Berlin, Köln, Mainz 1981

Tellis, Nikolaos — Die Rechtsnatur der gesellschaftsrechtlichen Entlastung und die Entlastungsklage
München 1988

ders. — Rezension der Dissertation von Barner, Die Entlastung als Institut des Verbandsrechts,
ZHR 156 (1992), 256 ff.

Theisen, Manuel R. — Die Aufgabenverteilung in der mitbestimmten GmbH
Königstein/Ts. 1980

Thüsing, Gregor — Nachorganschaftliche Wettbewerbsverbote bei Vorständen und Geschäftsführern
NZG 2004, 9 ff.

Tischer, Frank — Der Übergang des wirtschaftlichen Eigentums bei schwebender Verschmelzung
WPg 1996, 745 ff.

Triebel, Volker — Mergers & Acquisitions
Heidelberg 2004

Ulmer, Peter — Hachenburg
GmbHG
8. Auflage

1. Band: Allgemeine Einleitung; §§ 1-34

Berlin New York 1992

2. Band: §§ 35-52
Berlin New York 1997

ders./ Habersack, Mathias/ Winter, Martin — Großkommentar GmbHG
Band II - §§ 29 bis 52 GmbHG
Tübingen 2006

Veil, Rüdiger — Umwandlung einer Aktiengesellschaft in eine GmbH
Baden-Baden 1996

ders. — Aktionärsschutz bei der Verschmelzung von Aktiengesellschaften durch vertragliche und gesellschaftsrechtliche Haftung
Festschrift für Thomas Raiser, S. 453 ff.
Berlin 2005

Vetter, Jochen — Ausweitung des Spruchverfahrens
ZHR 168 (2004), 8 ff.

Voigt, Annette — Umwandlung und Schuldverhältnis
Heidelberg 1997

von Riegen, Arend — Gesellschafterschutz bei Ausgliederungen durch Einzelrechtsnachfolge
Hamburg 1998

von Tuhr, Andreas — Der Allgemeine Teil des Deutschen Bürgerlichen Rechts
Erster Teil, Erster Band
Leipzig 1910

Wagner, Franz — Kurzkommentar zum Urteil des BGH vom 18.10.2004 – II ZR 250/02
EWiR § 243 AktG 1/05, 241 f.

Wagner, Wolfgang/ Jonas, Martin/ Ballwieser, Wolfgang/ Tschöpel, Andreas — Weiterentwicklung der Grundsätze zur Durchführung von Unternehmensbewertungen (IDW S 1)
WPg 2004, 889 ff.

Weiss, Susanne/ Buchner, Markus — Wird das UMAG die Haftung und Inanspruchnahme der Unternehmensleiter verändern?
WM 2005, 162 ff.

Weitemeyer, Birgit — Die Entlastung im Aktienrecht – neueste Entwicklungen in Gesetzgebung und Rechtsprechung
ZGR 2005, 280 ff.

dies. — Der BGH stärkt das Auskunftsrecht der Aktionäre nach einer Fusion
NZG 2005, 341 ff.

Wellkamp, Ludger — Vorstand, Aufsichtsrat und Aktionär
2. Auflage
Bonn 2000

Westerhoff, Ralph — Organ und (gesetzlicher) Vertreter
München 1993

Westermann, Harry — Rechtsstreitigkeiten um die Rechte aus § 90 AktG
Festschrift für Eduard Bötticher, S. 369 ff.
Berlin 1969

Widmann, Siegfried/ Mayer, Dieter — Umwandlungsrecht
Stand: 84. Aktualisierung
Berlin 2005

Wiedemann, Herbert — Gesellschaftsrecht
Band I, Grundlagen
München 1980

Wirth, Gerhard/ Arnold, Michael — Anlegerschutz beim Delisting von Aktiengesellschaften
ZIP 2000, 111 ff.

Wirtz, Bernd W. — Mergers & Acquisitions Management
Wiesbaden 2003

Wolff, Hans J. — Organschaft und juristische Person
Zweiter Band: Theorie der Vertretung
Berlin 1934

Wunsch, Irene — Die Verschmelzung und Spaltung von Kapitalgesellschaften
Bielefeld 2003

Zippelius, Reinhold — Juristische Methodenlehre
8. Auflage
München 2003

Zimmermann, Klaus — Vertrauensentzug durch die Hauptversammlung und Stimmrechtsausübung
Festschrift für Heinz Rowedder, S. 593 ff.
München 1994

ders. — Verschmelzungsprüfung bei der GmbH-Verschmelzung
Festschrift für Hans Erich Brandner, S. 167 ff.
Köln 1996

Zöller, Richard — Zivilprozessordnung
23. Auflage
Köln 2002

Zöllner, Wolfgang — Die Schranken mitgliedschaftlicher Stimmrechtsmacht bei den privatrechtlichen Personenverbänden
München 1963

ders. — Kölner Kommentar zum Aktiengesetz

Band 7:
§§ 339-361 AktG
2. Auflage
Köln, Berlin, Bonn, München 1990

Band 1:
§§ 1-147 AktG
Köln, Berlin, Bonn, München 1985

Band 4:
Rechnungslegung der Aktiengesellschaft
2. Auflage
Köln, Berlin, Bonn, München 1991

Band 2:
§§ 76-117 AktG und Mitbestimmung im Aufsichtsrat
2. Auflage
Köln, Berlin, Bonn, München 1996

Kolibri 360 GmbH
Ferdinand-Jühlke-Straße 7
99095 Erfurt, Deutschland
produktsicherheit@kolibri360.de

Druck:
CPI Druckdienstleistungen GmbH
im Auftrag der
Kolibri 360 GmbH
Ferdinand-Jühlke-Str. 7
99095 Erfurt